기독교문서선교회 (Christian Literature Center: 약칭 CLC)는 1941년 영국 콜체스터에서 켄 아담스에 의해 시작되었으며 국제 본부는 미국 필라델피아에 있습니다.
국제 CLC는 59개 나라에서 180개의 본부를 두고, 약 650여 명의 선교사들이 이동 도서차량 40대를 이용하여 문서 보급에 힘쓰고 있으며 이메일 주문을 통해 130여 국으로 책을 공급하고 있습니다. 한국 CLC는 청교도적 복음주의 신학과 신앙 서적을 출판하는 문서선교기관으로서, 한 영혼이라도 구원되길 소망하면서 주님이 오시는 그날까지 최선을 다할 것입니다.

추천사 1

김 승 규 변호사
전 법무부 장관, 국정원장

　2000년대에 들어와서 우리나라에 생소한 '문화막시즘'(Kulturmarxismus)이라는 것이 들어왔다. 동성애(LGBT) 젠더, 이데올로기, 급진적 페미니즘, 프리섹스, 다문화주의, 권위의 부정이니 하는 말들을 들어 보았을 것이다. 이런 내용을 가진 사회주의 이념을 '문화적 막시즘'이라고 한다. '문화적 막시즘'은 종전의 '경제적 막시즘'에 대체하고자 막시즘(Marxism, 막스주의) 이론가들이 개발한 변형된 K. 막스(K. Marx)의 혁명 이론이다.

　막스는 노동자들이 노동 계급을 억압, 착취하는 자본가들을 타도한 후 사유재산 제도를 폐지하고 생산수단과 생산물을 사회화하면 평등하고 행복한 유토피아 사회가 건설될 것이라고 생각했다. 이것은 경제적 계급을 이용하여 공산혁명을 할 수 있다는 이론이므로 '경제적 막시즘'이라고 부른다.

　막스는 유럽에서 큰 전쟁이 일어나면 각국의 노동자들이 단결하여 서구 자본주의 국가들을 파괴하고 프롤레타리아 국가를 건설할 것이라고 예언했다. 그러나 그 예언은 빗나갔다. 노동자들이 단결하기는커녕 서로 총부리를 겨누고 각자 자기 나라를 위해 싸웠다.

　왜 막스의 예언이 틀렸는가?

　막시스트(Marxist, 막스주의자)들 중에 헝가리 사람 게오르그 루카치와 이태리 사람 안토니오 그람시가 각각 별도로 그 이유를 연구해 보았는데, 그들은 동일한 결론에 도달했다. 막스의 예언이 틀린 것은 서구 유대-기독교 문화가 노동자들의 눈을 가려 그들의 이익을 보지 못하게 함으로써 노동자들이 단결하여 자본가들과 싸우지 않았기 때문이라고 판단했다. 그들은 가족을 사랑하고 교회와 고향과 조국을 사랑하는 노동자들의 마음이 자기들의 이익을 생각하는 것보다 강했다고 본 것이다.

그러면 대책은 무엇인가?

막시스트들은 가족과 교회를 파괴하고 도덕을 타락시키는 등 서구 문화를 파괴함으로써 혁명이 가능하다고 보았다. 이 문화 파괴와 문화 대체 작업은 시간이 걸리지만 긴 시간의 노력(long march) 끝에 정치 혁명이 가능한 토양이 형성된다고 보았다.

그러면 어떻게 서구 문화를 파괴할 것인가?

프리섹스, 동성애, 젠더주의 같은 타락한 성 문화를 주입하여 가족과 교회를 파괴하고 도덕을 파괴하는 것이 그 방법이라고 생각했다. 그래서 루카치는 헝가리가 잠시 볼셰비키 벨라 쿤(Bela Kun) 정부가 되었을 때 문화위원회 부위원장을 지내면서 공립학교 학생들에게 성 체위를 가르치는 책을 만들어 학생들에게 가르치기도 했었다.

여기서 문화막시즘의 역사를 길게 적을 수는 없으나 1923년 프랑크푸르트에 세운 사회연구소에서 연구소에 소속된 호르크하이머, 데오도어 아도르노, 에리히 프롬, 위르겐 하버마스, 빌헬름 라이히, 허버트 마르쿠제 같은 막시스트들이 미국과 유럽에서 문화막시즘을 열심히 가르쳤다. 프랑크푸르트 학파 학자들이 히틀러를 피해 1934년 미국 뉴욕으로 건너가 콜롬비아대학교에 둥지를 틀고 미국을 타락시키는 더러운 문화를 퍼뜨리기 시작했다.

제2차 세계대전이 끝나고 대부분의 프랑크푸르트 학파 학자들은 독일로 돌아갔으나 마르쿠제만 미국에 남아 전후 세대들을 타락시키는 데 큰 역할을 하였다. 한편 유럽으로 돌아간 문화막시스트들의 영향으로 프랑스에서 68문화혁명이 일어난 것은 주지의 사실이다.

반도덕적인 이 문화막시즘을 2000년대 초반 좌파들이 우리나라에 들여와 지금 광범위하게 퍼지고 있다. 국가인권위원회를 만들고 교육부, 여성가족부를 비롯 17개 광역시도자치단체와 226개 기초자치단체 합계 243개와 학교 시민단체 영화 미디어 등을 총동원하여 어린 학생에서 대학생 그리고 성인에 이르기까지 이 문화막시즘을 가르치고 있다.

우리나라에 이런 심히 세속주의적인 서구 사상이 들어와 극성스럽게 가르쳐지고 있다는 것은 국가적인 큰 불행이다. 지금 좌파 정당은 차별금지법을 만들어 반대자들을 처벌함으로써 문화막시즘을 비판, 반대하는 목소리를 잠재우려 하고 있다. 그러나 우리나라 좌파와 정부의 이러한 정책 추진은 뒷북을 치는 것이다. 유럽과 미국 등 서구에서는 문화막시즘이 이미 퇴조기의 끝쯤에 와있다고 학자들은 말한다.

정일권 박사는 이 책에서 문화막시즘의 모든 것을 설명하고 있는데, 문화막시즘은 문화혁명을 통해 서구 기독교문화를 해체, 전복하여 사회주의 혁명이 일어날 수 있도록 하는 것이 그들의 목적이라는 것을 분명히 밝히고 있다. 또한, 저자는 21세기에 접어들어 문화막시즘은 황혼의 끝 무렵이라고 말한다. 프랑크푸르트 학파의 일원이었던 위르겐 하버마스는 문화막시즘으로부터 결별을 선언하고 자유주의로 전환했다. 문화막시즘을 깊게 공부하고자 하는 분은 저자의 이 책에서 여러 가지 큰 도움을 받을 것으로 본다.

어쨌건 사회주의만큼 역사에 치욕적인 이름을 남긴 이념도 없다. 1917년 레닌이 세운 사회주의 국가 소련은 사라졌다. 뿐만 아니라 사회주의 자체가 전 세계적으로 퇴조하고 있다. 사회주의 실험은 '소비에트 블록'으로서 소련, 폴란드, 유고, 알바니아, 체코슬로바키아, 헝가리, 루마니아, 동독, 아시아에서는 베트남, 라오스, 캄보디아, 북한, 중국 그리고 남미에서는 쿠바, 니카라과, 볼리비아, 베네수엘라 그리고 마지막으로 아프리카에서는 앙골라, 가나, 탄자니아, 베닌, 말리, 모잠비크, 잠비아 그리고 짐바브웨 등에서 실시되었다. 그러나 이 25개 국가 등의 사회주의 실험은 모두 참담한 비극으로 끝났다. 사회주의에 은폐되어 있는 전체주의 속성과 경제 실패 때문이었다.

문화막시즘은 그 본질이 막시즘이라는 것을 잊지 말자. 우리는 문화막시즘의 거짓에 미혹되지 말고 도덕적으로 건강하고 좋은 사회를 만들어 가야 한다.

추천사 2

김영한 박사
숭실대학교 명예교수, 기독교학술원장

정일권 박사는 지라르의 정통 기독교 사상을 현대 포스트모던 철학과의 맥락에서 복권한 사상적 업적을 국내에 획기적으로 소개한 떠오르는 소장 학자이다. 저자가 꾸준히 연구에 정진한 가운데 이번에 2000년대 들어와 우리 사회에 문제시되는 퀴어 축제와 더불어 정부의 성평등(性平等) 정책 배후의 사상인 '문화막시즘'(Cultural Marxism)에 대한 비판서를 출판하게 된 것을 축하한다. 저자는 본서에서 서구에서는 황혼(黃昏)에 있는 문화막시즘을 소개하면서 보수 전통 기독교 사상의 입장에서 오늘날 현대의 포스트모더니즘 철학과 좌파 이데올로기의 사상적 폐해(弊害)에 대하여 폭넓은 이해를 제시해 주고 있다.

제1장에서 저자는 문화막시즘의 황혼과 유럽 사회민주주의의 종말에 관하여 논하고 있다. 이는 21세기 유럽 사회주의(사회민주주의 혹은 민주적 사회주의) 정당의 쇠락과 맞물려 있다. 2017년 독일 선거에서 사회민주주의, 정확히 말해서 민주적 사회주의를 추구한 사민당(독일 사회민주주의 정당, SPD)은 드라마틱하게 패배했다.

유럽 68학생문화혁명의 대표적 인물로서 사민당에서 활동하기도 한 랄프 다렌도르프(Ralf Dahrendorf)는 점차 독일 사회민주주의 노선으로부터 결별하고 영미권의 자유주의 전통을 변호했다. 그는 21세기 유럽 현실정치에서 드러나는 사회민주주의 정당들의 쇠락과 황혼으로 인해 이제는 사회민주주의 세기가 종말을 맞이하게 되었다고 표명한다.

저자는 "네오막시즘으로부터 결별"(nach seinem Abschied vom Neomarxismus)한 위르겐 하버마스도 소개한다. 하버마스는 유토피아와 혁명을 꿈꾸었던 비판 이론의 "부정주의"(Negativismus)와 결별하고 "담론적 전환"

(diskurstheoretische Wende)을 시도했다. 그는 의사소통의 합리성에서 새로운 비판 이론의 토대를 발견한다. 자본주의 시장 경제는 고유의 효율성 논리로 돌아가는 체계영역으로 민주주의 체제 자체를 전복하려는 시도는 의미를 가질 수 없다고 본다. 그래서 서구에서만큼은 자본주의와 자유민주주의가 승리했다고 인정한다.

하버마스가 유대-기독교 전통의 유산에 대해서 변호하여 서구 문명의 업적이라 할 수 있는 자유, 양심, 인권, 민주주의의 궁극적인 기초는 유대교의 정의의 윤리와 기독교의 사랑의 윤리라고 한 것은 그의 긍정적인 전환이다. 독일의 헌법학자 칼 슈미트(Carl Schmitt)가 "민주주의는 자연화된 기독교다"(Die Demokratie ist das vernatürlichte Christentum)라는 니체의 주장을 인용하면서 기독교가 자연화되면서 탄생한 것이 정치적 민주주의라는 것은 설득력이 있다고 본다.

제2장에서 저자는 문화막시즘을 사회주의의 새로운 전략으로서 "제도권으로의 행진: 장기적인 문화막시즘 전략"을 소개한다. 문화막시즘의 초기 이론가 안토니오 그람시(Antonio Gramsci)는 부르주아가 거머쥔 헤게모니를 빼앗기 위해 정치, 사회, 학계, 문화계 등 각 사회 영역에 침투해 사회주의 사상으로 대중을 계몽해야 한다고 주장하였다.

독일 프랑크푸르트 학파는 개인주의, 사유재산, 이윤 동기뿐 아니라, 가족제도, 결혼제도, 일부일처제, 성적 금기(禁忌)에 반항했다. 사회주의 혁명이 일어나려면 기독교 문화와 도덕을 파괴하고 갈 길을 잃은 대중들을 공산주의라는 새로운 신조로 인도할 문화지도층이 절실히 필요하다고 역설했다. 문화막시즘은 그람시의 표현처럼 '제도권으로의 긴 행진'을 통해서 문화 헤게모니와 문화권력 쟁취를 목적으로 삼는다.

저자는 문화막시즘의 용어인 "정치적 올바름"(Political Correctness, PC)을 소개한다. 1990년대부터 미국에서 논의되기 시작해서 미국과 유럽에서 가장 뜨겁게 논의되는 개념이 정치적 올바름이다. PC는 이른바 '소수자,' '약자,' '피억압자,' '피해자'에 대한 무조건적 인정과 보호, 관용을 강요하는 병리적 문화현상을 뜻한다. 스티븐 핑커도 이 PC 논리를 비판하면서, 그것이 반계몽주의적이며 언론의 자유를 억압하고 있다고 지적한다. 슬라보예 지젝은 이 PC를 "전체주의의보다 더 위험한 형태"(Political Correctness is a More Dangerous Form of Totalitarianism)로 파악한다.

저자는 샹탈 무페(Chantal Mouffe)의 사회주의 전략인 좌파 포퓰리즘을 소개한다. 샹탈 무페는 그람시가 말한 문화적 헤게모니 개념을 계승하면서 새로운 사회주의 전략으로서의 '좌파 포퓰리즘'(left populism)을 주장한다. 21세기 문화막시즘의 헤게모니 전략에는 대체적으로 '다문화주의,' '젠더 이데올로기,' '생태주의'라는 주요한 3가지 아젠다가 존재한다고 본다. 저자는 독일 프랑크푸르트 학파의 비판 이론(Kritische Theorie)이 내포하는 부정주의(Negativismus), 비관주의, 영지주의, 유토피아주의의 위험을 분석한다. 사회주의 자체가 일종의 파괴주의(Destruktionismus)이기 때문이다.

저자는 사회주의 비판가들인 레이몽 아롱(Raymond Aron), 시몬 베유(Simone Weil), 푀겔린(Voegelin)의 사회주의 비판의 견해를 소개한다. 아롱은 프랑스 공산당원이었고 공산주의로부터의 전향을 거부했던 장 폴 사르트르를 비판했고, 막시즘의 사고유형은 니체주의적이고 실존주의적인 사유와 융합하는 일반적인 경향성이라고 비판하였다. 그는 "유토피아적인 사회실험"(utopische Sozialexperimente)의 위험을 분석한다. 그는 사회주의, 공산주의 막시즘이라는 "정치적 신화들," "역사의 우상화"(l'idolâtrie de l'histoire) 그리고 프랑스 지성인들의 현실로부터의 괴리와 소외(Entfremdung der Intellektuellen) 등을 이데올로기-비판적으로 분석하면서 이것들이 지식인들의 오류(erreurs intellectuelles)라고 지적한다.

사회주의에는 이데올로기적이고 현실 괴리적인 유토피아주의가 강하게 자리 잡고 있다. 지식인들은 사회주의와 막시즘이라는 일종의 지적인 아편에 강하게 도취되어 있어서 자유주의와 자본주의라는 세계체제의 선함과 공헌을 결코 인정하지 않으려고 하면서 끊임없는 혁명적 사유를 통해서 현실로부터의 유토피아주의적 괴리, 소외, 소격 그리고 기이화 효과를 확대 재생산하려고 한다. 저자가 아롱이 좌파 사상가 사르트르가 6.25전쟁과 관련하여 북침설을 주장한 것과 달리 북한의 남침설을 주장한 것을 지적하는 점은 아롱이 우리와 가까운 사상가임을 느끼게 한다.

여성 사상가 시몬 베유는 집단주의로서의 사회주의는 거대한 짐승을 모습을 지닌다고 본다. 독일 민족사회주의(나치), 소련 사회주의, 북한 사회주의, 마오쩌둥의 문화대혁명 운동 등 현대의 대부분의 사회주의 운동은 거대한 군중을 동원하는 거대한 짐승의 우상을 지닌다. 요한계시록의 짐승의 우상으로 상징되는 전체주의적 도식을 거부한다. 푀겔린이 분석하기를 영지주의와 사회주의 사이에 유사성이 있으며, 영지주의적 충동의 뿌리에는 소외 혹은 낯설음(alienation), 즉 사회로부터의 이탈감과 이 소외감, 이탈감과 낯설음은 세계의 내재적인 무질서와 악의 결과라는 신앙이 존재한다고 본다.

문화막시즘은 새로운 문화 헤게모니를 장악하기 위해서 자본주의와 자유민주주의 체제로부터 시민들을 점차 소격시키고 이탈시켜서 사회주의적 혁명유토피아를 지향하도록 철학적이고 문화적인 소외 효과와 소격 효과 등을 사용한다고 보는 저자의 통찰은 탁월한 평가이다. 푀겔린에 따르면, 막시즘은 탈초월화되고 탈종말론화되고 급진적으로 내재주의화된 '하나님 없는 하나님 나라 운동'으로 본다. 막시즘은 기독교 종말론의 신적이고 초월적인 종말을 폭력적으로 강제하고 내재주의화시켜서 역사 속에서 지상낙원을 건설하고자 하는 새로운 영지주의적 정치종교다.

저자는 사회주의 유토피아주의가 생산한 부정주의적 혁명 사유가 영지주의적이라면, 21세기 세상을 그 불완전함에도 불구하고 '긍정'하는 기독교 현실주의의 사유를 대안으로 제시한다. 슬로터다이크는 독일 프랑크푸르트 학파의 비판 이론을 점차 떠나서 인도적인 어떤 것에서 대안을 찾는다. 슬로터다이크는 생애 후기에 사회주의적 유토피아를 향한 혁명적 사유를 포기하지 않는 프랑크푸르트 학파로부터 결별해서 점차 좌파보수적 관점으로 전향한 뒤, 아도르노의 이 유행어와 대조적인 "당신은 당신의 삶을 변화시켜야만 한다"라고 주장한다.

저자는 에른스트 블로흐가 지지한 혁명신학자 토마스 뮌처보다는 열광주의적 종말론과는 거리를 두었던 마틴 루터와 존 칼빈을 따라야 할 것이라고 본다. 또한, 사회주의와 공산주의에서 말하는 유토피아보다는 독일 헌법학자 칼 슈미트와 르네 지라르가 말하는 '카테콘' 개념이 대안이 될 것으로 본다.

저자는 독일 프랑크푸르트 학파의 비판 이론이 계급투쟁으로부터 인정투쟁(Anerkennungskampf)으로 희석되고 있다고 본다. 저자는 독일 프랑크푸르트 학파의 3세대 학자이자 2001년부터 프랑크푸르트 학파의 산실인 사회연구소 소장직을 맡은 악셀 호네트는 '인정투쟁'이라는 개념을 통해 인간과 사회를 바라보는 독창적인 관점을 제시하며 기존 사회 이론의 토대를 흔든다고 소개하고 있다.

제3-4장에서 저자는 주로 문화막시즘의 구체적인 한 흐름인 젠더 이데올로기에 대한 소개 및 비판을 시도하고 있다. 제3장에서 저자는 문화막시즘의 현대적 사조인 젠더 이데올로기가 "사상누각"이며, 제4장에서는 생물학을 부정하는 젠더 이데올로기는 "지적사기"라고 지적하고 있다.

제5장에서 '저자는 독일 사회주의'와 오스트리아 학파에 관하여 소개하고 있다. 슬로터다이크, 볼츠, 자라친 등은 모두 독일 프랑크푸르트 학파와 사회민주주의 노선에 속하였던 학자들이지만, 21세기에 접어들면서 그 사회주의 노선과 결별하고 보다 자유주의적이고 보수주의적 노선으로 전향을 하고 있다고 소개하고 있다.

이 학자들은 약자, 희생자, 소수자에 대한 염려와 톨레랑스만이 유일한 절대적인 가치인 것처럼 주장하면서 비현실적이고 급진적인 유토피아주의적인 다문화 정책과 친이슬람 정책을 전개해 나갈 경우 다가오는 것은 독일과 서구 유럽의 자기 파괴와 자기붕괴의 위험이라는 사실을 보고 있다고 지적한다. 저자는 하이데거의 『블랙 노트』를 소개하면서 그의 존재 사상이 독일 사회주의 전통에 있으며 그가 나치 사상의 열렬한 동조자였음을 폭로해 내고 있다.

제6장에서 저자는 문화막시즘의 새로운 희생자 문화(victimhood culture)를 비판적으로 소개한다. 문화막시즘에서는 희생자 계급(victim class)이 문화막시즘적인 계급투쟁과 계급투쟁적 인정투쟁의 새로운 혁명 주체가 된다. 문화막시즘의 담론과 내러티브는 주로 희생자 내러티브(narrative of victimhood)라 할 수 있다. 문화막시즘의 새로운 문화혁명 주체로 이해된 이러한 주변 그룹, 성소수자 그룹, 이민자들, 약자들 그리고 피해자들은 자신들이 억압자에 의해서 억압받고 차별받고 희생당하는 희생자 정체성(victim identity)을 가지게 된다.

그래서 현대의 많은 정체성정치(identity politics)는 사실상 많은 경우 희생자 정체성정치(victim identity politics)로 이해될 수 있다고 해석한다. 하지만 유대-기독교 전통은 약자, 희생자, 피억압자, 소수자들에 대한 희생시킴(victimization)도 거부하지만 그 피해자들과 희생자들에 대한 신성화(sacralization)의 유혹에도 저항한다. "역사로부터의 교훈: 트랜스젠더 광기는 문화 붕괴의 징조다"라고 저자는 페미니즘 학자 카밀 파글리아(Camille Paglia)를 인용하고 있다.

이 책에서 저자는 하버마스, 슬로터다이크, 볼츠, 자라친, 랄프 다렌도르프, 프랑스의 레이몽 아롱과 여성 철학자 시몬 베유, 앨런 소칼, 카밀 파글리아 등 유럽 지식인들의 문화막시즘에 대한 비판적 견해를 21세기에 들어와 문화막시즘이 서구에서 황혼에 들어서고 있다는 시대적 상황과 사상적 맥락에서 소개한다. 그래서 문화막시즘은 우리 한국사회에서도 추종해야 할 미래적 이념이 될 수 없다는 사상적 상황을 설명하고 있다. 이러한 저자의 견해는 설득력이 있다.

이 책은 서구에서 황혼에 처해 있는 문화막시즘의 현황에 대하여 소개하면서 오늘날 현대인에게 도전하는 문화막시즘의 한 흐름으로서 동성애와 젠더 이데올로기의 문제를 잘 소개하고 있다. 젊은 지식인들과 좌파 사상의 사상적 좌표를 알기를 원하는 목회자들이 이 저서를 읽으면 기독교 세계관이 열려서 설교의 내용이 보다 깊어질 것이다.

추천사 3

김 균 진 박사
연세대학교 연합신학대학원 명예교수

오늘날 자본주의 경제질서는 심각한 문제점을 노정하고 있다. 극심한 빈부격차와 사회 양극화, 사회범죄의 증가, 자연 환경의 파괴와 지구 온난화로 인한 준 재난적 세계 상황의 초래가 그 대표적 문제점이라 하겠다. 지금 온 세계를 휩쓸고 있는 코로나19 사태도 그 여파라고 볼 수 있다. 그것은 자연의 생명 체계를 파괴하는, 자연 적대적 현대 문명 앞에서 자신을 지키려는 자연의 대반격이요 몸부림이라 볼 수 있다.

이에 우리는 자본주의 체제에 회의를 느끼면서 사회주의 체제가 그 대안이라 생각하기 쉽다. 그러나 사회주의가 자본주의의 모든 문제를 해결할 수 있는 대안이 될 수 없다는 사실을 우리는 20세기 사회주의 국가에서 경험하였다.

모든 인간의 평등과 자유, 굶주림과 사회 계급이 없는 사회를 약속했던 사회주의는 자본주의 사회보다 더 엄격한 계급사회를 형성하였고, 사회주의적 이상의 실현을 위해 2천만 명 이상의 인간 생명을 죽이는 무서운 독재체제로 변하였음을 우리는 눈으로 보았다. 굶주림이 없는 사회가 아니라, 공산당원을 제외한 거의 모든 인민이 굶주림을 벗어나지 못하는 사태를 초래하였다. 그럼에도 불구하고 집권층은 호의호식하면서 부정 축재한 거액의 돈을 외국 은행에 도피시켰다. 동유럽의 어떤 통치자의 부인은 다이아몬드를 구두 뒤축에 박아 신고 다녔다. 여기서 우리는 사회주의 체제의 거짓을 볼 수 있다.

사회주의 체제에서 인간의 생명은 사회주의라는 목적을 향해 얼마든지 희생될 수 있는 하나의 수단에 불과했다. 정일권 박사의 이 책이 말하듯이, "사회주의 혁명을 통해 지상낙원이라는 유토피아를 폭력적으로 건설하고자 했던 소련의 강제수용소(굴락), 북한의 정치범수용소와 강제수용소, 킬링필드의 캄보디아, 마오쩌둥의 중국 문화대혁명 운동 당시의 폭력, 야만, 학살은 모두 지상낙원이 아니라 지상지옥을 가져왔다."

사회주의 국가의 자연 파괴와 오염은 자본주의 국가의 그것보다 더 심각하였다고 한다. 구소련의 체르노빌 원전사고는 이를 예시한다. 오늘의 베네수엘라와 북한에서 우리는 사회주의 체제의 문제점이 무엇인가를 직시할 수 있다.

그럼에도 불구하고 한국 사회의 저변에는 사회주의에 대한 향수가 좌파 운동권을 중심으로 상당히 넓게 퍼져 있는 것으로 보인다. 정일권 박사의 이 책이 소개하듯이, "2019년 독일어권 하이에크학회(Friedrich A. von Hayek-Gesellschaft) 학술대회"가 발표했듯이, "21세기 대한민국의 젊은 세대들이 자본주의보다는 사회주의가 더 나은 체제라고 응답한 설문조사 결과"는 이 같은 사회 분위기를 나타낸다. 조국 전 법무부 장관의 사태에서 공론화되었던 것처럼, 한국의 일부 계층에서 사회주의 내지 사회민주주의는 "지식인의 아편"처럼 그들을 전염시키고 있다.

이러한 상황에 대한 깊은 우려 속에서 르네 지라르 전공자 정일권 박사는 이렇게 말했다.

"20세기 후반 지배적인 사조로 영향력을 행사했던 독일 프랑크푸르트 학파의 비판 이론과 그 문화막시즘의 황혼과 21세기 오스트리아 학파의 르네상스를 소개하면서, 자유민주주의(liberal democracy)와 자본주의 시장경제 체제에 대한 21세기적 재발견과 변호를 시도하고자 한다."

먼저 이 책은 처음에 사회주의 노선을 지지했지만, 점차 사회주의 노선에 대해 등을 돌리고 자유주의적 전통이나 보수주의 노선으로 돌아선 독일의 대표적인 사상가들을 소개한다.

프랑크푸르트 학파에 속했지만 이 학파의 비판 이론과 부정주의에 거리를 두면서 서구 민주주의의 뿌리가 유대-기독교 전통이라고 주장하는 하버마스, 프랑크푸르트 학파에서 점차 사상적 전환을 하여 신보수주의를 대변한 노베르트 볼츠, 가장 대표적인 68운동권 출신이지만 1999년 프랑크푸르트 학파의 죽음을 선언하고, 최근에는 자신의 정치적 입장을 좌파 보수주의(linkskonservativ)로 규정한 페터 슬로터다이크, 68운동권 핵심인물이지만 유럽 사회민주주의 "시대의 종말"을 주장하고, 자유주의로 전환한 영국과 독일 국적의 랄프 다렌도르프 등 많은 학자와 학파를 소개한다.

지식인들의 이러한 보수주의적 전환(konservative Wende)에 발맞추어 독일을 위시한 유럽의 국가들의 현실정치도 21세기에 접어들어 사회민주주의 노선을 포기하고 있다는 사실을 이 책은 드러낸다. 이 책에서 우리는 20세기 이후에 등장한 사회주의의 새로운 전략들, 곧 문화막시즘, 사회민주주의, 포스트모더니즘, 해체주의, 루카치의 문화 테러리즘, 급진적 성교육과 성혁명 운동, 사회구성주의, 좌파 포퓰리즘, "인정투쟁"(Anerkennungskampf), "희생자 문화" 등을 소개받을 수 있다. 나아가 "독일 프랑크푸르트 학파의 비판 이론, 프랑스 포스트모더니즘 그리고 유럽 68문화혁명이 주도했던 문화막시즘은 21세기에 접어들어서 황혼기에 접어들었다"라는 저자의 입장을 볼 수 있다.

저자의 입장에 의하면, 자본주의 사회가 그 자체의 문제성을 극복하지 않는 한, 사회주의 이론은 "민중의 아편"처럼 존속할 것이다. 지식인들이 그것의 "황혼기"가 왔다고 이야기해도, 그것은 현 자본주의 사회의 문제성에 진절머리를 느끼는 사람들에게 매혹적인 것으로 보일 것이다. 따라서 사회주의 이론을 극복할 수 있는 길은 그것을 일방적으로 정죄하는 데 있는 것이 아니라, 사회주의 이론이 지적하는 자본주의 사회의 문제성을 극복하는 데 있다.

오늘의 코로나19는 자연 적대적, 자연 파괴적 현 자본주의 경제질서의 한계를 보여주고 있지 않은가!

그러므로 자본주의 사회는 사회주의 이론을 폐기 처분해야 할 "적"으로 간주하기보다, 자신의 문제성을 지적해 주는 동반자로 간주하고, 사회주의 이론과 끊임없는 토론을 가져야 할 것이다. 자신의 문제성은 덮어둔 채 사회주의 이론을 일방적으로 매도할 것이 아니라, 쌍방의 타당성이 무엇이며 또 문제성은 무엇인가를 드러냄으로써 자본주의 사회가 인간적이며 자연 친화적인 사회가 될 수 있도록 해야 할 것이다.

이와 동시에 사회주의 체제를 현실적으로 도입하려는 시도에 대한 경계심도 늦추지 말아야 할 것이다. 사회주의 체제를 현실적으로 도입할 경우, 국가는 현금의 북한이나 베네수엘라 꼴이 될 것임을 명심해야 할 것이다. 사회주의 이론과의 건강한 대화를 위해 정일권 박사의 저서는 크게 기여할 수 있을 것으로 기대한다.

추천사 4

신 원 하 박사
고려신학대학원 원장

 국내의 뜨거운 차별금지법 논쟁은 문화막시즘과 깊은 관련이 있다. 문화막시즘은 주로 독일 프랑푸르크학파의 비판 이론으로 대표되는데, 이러한 문화막시즘은 프로이트막시즘(Freudomarxismus)으로 요약할 수 있다. 프로이트막시즘(동성애 운동, 퀴어 이론, 젠더 이데올로기)과 사회주의 성정치 운동에 있어서 가장 중요한 이론가인 주디스 버틀러도 비판 이론을 강의하는 교수이다.
 정일권 박사의 책은 21세기 유럽 문화막시즘의 황혼, 유럽 사회민주주의 정당의 퇴조 그리고 사회민주주의 시대의 종언 등을 소개한다. 1990년대부터 유럽 사회주의 정당들의 황혼뿐 아니라, 한 시대를 풍미했던 유럽 사회민주주의 시대의 종말을 주장한 독일과 영국 국적의 랄프 다렌도르프(Ralf Dahrendorf) 교수도 68문화혁명의 지도자 루디 두츠케와 함께 당시에 토론에 나서기도 한 68운동권 핵심 인물이지만, 이후 점차 자유주의로 전환했다.
 이 책은 문화막시즘에 대해서 문화인류학적 관점에서 비판적인 평가를 제공한다. 독일 프랑크푸르트 학파의 비판 이론, 프랑스 포스트모더니즘 그리고 유럽 68문화혁명이 주도했던 문화막시즘은 21세기에 접어들어서 황혼기에 접어들었다. 왜냐하면, 그들의 문화혁명적이고 성혁명적인 문화막시즘 이론들이 일종의 혁명적이고 전복적인 반문화(Gegenkultur) 운동으로부터 나온 것이기 때문에, 그 축제적 반문화 운동으로서의 한계에 직면한 것이다.
 문화막시즘의 반문화 운동과 이론에는 인류 문화에 대한 보다 깊은 보편적 이해가 증발되어 있다. 그것은 너무 쉽게 그리스 신화와 비극 속에서 자신들의 사회주의적 전복과 혁명을 지지할 수 있는 구호와 상징들을(예를 들어 근친상간 금기 파계, 부친살해 금기 파계, 오이디푸스와 안티고네 등) 별 학문적 근거 없이 가볍게 가져와서 이론적으로 무기화했기 때문이다.

그들의 사회주의적 반문화 이론과 운동에는 신화와 제의, 금기, 그리스 비극 등 인류 문명에 대한 깊은 문화인류학적 이해가 결여되어 있다. 프로이트막시즘에서 말하는 성혁명, 성정치, 동성애, 퀴어 이론, 젠더 이데올로기의 기초에 있는 프로이트의 '오이디푸스 콤플렉스'도 소포클레스의 그리스 비극 『오이디푸스 왕』에 대한 오독(誤讀) 위에 세워진 사상누각이다. 칼 막스와 엥겔스가 주장한 원시공산주의 이론이나 모계사회론을 학문적으로 지지하는 학자도 많지 않다.

현재 대한민국에서 뜨거운 사회적 논쟁거리로 부각되어 있는 차별금지법, 동성애 운동, 퀴어 문화축제, 젠더 이데올로기 등에 대해 그 사상적 기원과 토대와 성격을 이해하는 데 있어서 이 책은 매우 실제적인 도움을 제공할 것이다. 정일권 박사의 이 책을 식자들에게 강력히 추천한다.

추천사 5

이 승 구 박사
합동신학대학원대학교 조직신학 교수

여기 정일권 박사의 귀한 책이 한 권 더 출간되어 기뻐하면서 이 추천사를 쓴다. 먼저 지속적으로 이렇게 많은 작업을 하시는 정일권 박사에 대해 놀랍다는 말씀을 전해야 하겠다. 오스트리아 인스부르크대학교에서 박사학위를 하시고 귀국하신 후 끊임없이 작업하셔서, 2013년부터 지금까지 저서만 8번째이고, 묵직한 번역서도 출간하셨다. 교수님들은 늘 연구하시는 분들이지만 그 연구의 성과를 이렇게 다작(多作)으로 제시하는 일은 매우 예외적이다. 그것도 깊이 있는 연구에 근거한 논의를 지속해 주시니 감사하다.

더 감사한 것은 정 박사가 성경이 가르치는 그 방향을 늘 지향하고 있다는 점이다. 그래서 정 박사의 논의는 균형 잡혀 있고, 안정성이 있다. 정 박사가 관심을 가지고 연구해 오신 르네 지라르에 대한 보다 더 균형 잡힌 이해와 방향을 제시하시기에 우리는 안심하고 정 박사의 책들을 읽게 된다.

그동안 지라르를 우리 사회에 잘 소개한 공헌이 정 박사에게 있다면(그래서 정일권 박사 하면 지라르를 떠올리고, 지라르 하면 정 박사를 떠올릴 수 있다는 것은 굉장한 기여다), 더 중요한 것은 그가 지라르에게 치우치지 않고 성경에 근거한 보다 균형 잡히고 바른 관점을 제시하려고 노력하고 계시다는 것이다. 이것은 한 분야를 열심히 연구하는 연구자에서 찾기 어려운 점이다. 이에 대해서 우리는 더 감사해야 한다.

또한, (이전 책에서도 그런 시사점이 있기는 하였지만 특히) 지난번 책인 『질투사회』부터는 아주 전격적으로 오늘날 사회의 문제와 본격적으로 마주하여 이 복잡한 사회 속에서 과연 무엇을 어떻게 생각하고, 어떻게 해야 하는지의 문제를 다루고 계시다. 특히 이 책은 우리가 직면한 문화막시즘의 도전에 어떻게 응수해야 하는지를 다룬다. 우리보다 이 홍역을 미리 치른 유럽 사회 속에서 문화막시즘이 어떻게 퇴조해 갔는지를 분석하여 제시한 이 책은 동일하게 일단은 문화막시즘에 동조해 들어갔다가 그로부터 나오는 위르겐 하버마스나 랄프 다렌도르프 같은 분들의 전철을 밟지 않도록 우리를 인도하는 것이기도 하다.

오래전부터 우려했던 바와 같이, 대학 강단이 프랑크푸르트 학파와 같은 수정막시즘에 물들어 있는 우리 사회가 지금 그 열매를 거두는 이와 같은 때에, 이 사회를 걱정하시는 분들이 다 같이 살펴보면 좋은, 매우 시의적절한 책이다.

이와 같은 책을 낼 수 있도록 '한국기독교문화연구소'가 지원을 해 주시는 것에 대해서도 감사드린다. 그런 기관들이 지원이 점점 더 많아져서 성경을 중심으로 하는 문화 활동이 이 땅에서 더 활발히 전개되기를 바라면서 이 책에 대한 추천의 말을 마치고자 한다.

문화막시즘의 ─── 황혼

21세기 유럽 사회민주주의 시대의 종언

이 책은 2020년 한국기독문화연구소(원장 김승규 변호사, 전 법무부 장관/ 국정원장)의 학술연구 용역으로 선정되고 지원받아 출판되었습니다.

Twilight of Cultural Marxism
Written by Ilkwaen Chung
All rights reserved.
Korean Edition Copyright ⓒ 2020, 2022 by Christian Literature Center, Seoul, Korea

문화막시즘의 황혼
21세기 유럽 사회민주주의 시대의 종언

2020년 11월 20일 초판 발행
2022년 5월 31일 초판 2쇄 발행

지 은 이	정일권
편 집	정재원, 황평화
디 자 인	김현진
펴 낸 곳	(사)기독교문서선교회
등 록	제16-25호(1980.1.18.)
주 소	서울특별시 서초구 방배로 68
전 화	02-586-8761~3(본사) 031-942-8761(영업부)
팩 스	02-523-0131(본사) 031-942-8763(영업부)
이 메 일	clckor@gmail.com
홈페이지	www.clcbook.com
송금계좌	기업은행 073-000308-04-020 (사)기독교문서선교회

ISBN 978-89-341-2212-8(03300)

이 도서의 국립중앙도서관 출판예정도서목록(CIP)은 서지정보유통지원시스템 홈페이지(http://seoji.nl.go.kr)와 국가자료공동목록시스템(http://www.nl.go.kr/kolisnet)에서 이용하실 수 있습니다. (CIP제어번호: CIP2020041335)

이 책의 저작권은 저자와 (사)기독교문서선교회가 소유합니다. 신저작권법에 의하여 한국 내에서 보호받는 저작물이므로 무단 전재와 무단 복제를 금합니다.

문화막시즘의 ──── 황혼

21세기 유럽 사회민주주의 시대의 종언

정일권 지음

CLC

Twilight of Cultural Marxism

목차

추천사	1

김 승 규 변호사 | 전 법무부 장관, 국정원장
김 영 한 박사 | 숭실대학교 명예교수, 기독교학술원장
김 균 진 박사 | 연세대학교 연합신학대학원 명예교수
신 원 하 박사 | 고려신학대학원 원장
이 승 구 박사 | 합동신학대학원대학교 조직신학 교수

제1장 문화막시즘의 황혼과 유럽 사회민주주의의 종말	26
1. 위르겐 하버마스의 막시즘과의 결별	26
2. 서구 민주주의의 기초는 유대-기독교 윤리다(하버마스)	30
3. 21세기 유럽 사회민주주의 시대의 황혼	33
4. 르네 지라르, 칼 막스 그리고 지그문트 프로이트	36
5. 막시즘의 급진화로서의 해체주의 철학(데리다)	39
6. 포스트모더니즘, '프랑스 역병' 그리고 문화막시즘	43
제2장 문화막시즘: 사회주의의 새로운 전략	47
1. 제도권으로의 행진: 장기적인 문화막시즘 전략(그람시)	47
2. 정치적 올바름(Political Correctness): 새로운 언어정치	51
3. 헤게모니, 사회주의 전략, 좌파 포퓰리즘: 샹탈 무페와 칼 슈미트	53
4. 문화 테러리즘과 급진적 성교육(루카치)	61
5. 프랑크푸르트 학파의 비판 이론과 유토피아: 부정주의와 영지주의	65
6. 자연과학적 전통 이론, 비판 이론 그리고 사회구성주의	71

7. 사회주의는 '지식인의 아편': 레이몽 아롱, 사르트르, 시몬 배유   74
  8. 아우슈비츠와 구소련의 강제수용소(굴락)   80
  9. 실증주의 논쟁: 프랑크푸르트 학파와 칼 포퍼   84
  10. 혁명이냐 개혁이냐?: 마르쿠제-칼 포퍼 논쟁   88
  11. 유럽 68운동의 영웅 폴 포트의 '킬링필드'와 대학살   89
  12. 영지주의와 사회주의(푀겔린) 그리고 기독교 사회주의   92
  13. 계급투쟁으로부터 인정투쟁으로(악셀 호네트)   100

제3장 프로이트막시즘(동성애 운동, 퀴어, 젠더)은 사상누각이다   108

  1. 성혁명, 성정치, 성유토피아(빌헬름 라이히와 마르쿠제)   108
  2. '오이디푸스 콤플렉스'에 대한 오독(소아성애와 성혁명)   113
  3. 독일 녹색당의 소아성애 합법화 지원 파문   121
  4. "소아성애적 반파시즘"(68문화혁명, 독일 녹색당과 좌파)   124
  5. 젠더 이데올로기: 탑다운 국가페미니즘   128
  6. 유럽 68 성혁명, 푸코, 소아성애 운동   132
  7. 안티고네의 동성애: 차이소멸적 하마르티아   134
  8. 파르마코스 오이디푸스: 지라르의 오이디푸스 콤플렉스 이론 비판   146
  9. 『안티 오이디푸스』와 파르마코스 오이디푸스   152
  10. 오이디푸스와 안티고네는 성혁명의 상징인가?   158
  11. 근친상간과 부친살해는 문화혁명의 상징인가?   162

제4장 생물학을 부정하는 젠더 이데올로기는 학문인가?   168

  1. 젠더 이데올로기: 생물학에 대한 전쟁 선포(노베르트 볼츠)   168
  2. '해체와 재구성': 문화막시즘과 사회구성주의   170
  3. 젠더 이데올로기는 『지적 사기』(소칼)인가?   177
  4. 아인슈타인의 $E = mc^2$는 성차별적인가?(뤼스 이리가레이)   183
  5. 퀴어 이론과 젠더 이데올로기: 새로운 영지주의   186

제5장 '독일 사회주의'와 오스트리아 학파　　　　　　　　　　194

　1. 좌우 독일 사회주의: 민족사회주의(나치즘)와 국제사회주의(막시즘)　194
　2. '상인과 영웅': 영국 자유주의와 독일 사회주의　　　　　　　　　199
　3. 독일 사회주의와 낭만주의: 니체와 공동체의 신 디오니소스　　　204
　4. 독일 사회주의자 하이데거의 『블랙 노트』(2014)와 '독일 이교'　　207
　5. 독일 "기독민주연합 국가" vs 68문화혁명　　　　　　　　　　　212
　6. 유럽 68문화혁명과 1933년 독일 나치 학생 운동의 유사성　　　　215
　7. 『독일은 사라지고 있다』(독일 사민당의 자라친 박사)　　　　　　220

제6장 문화막시즘의 희생자 이데올로기　　　　　　　　　　　　　225

　1. 새로운 희생자 문화의 등장　　　　　　　　　　　　　　　　　225
　2. 절대화되고 신성화된 희생자 옹호 문화　　　　　　　　　　　　229
　3. 정치적 올바름을 넘어서　　　　　　　　　　　　　　　　　　232
　4. 기독교로부터 탄생했지만, 기독교를 배신하는 진보주의　　　　　235
　5. 트랜스젠더 광기는 문화 붕괴의 징조　　　　　　　　　　　　　238
　6. 영국 브렉시트: 유럽인권법원의 차별금지법에 대한 저항　　　　　242
　7. 차별금지법(평등기본법)의 사회주의적 법률 혁명　　　　　　　　244
　8. 소아성애 운동과 동성애 운동은 동일한 그룹에 의해 추진되었다　249
　9. 주디스 버틀러가 말하는 21세기 글로벌 반-젠더주의 운동　　　　252

나오는 말　　　　　　　　　　　　　　　　　　　　　　　　　256

Twilight of Cultural Marxism

감사의 말

정 일 권 박사
르네 지라르 연구가

21세기 유럽 문화막시즘의 황혼을 국내에 소개하는 이 책은 한국기독문화연구소(소장 김승규 변호사) 연구용역으로 집필되었다. 전 법무부 장관과 국정원장을 역임한 김승규 원장님의 격려와 지원이 없었다면 문화막시즘에 대한 이 책의 집필은 성사되지 못했을 것이다.

2019년 독일어권 하이에크학회(Friedrich A. von Hayek-Gesellschaft) 학술대회에서는 21세기 대한민국의 젊은 세대들이 자본주의보다는 사회주의가 더 나은 체제라고 응답한 설문조사 결과가 소개된 바 있다.

사회주의가 낭만적으로 복권되는 듯한 인상을 받게 되는 현 상황에 대한 깊은 우려 속에서 이 책은 20세기 후반 지배적인 사조로 영향력을 행사했던 독일 프랑크푸르트 학파의 비판 이론과 그 문화막시즘의 황혼과 21세기 오스트리아 학파의 르네상스를 소개하면서, 자유민주주의(liberal democracy)와 자본주의 시장경제 체제에 대한 21세기적 재발견과 변호를 시도하고자 한다. 김승규 원장님도 지정학적으로 상처받기 쉬운 연약한 한반도에서 일어나는 새로운 체제 논쟁에 대한 문제에 있어서 기독교신학계의 자성을 촉구하면서 보다 깊은 학문적 논쟁을 주문하셨다.

문화막시즘 연구와 집필을 지원해 준 한국기독문화연구소의 김승규 원장님, 원고를 꼼꼼하게 검토하면서 실무를 담당한 박성제 변호사와 연구소 위원들 그리고 유정우 박사에게 감사의 말씀을 드리고, 이 책을 출판해 주신 기독교문서선교회(CLC) 대표 박영호 목사님과 직원들에게도 감사한다.

아무쪼록 21세기 유럽 정치경제학과 철학의 최근 동향을 국내에 소개하는 이 부족한 책을 통해서 국내에서 대한민국의 미래와 발전을 위한 체제 논쟁과 관련해서 활발한 토론이 있기를 기대한다.

Twilight of Cultural Marxism

제1장

문화막시즘의 황혼과 유럽 사회민주주의의 종말

1. 위르겐 하버마스의 막시즘과의 결별

21세기에 접어들면서 '문화막시즘'(Kulturmarxismus)을 대변했던 독일 프랑크푸르트 학파의 비판 이론(Kritische Theorie)의 종말과 황혼이 논의되고 있는데, 이런 동향을 가장 반영하는 학자는 프랑크푸르트 학파의 2세대 학자이자 독일의 국가적인 학자로 평가받는 위르겐 하버마스다.

문화막시즘에 대한 일반적 정의와 소개에 앞서 우선 최근 동향에 대해서 논의하고자 한다. 독일 프랑크푸르트 학파의 비판 이론과 그 문화막시즘의 황혼은 21세기 유럽 사회주의(사회민주주의 혹은 민주적 사회주의) 정당의 쇠락과 맞물려 있다. 21세기에 접어들면서 유럽 사회민주주의의 종말에 대한 논의가 학계와 언론 등에서 빈번하게 공론화되고 있다.

오스트리아의 유력 일간지 「디 프레세」(*Die Presse*)는 "사회민주주의의 위기, 그 이데올로기의 종말"이라는 2017년 기사를 통해 이러한 새로운 상황을 보도한 바 있다.[1] 2017년 독일 선거에서 사회민주주의, 보다 정확히 말해

---

[1] "Die Krise der Sozialdemokratie, das Ende einer Ideologie," *Die Presse*, 2017년 10월 23일 기사(https://www.diepresse.com/5308196/die-krise-der-sozialdemokratie-das-ende-einer-ideologie).

서 민주적 사회주의를 추구한 사민당(독일 사회민주당, Sozialdemokratische Partei Deutschlands[SPD])은 드라마틱하게 패배했다. 1780년에 설립된 스위스의 저명한 일간지 「노이에 취리히 짜이퉁」(Neue Zürcher Zeitung)은 "사회민주주의 쇠락"(Das Verwelken der Sozialdemokratie)이라는 제목 아래 유럽 전체에 걸친 사회주의(사회민주주의 혹은 민주적 사회주의) 노선 정당들의 쇠락과 황혼을 다루고 있다.[2] "사회민주주의의 종말"(Das Ende der Sozialdemokratie)이라는 제목을 가진 스위스의 정치 전문 메거진 「레프블릭」(Republik)의 2018년 기사도 이 새로운 현상을 잘 보여준다.[3]

21세기에 접어들면서 유럽 전체에 걸쳐서 사회민주주의(민주적 사회주의) 정당들의 패배, 종말과 쇠락뿐 아니라, 사회민주주의 "시대의 종말"이 본격적으로 주장되고 있다. "사회민주주의 시대의 종말"(Sozialdemokratie. Das Ende eines Zeitalters)이라는 제목으로 독일 라디오방송(Deutschlandfunk)에 기고된 2015년 기사도 이를 잘 보여준다.[4]

유럽 사회민주주의 시대의 종말을 공론화한 대표적인 학자는 런던경제대학교(LSE) 학장을 역임한 랄프 다렌도르프(Ralf Dahrendorf) 경이다. 유럽 68학생문화혁명('68문화혁명,' '68운동,' '68혁명'으로도 불린다)[5]의 대표적 인물로서 독일 사회민주주의 정당(SPD)에서 활동하기도 했던 그는 점차 독일 사회민주주의 노선으로부터 결별하고 영미권의 자유주의 전통을 변호했다. 그는 1990년대 이미 유럽 사회민주주의 시대의 종말을 선언했는데,

---

2 "Das Verwelken der Sozialdemokratie," *Neue Zürcher Zeitung*, 2016년 5월 21일 기사 (https://www.nzz.ch/meinung/kommentare/leitartikel-das-ende-der-sozialdemokratie-ld.83738).
3 "Das Ende der Sozialdemokratie," *Republik*, 2018년 11월 20일 기고문(https://www.republik.ch/2018/11/20/das-ende-der-sozialdemokratie).
4 Christian Schüle, "Sozialdemokratie. Das Ende eines Zeitalters," 2015년 9월 3일 기사(https://www.deutschlandfunkkultur.de/sozialdemokratie-das-ende-eines-zeitalters.1005.de.html?dram:article_id=329982).
5 1968년 3월 프랑스 파리에서 프랑스의 베트남전쟁 참전에 대한 항의 차원에서 5명의 청년이 아메리칸익스프레스 파리 지사를 습격한 것을 시작으로 프랑스 전역의 대학생 시위와 1,000만 노동자 파업으로 확산된 전례없던 반체제, 반문화 운동이다.

1992년 독일 주간지 「디차이트」(Die Zeit)에 "사회민주주의는 그 기술의 종말을 맞이하고 있다"(Die Sozialdemokratie ist am Ende ihrer Kunst)라는 제목 아래서 기고한 글에서 유럽 사회민주주의 세기의 종언을 주장했다.[6] 21세기 유럽 현실정치에서 드러나는 사회민주주의 정당들의 쇠락과 황혼으로 인해 이제는 사회민주주의 세기가 종말을 맞이하게 되었다는 그의 주장은 다시금 주목을 받고 있다.

2016년 독일 프랑크푸르트 학파의 비판 이론의 "위대한 부정은 이제 유행이 지났다"(Das grosse Nein ist passé)라는 기사 제목 아래서 스위스의 저명한 일간신문 「노이에 취리히 짜이퉁」(Neue Zürcher Zeitung)은 네오막시즘으로부터 결별한 하버마스와 비판 이론의 부정주의 등에서 비판적으로 분석한다.

> 위르겐 하버마스는 그의 "네오막시즘으로부터의 결별"(nach seinem Abschied vom Neomarxismus) 이후 독자적인 길을 간다. 오늘날 하버마스는 독일 프랑크푸르트 학파 비판 이론의 계승자라기보다는 독자적인 체계를 갖춘 거대한 사상가로서 나타난다. 하버마스는 그의 "담론적 전환"(diskurstheoretische Wende) 이후 프랑크푸르트 학파의 아버지들인 호르크하이머와 아도르노 등의 사유로부터의 "결별"(Abschied)을 드러낸다.
>
> 프랑크푸르트 학파는 사회제도들의 권위의 붕괴, 가정의 해체, 민족의식의 파괴, 정신적인 전통들의 상실, 사회의 광범위한 성애화(Sexualisierung), 사회적 환경의 희생자들로서의 범죄자들에 대한 이해, 의무와 희생정신에 대한 폄훼, 과학기술에 대한 적대성 그리고 문화혁명 전체에 대해서 책임이 있다. 그리고 독일의 기독민주연합(CDU) 정당이 "그 핵심 그룹에 있어서 사회민주주의적으로 변해버리게 된 것은, 프랑크푸르트 학파의 이후 영향 때문이다."

---

6   Ralf Dahrendorf, "Die Sozialdemokratie ist am Ende ihrer Kunst," 1992년 3월 27일 기사 (https://www.zeit.de/1992/14/die-sozialdemokratie-ist-am-ende-ihrer-kunst).

유토피아와 혁명을 꿈꾸었던 비판 이론의 "부정주의"(Negativismus)에 대해서도 이 기사는 비판적으로 분석한다. 이제 "좌파들의 일시적이었던 문화적 지배가 무너졌다." 자본주의는 여전히 잘 작동하고 있다. "프랑크푸르트 학파가 시대정신(Zeitgeist)에게 부여한 각종 개념들은 이제 사라져 버렸다."[7]

하버마스 이후로 독일에서 가장 대중적으로 알려진 철학자 페터 슬로터다이크(Peter Sloterdijk)는 하버마스와의 논쟁 중에 1999년 프랑크푸르트 학파의 "죽음"을 선언하기도 했다. 국내에서도 하버마스는 이제 더 이상 막시즘의 해방사상가로 분류되지 않는다. 「한겨레신문」에 기고된 "하버마스는 마르크스주의적 해방 사상가인가?"라는 기사는 이를 잘 보여준다.

하버마스는 아도르노와 호르크하이머가 대표하는 프랑크푸르트 학파 1세대의 모델을 그대로 수용하지 않고 대신 의사소통 합리성에서 새로운 비판 이론의 토대를 발견한다. 그런데 칼 막스 및 초기 프랑크푸르트 학파 이론가들에게 중요한 것은 자본주의 사회와 단절한 새로운 사회를 구성하는 것이었다. 하지만 하버마스에게는 이러한 단절의 문제설정은 사라졌으며, 사회의 정상적인 진화 과정을 지속하는 것이 중요한 것이 된다.

하버마스에 의하면, 현대 자본주의 사회의 국가는 복지국가이며, 더 나아가 복잡해진 사회 현실에 맞춰 경제 자체를 구성하고 경영하기 위해 적극적으로 개입한다. 이에 따라 자본주의의 계급갈등 역시 완화되기 때문에, 자본주의의 임박한 붕괴를 가정하는 것은 비현실적이라고 하버마스는 본다.

또한, 하버마스는 프롤레타리아가 궁핍해지는 것이 아니라 점점 더 부유해지고 있다는 사실을 인정한다. 제2차 세계대전 이후 자본주의 사회에서 프롤레타리아, 곧 자신의 노동력을 판매하여 생계를 유지하는 계급은 전후 자

---

[7] Joachim Güntner, "Das grosse Nein ist passé," 2016년 3월 19일 기사(https://www.nzz.ch/feuilleton/was-von-der-frankfurter-schule-uebrig-ist-das-grosse-nein-ist-passe-ld.8666).

본주의의 호황 덕분에 안정된 삶을 누리고 있다. 따라서 고전 막시즘이 전제하고 있던 혁명의 주체로서의 프롤레타리아나 프롤레타리아 계급의식은 더 이상 발견하기 어렵게 되었다고 하버마스는 생각한다.[8]

하버마스는 『의사소통행위 이론』 등에서 복지국가가 심화된 후기자본주의 사회에서 막시즘적인 계급투쟁이 절대적인 중요성을 갖지 않는다고 주장한다. 하버마스는 프랑크푸르트 학파와 밀접히 연관된 유럽 68운동권의 폭력적인 행태들을 좌파파시즘(Linksfaschismus)으로 비판하기도 했다.

하버마스는 자본주의 시장경제는 고유의 효율성 논리로 돌아가는 체계 영역으로, 국가사회주의가 이를 함부로 대체하려고 해서는 실패를 경험할 수밖에 없음을 소련 붕괴 등 현실사회주의(Real existierender Sozialismus)의 패배가 증명하고 있다고 주장한다. 막시스트들과는 달리 하버마스는 일단 민주주의 체제를 확립하고 나면 민주화를 더욱 진전하는 것일 뿐, 민주주의 체제 자체를 전복하려는 시도는 의미를 가질 수 없다고 일축한다. 하버마스는 이처럼 사실상 서구에서만큼은 자본주의와 자유민주주의가 승리했다고 인정한다.

2. 서구 민주주의의 기초는 유대-기독교 윤리다 (하버마스)

독일 프랑크푸르트 학파의 문화막시즘 전통으로부터 점차 결별해 나간 하버마스는 기독교에 대해서도 점차 개방적이고 동정적인 자세를 이후에 보인다. 그는 초기에 네오막시즘과 문화막시즘을 추구한 프랑크푸르트 학파의 학풍처럼 기독교의 신은 하나의 잘못된 가설(Gott als eine falsche

---

[8] 진태원, "하버마스는 마르크스주의적 해방 사상가인가?"(http://www.hani.co.kr/arti/culture/religion/651517.html#csidx1b8b850c9d7f273ac3cdd47e7542684).

Hypothese)로 보았고, 종교적으로도 음치였지만 9.11 테러 이후 종교의 귀환 등에 대해서 논하면서 기독교에 대해서 보다 열린 자세를 보인다.

다른 종교사회학자들과 함께 하버마스는 최근 세속화의 변증법과 후기세속적 사회를 화두로 삼았다. 하버마스는 바티모가 주장하는 것과 유사한 전통적 세속화 테제를 비판적으로 점검하면서 『세속화의 변증법』(Dialektik der Säkularisierung)과 후기세속적 사회(postsäkulare Gesellschaft)에 대해서 말한다.[9] 하버마스는 일부 급진적인 다문화주의자들의 상대주의와 "계몽근본주의"(Aufklärungsfundamentalismus)에 거리를 두면서 다시금 종교의 생동성(Vitalität des Religiösen)를 강조한다.

서구 기독교 문명을 문화막시즘의 문화혁명과 성혁명을 통해서 전복하고자 했던 독일 프랑크푸르트 학파의 전통으로부터 점차 이탈해서 후기의 하버마스는 점차 서구 민주주의 기초가 유대-기독교 전통임을 다음과 같이 재천명한다. 하버마스는 다음과 같이 유대-기독교 전통의 유산에 대해서 변호한다. 서구 문명의 업적이라 할 수 있는 자유, 양심, 인권, 민주주의의 궁극적인 기초는 유대교의 정의의 윤리와 기독교의 사랑의 윤리라고 하버마스는 분석한다. 후기형이상학적 사고(nachmetaphysisches Denken)도 바로 이 원천으로부터 지속적으로 자양분을 공급받아야 한다고 말한다.

> 기독교는 근대의 규범적 자기이해에 있어서 선구자 혹은 촉매제 역할만 한 것이 아니었다. 자유와 연대적 공존, 자율적 삶의 영위와 해방, 개인적 양심, 도덕, 인권 그리고 민주주의가 파생된 평등한 보편주의는 바로 유대교의 정의의 윤리와 기독교의 사랑의 윤리의 직접적인 유산이다. 지금까지 이것을 대신할 대안이 존재하지 않는다.

---

9   Jürgen Habermas/ Joseph Ratzinger, *Dialektik der Säkularisierung. Über Vernunft und Religion* (Freiburg: Herder Verlag, 2005).

'후기민족적 성좌'(the post-national constellation)라는 현재의 도전 앞에서도 우리는 이 유산을 기억해야 한다. "다른 모든 것은 포스트모던적 잡담(Gerede)이다"라고 하버마스는 말한다.[10]

하버마스는 이렇게 현대 서구 민주주의의 신학적 기원 혹은 유대-기독교적 기원에 대해서 주장한다. 그에 따르면, 자유, 평등, 인권, 보편주의, 평등주의 등 현대 민주주의적 가치의 기원이 "유대교의 정의의 윤리"와 "기독교의 사랑의 윤리"다. 독일의 헌법학자 칼 슈미트(Carl Schmitt)는 헌법학자로서 자신의 저서 『정치신학-주권론에 관한 네 개의 장』[11] 중 3장 첫 문장에서 "현대 국가학(Staatslehre)의 모든 중요한 개념들은 세속화된 신학적 개념들이다"라고 주장했는데, 이 문장은 20세기 인문학 문헌들에서 가장 자주 인용된 문장 중 하나에 속한다.

니체는 "민주주의는 자연화된 기독교다"(Die Demokratie ist das vernatürlichte Christentum)라고 주장했는데, 기독교가 자연화되면서 탄생한 것이 정치적 민주주의라는 것이다. 칼 슈미트의 말처럼 신학적 개념이 정치와 법학의 영역에서 세속화되어서 현대 국가학의 기본개념들을 형성했다. 민주주의를 탄생시킨 것은 기독교다.

"법 앞에 만인은 평등하다"라는 민주주의의 대원칙도 한 분 하나님 앞에 만인은 평등하다는 기독교 신앙이 자연화되고 세속화되어서 형성된 것이다. 니체는 한 분 하나님 앞에 만인은 평등하다는 이 기독교적 평등가치야말로 가장 위험한 가치라고 분석한 바 있다. 자유민주주의의 기원뿐 아니라, 자본주의의 기원에도 유대-기독교 전통이 있다.

---

10 J. Habermas, "Ein Gespräch über Gott und die Welt," in: ders., *Zeit der Übergänge* (Frankfurt: Suhrkamp Verlag, 2001), 174f.
11 Carl Schmitt, *Politische Theologie: Vier Kapitel zur Lehre von der Souveränität*. Siebente Auflage (Berlin: Duncker & Humblot, 1996), 43; 『정치신학-주권론에 관한 네 개의 장』, 김항 역 (서울: 그린비, 2010).

종교사회학자 막스 베버는 자신의 저서 『프로테스탄트 윤리와 자본주의 정신』에서 자본주의의 기원에는 기독교 윤리, 특히 세계내적 금욕주의로 특징지어지는 프로테스탄트 윤리가 자리잡고 있다고 주장했다. 근대적 합리화 과정에서 발생한 세계의 탈마술화(Entzauberung der Welt)의 기원도 유대교의 예언자들의 사상에 있다고 막스 베버는 주장한다.

하버마스는 최근 신화와 제의에 대해서 연구하면서 르네 지라르에 대해서도 논의하고 있다. 최근 오스트리아 인스부르크대학교에서 발행하는 2013년 「폭력과 종교에 관한 학술대회 회보」(*The Bulletin of the Colloquium on Violence & Religion*)를 보니 하버마스의 2012년 최근 저작에서 르네 지라르를 언급하고 있다.[12] 『세속화의 변증법』(*Dialektik der Säkularisierung*)과 후기 세속적 사회(postsäkulare Gesellschaft)[13]에 대해서 논하는 하버마스는 지라르의 미메시스 이론에 어느 정도 기대어 다시금 신화와 제의에 대해서도 강연했다. 하버마스는 2011년 10월 19일 종교, 평화 그리고 국제정세를 연구하는 버클리센터(Berkley Center for Religion, Peace & World Affairs)에서 "신화와 제의"(Myth and Ritual)에 대하여 강의했는데, 이 강의의 제목에서부터 내용에 이르기까지 지라르의 미메시스 이론의 흔적을 발견할 수 있다.

3. 21세기 유럽 사회민주주의 시대의 황혼

하버마스가 점차 문화막시즘 전통으로부터 결별하면서 다시 서구 정치경제학의 유대-기독교적 기원과 유산을 재발견하는 것은 21세기 유럽 전체에 걸친 네오막시즘을 지향한 사회주의(민주적 사회주의 혹은 사회민주주의)

---

12 Jürgen Habermas, *Nachmetaphysisches Denken II, Aufsätze und Repliken* (Berlin: Suhrkamp, 2012).
13 Jürgen Habermas/ Joseph Ratzinger, *Dialektik der Säkularisierung. Über Vernunft und Religion* (Freiburg: Herder Verlag, 2005).

노선의 정당들의 황혼과 퇴조와도 관련이 있다. 필자는 2019년 신간 『질투사회: 르네 지라르와 정치경제학』을 통해서 21세기 유럽 사회주의(사회민주주의 혹은 민주적 사회주의) 정치의 황혼과 쇠락에 대해서 이미 소개했다.

이 책에서 필자는 현대 사회주의적, 네오막시즘적이고 문화막시즘적인 담론들과는 달리 문화인류학적인 관점에서 자본주의의 장마당(시장경제)과 자유민주주의 체제를 최선의 카테콘(Katechon)으로 긍정하고 재발견하고자 했는데, 이 책에서는 독일 프랑크푸르트 학파의 문화막시즘과 프랑스 포스트모더니즘의 문화막시즘(혹은 철학 막시즘)을 대체로 오스트리아 학파(Österreichischen Schule)의 관점에서 그리고 지라르의 문화인류학적 관점으로 비판적으로 성찰하고자 한다. 현대 사회를 새롭게 규정하는 표현들, 예를 들어 '위험사회'(Risikogesellschaft)와 『피로사회』[14]에 이어서 최근에는 현대 사회를 '질투사회'(Neidgesellschaft)로 분석하는 사회학 저서들이 많이 등장하고 있다.

필자는 '돈이 희생양을 대체한다'고 주장함으로써 인류 문명에서 돈, 경제, 교환의 기원을 희생제의적으로 파악한 르네 지라르와 시장경제야말로 인류 문명사의 가장 위대한 발견으로 긍정한 오스트리아 학파의 프리드리히 하이에크(Friedrich Hayek)를 따라서 자본주의와 시장경제를 긍정하면서 질투를 조직적으로 자극하는 현대 자본주의 사회를 보다 깊게 이해하고 분석하고자 했다.

'지식인의 아편'으로서의 사회주의(레이몽 아롱) 혁명 이론이 추구하는 것처럼, 자본주의 체제에 대한 전복과 비판이 아니라, 자본주의와 시장경제를 문화인류학적으로 긍정하고 재발견하고자 하지만 현대 자본주의의 거품과 허영에 대해서도 침묵하지 않았다. 21세기 주류 경제학자들이 새롭게 주목하는 지라르의 모방적 욕망 이론을 '과시적 소비'와 명품 마케팅 등에 대해서 분석한 베블런(Thorstein Veblen)의 연구와 비교했다. 사회주의 계열 담론들에서

---

[14] 한병철, 『피로사회』(서울: 문학과지성사, 2012).

발견되는 르상티망(ressentiment, 약자들의 폭력적 질투), 질투, 증오심의 정서 그리고 자본주의의 거품과 허세 모두 성찰되어야 한다.[15]

오스트리아 지라르 학파에서 지라르의 문화 이론을 기독교 사회론(Christliche Gesellschaftslehre) 분야에서 연구한 연구한 필자는 프리드리히 하이에크(Friedrich Hayek)로 대표되는 오스트리아 학파(Österreichische Schule)와 오스트리아 출신의 칼 포퍼(Karl Popper)의 비판적 합리주의(Kritischer Rationalismus)의 관점에서 칼 맑스의 정치경제학과 지그문트 프로이트의 정신분석학에 기초한 독일 프랑크푸르트 학파의 비판 이론(Kritische Theorie)을 이 책에서 비판적으로 분석하고자 한다. 21세기에 접어들면서 독일 프랑크푸르트 학파의 황혼과 프랑스 포스트모더니즘의 퇴조와 종언이 논해지고 있다.

『질투사회』에서는 서구 근대 정치학의 아버지라 평가되는 토마스 홉스(Thomas Hobbes)와 20세기의 독일 헌법학자 칼 슈미트(Carl Schmitt)의 사유와 맥을 같이하는 르네 지라르의 이론에 기초해서 자유민주주의와 자본주의 시장경제 체제를 최선의 카테콘(Katechon)으로 긍정하고자 했다. 카테콘 개념은 맑시스트들과 문화막시스트들이 지향했던 유토피아 개념과 대조되는 개념으로 이해될 수 있다.

서구 근대 정치학의 주류에 속하는 토마스 홉스의 입장을 따르면서 지라르가 비판하는 장 자크 루소(Jean-Jacques Rousseau)의 '고귀한 원시인'(noble savage) 개념에서 볼 수 있는 낭만주의적 문화인류학과 그러한 문화인류학적 사유로부터 영감받은 프랑스 혁명 그리고 칼 맑스의 사회주의와 공산주의 사상를 문화 이론적 관점에서 비판하고자 했다. 무정부주의와 전체주의라는 모순된 두 위험을 내포하는 장 자크 루소의 사유는 레비-스트로스와 데리다를 비롯한 포스트모던 철학자들에게 지대한 영향을 주었다.

『질투사회』에서 칼 맑스와 지그문트 프로이트의 사상의 영향으로 파생된 문화막시즘(Kulturmarxismus)를 지향하는 포스트모던적 정신분석학적 급

---

[15] 정일권, 『질투사회: 르네 지라르와 정치경제학』(서울: CLC, 2019).

진 페미니즘 운동(뤼스 이리가레이, 줄리아 크리스테바, 주디스 버틀러), 성혁명 운동과 성정치, 동성애, 퀴어 이론, 젠더 이데올로기 등도 비판적으로 분석했는데, 문화막시즘에 대한 본격적인 논의가 전개되는 이 책에서는 보다 깊게 다루어질 것이다.

오이디푸스 콤플렉스 이론에 기초한 프로이트의 정신분석학 그리고 프로이트의 정신분석학으로부터 파생된 문화막시즘적인 성혁명과 성해방 운동, 포스트모던적인 젠더 이데올로기와 퀴어 이론 등은 프로이트의 소포클레스의 그리스 비극 작품 『오이디푸스 왕』에 대한 범성욕주의적 오독에 기초한 사상누각이다. 프로이트를 비판하면서 지라르는 오이디푸스를 희생염소(scapegoat) 혹은 파르마코스(pharmakos, 인간 희생제물)로 파악했다.

4. 르네 지라르, 칼 막스 그리고 지그문트 프로이트

'인문학의 다윈' 혹은 '사회과학의 아인슈타인'으로 평가받는 르네 지라르는 프로이트와 칼 막스와 같은 학문적 위상과 영향력을 가진 학자로 국제적으로 평가받고 있다. 지라르의 '미메시스 이론'(Mimetische Theorie)을 학제적으로 대화하고 응용하는데 있어서 주도적인 역할을 했던 에꼴 폴리테크니크(École Polytechnique)의 사회정치학자이자 스탠포드대학교의 장 삐에르 뒤피(Jean-Pierre Dupuy)는 "그리스도와 카오스: 르네 지라르와의 대담"이란 글에서 다음과 같이 이 '지라르 현상'에 대한 말한 바 있다.

> 지라르는 하나의 현상이다. 세계의 많은 학자는 그를 당대에 생존하는 위대한 학자 중 하나로 평가하며, 또 어떤 이들은 그를 프로이트 혹은 막스에 비교하기도 한다. 또한, 지라르는 일부 인문과학자들에게는 종종 스캔들로 받아들여진다. 지라르만큼 그 동안 스캔들처럼 폄하를 많이 받은 학자도 없을 것이다. 이러한 폄하에도 불구하고 많은 학자는 지라르에게서

영감을 얻지만, 또한 그것을 숨기는 것이 더 현명하다고 생각한다. 소르본느의 닭이 울기 전에 이러한 학자들은 이렇게 3번이나 다짐한다. '나는 이 사람을 알지 못한다.' 지라르의 이론은 바로 이 이론이 겪고 있는 폭력적인 폄하를 설명하고 또한 그것을 예견할 수 있다는 점에서 더욱 도발적이다.[16]

아카데미프랑세즈(Académie française) '불멸'의 40인에 속하는 또 다른 학자인 미셸 세르(Michel Serres)는 2005년 지라르가 아카데미프랑세즈의 정회원으로 선출되었을 때 지라르의 수락연설에 대한 답변에서 지라르를 "인간과학의 새로운 다윈"(nouveau Darwin des sciences humaines)으로 평가했다.[17] 그래서 어느 프랑스어 다큐멘터리는 "인간과학의 새로운 다윈"이란 제목으로 지라르의 학문적 여정을 소개하고 있다.[18]

지라르는 "기독교의 헤겔"로 평가되기도 한다.[19] 또한, 지라르는 "인문학의 아인스타인"으로 평가되기도 한다.[20] 지라르가 미메시스(모방) 그리고, 폭력과 성스러움에 깊이 천착하게 된 이유는 그가 제2차 세계대전 프랑스에서 어린 시절을 보냈다는 사실과 관련되어 있다. 최근의 연구에 따르면, 지라르는 당시 프랑스 레지스탕스 운동에 참여했다. 이 시기에 대해

---

[16] Jean-Pierre Dupuy, "Le Christ et le Chaos: Entretiens avec René Girard" (*Le Nouvel Observateur* no.1554, 18.8.1994, 60). 뒤피의 이 말은 다음의 책에도 번역되어 실렸다: René Girard, *Wenn all das beginnt. Ein Gespräch mit Michel Treguer*. Aus dem Französischen von Pascale Veldboer (Münster–Hamburg–London: Thaur, 1997), 189.

[17] Michel Serres, "Discours de réception. Réponse de M. Michel Serres au discours de M. René Girard," 15.12.2005. 이 연설은 다음의 책에 영어로 번역되어 실렸다: Michel Serres, "Receiving René Girard into the Académie française," in René Girard and Sandor Goodhart. *For René Girard: Essays in Friendship and in Truth* (East Lansing: Michigan State University Press, 2009), 5.

[18] Pierre-André Boutang, *Le nouveau Darwin des sciences humaines*, Montparnasse, 2006.

[19] Jean-Marie Domenach, "René Girard: le Hegel du christianisme," *Enquêtes sur les idées contemporaines* (Paris: Bayensaine,1981).

[20] Pierre Chaunu, *Le sursis* (Paris: Robert Laffont «Libertés 2000», 1978), 172.

서 말하면서, 지라르는 당시의 경험이 얼마나 자신의 이론과 사상에 그 영향을 주었는지에 대해서 말한다.

당시 그는 한 젊은 불가지론자였는데, 한편으로는 파시즘 또 다른 한편으로는 공산주의의 전염적인 매혹에 사로잡히는 데 가장 강하게 저항하는 젊은 기독교인 노동자 그룹에 강한 인상을 받았고, 이는 이후 자신의 종교적 헌신에게까지 영향을 주었다고 말한다. 그래서 지라르는 이후 먼저 지적인 회심을 하고, 이후에 좀 더 종교적인 회심을 하게 되는데, 1959년 부활절에 그는 기독교로 다시 돌아오게 되었다. 10세부터 36세 때까지 교회와는 관련이 없었고 정치적으로 그리고 지적으로 좌파 사상가였던 지라르는 회심했다.[21]

20세기 후반 독일과 프랑스의 철학과 정치경제학에 지배적인 영향을 행사한 학자는 칼 막스와 지그문트 프로이트였다. 유럽 지성계에서 기독교 학문의 르네상스를 주도하는 르네 지라르는 20세기 후반 유럽 지성사를 지배했던 니체, 마르크스, 프로이트와 같은 반열의 학자로 평가받는 대학자다. 20세기 후반 독일 정치에 깊은 영향을 준 프랑크푸르트 학파의 비판 이론(Kritische Theorie)과 프랑스 포스트모더니즘 모두 칼 막스의 정치경제학과 프로이트의 정신분석학이라는 두 기둥 위에 세워진 사조라 할 수 있다.

문화막시즘은 이탈리아의 그람시, 헝가리의 루카치 등이 1920년대에 주장한 막스의 분파 사상이다. 1960년대의 유럽 신좌파 사상에 영향을 주었으며 독일 프랑크푸르트 학파의 막스 호르크하이머를 중심으로 한 아도르노·마르쿠제에 의해 1930년대에 계승된 신좌익 사상이다.

문화막시즘(Kulturmarxismus)를 표방한 독일 프랑크푸르트 학파는 칼 막스의 정치경제학과 프로이트의 정신분석학을 학문적으로 융합한 학파라

---

[21] 보다 상세한 논의는 다음을 참고하라: 정일권, 『십자가의 인류학: 미메시스 이론과 르네 지라르』 (대전: 대장간, 2015).

할 수 있다. 아래로부터의 민주적 의사결정 과정이 아니라, 유엔과 EU와 같은 기관으로부터 탑다운 방식으로 관철되는 국가페미니즘(Staatsfeminismus)인 젠더 이데올로기의 주요 이론가인 주디스 버틀러(Judith Butler)도 문화막시즘을 지향하는 비판 이론을 가르치는 교수직에서 가르치고 있으며, 막스와 프로이트의 사상의 융합에서 탄생한 포스트모더니즘과 후기구조주의 철학에 기초한 정신분석학적 페미니즘을 주장한다. 버틀러는 프랑크푸르트 학파의 주요한 학자인 아도르노 상을 받기도 했다.

젠더 이데올로기의 이론적 기초에는 포스트모더니즘, 후기구조주의 그리고 데리다의 해체주의 철학도 존재하지만 독일 프랑크푸르트 학파의 비판 이론도 존재한다.

5. 막시즘의 급진화로서의 해체주의 철학 (데리다)

최근 조던 피터슨(Jordan Peterson)과 스티븐 힉스(Stephen Hicks)와 같은 학자들이 강조하듯이 프랑스 포스트모더니즘(postmodernism)은 포스트막시즘(postmarxism)이다. 포스트모더니즘 철학의 대표적인 학자로서 해체주의 철학을 표방했던 자크 데리다는 자신의 책 『마르크스의 유령들』이라는 책에서 "해체주의 철학은 마르크스주의의 급진화"(deconstruction as a radicalization of a certain spirit of Marxism)라고 주장했다.[22]

데리다뿐 아니라 거의 대부분 포스트모던 철학자들이 네오막시스트들이기에, 최근 스티븐 힉스와 조던 피터슨과 같은 학자들이 잘 비판적으로 분석하고 있듯이 포스트모더니즘과 문화막시즘 사이에는 깊은 이데올로기적인 연관성이 존재한다. 데리다의 『마르크스의 유령들』이라는 책은

22　Jacques Derrida, *Specters of Marx, the state of the debt, the Work of Mourning, &the New International,* translated by Peggy Kamuf, *Routledge,* 1994.

1989년 공산주의의 몰락 이후에 개최된 1993년 막시즘의 미래에 대한 학술대회에서 발표한 논문들 중심으로 구성되어 있다.

데리다는 1989년 사회주의와 공산주의의 몰락 이후에도 막시즘을 변호하고 있다. 포스트모던 철학자 미셸 푸코도 프랑스 공산당 당원으로 활동했고, 이후에는 중국의 마오쩌둥을 숭상하는 마오이즘에 심취하기도 한 학자다. '사회주의는 지식인의 아편'이라고 주장한 프랑스의 레이몽 아롱의 대척점에 서 있었던 장 폴 샤르트르도 전향을 거부한 공산주의자였고 또한, 마오이즘에 심취한 학자였다.

독일 프랑크푸르트 학파, 프랑스 포스트모더니즘, 유럽의 사회주의(사회민주주의, 민주적 사회주의), 유럽 68문화혁명 세대 등은 모두 연동되어 있다. 최근 대한한국에서도 문화막시즘을 표방했던 유럽 68문화혁명 세대들을 한국의 86 민주화 세대와 비교하면서 한국에서도 68문화혁명이 필요하다는 일부 주장이 있는데, 이는 이후 다룰 것이다.

3M(Marx, Mao, Marcuse: 마르크스, 마오, 마르쿠제)을 숭상하면서 3K(Kinder, Küche, Kirche: 자녀, 부엌, 교회)를 거부했던 유럽 신좌파 68세대들은 또한 프로이트의 제자 빌헬름 라이히(Wilhelm Reich)의 성혁명에 대한 책을 함께 읽으면서 디오니소스적 성공동체도 시도했다. 이 공산주의적 성공동체에는 소아성애도 포함되었었다.

최근 독일 녹색당과 68운동권에서 이루어졌던 소아성애가 독일 언론에서 크게 공론화되기도 했는데, 이는 이후에 다룰 것이다. 68문화혁명, 특히 성혁명을 시도한 세대들은 빌헬름 라이히의 책을 광범위하게 읽었다. 처음에는 금지된 책이었기에 몰래 읽다가 나중에는 출판되어 보다 공공연하게 읽기 시작했다. 놀라운 사실은 소아성애도 주장하는 빌헬름 라이히의 많은 책이 국내에도 번역되어 있다는 것이다.

영미권에서도 특히 2005년 이후로 "포스트모더니즘의 종언," "언어학적 전환의 종말," "프랑스 이론(French Theory)의 종말," "(데리다의) 해체주의 철학의 죽음"에 대해서 논한 많은 학문적 연구가 등장하게 되었다. 포스트모더니즘 철학의 종언과 황혼을 보여주는 풍경은 데리다의 삶에서도 발견된다. 포스트모더니즘이라는 반대철학(counter-philosophy) 운동의 선봉에 섰던 해체주의 철학자 데리다는 생애 후기에 종교적 전환을 해서 그를 추종했던 많은 사람에게 큰 충격을 주었다.

『자끄 데리다의 기도와 눈물: 종교 없는 종교』라는 책도 후기 데리다의 종교적 전환을 보여준다.[23] 데리다는 할례 받은 유대인이었지만 무신론자로 살았다. 하지만 생애 후기에 그는 유대교 없는 유대인이 되었고, 종교 없는 종교를 가지게 되었다.

데리다는 할례(circumcision)와 아우구스티누스의 『고백록』(Confessions)을 연결해서 '써컴페션'(Circumfession)이라는 말을 만들어 냈다. 그는 아우구스티누스의 신앙고백과의 유사성을 주장한다. 그에게 아우구스티누스는 자신과 같은 길을 걷고 고뇌한 모델이었다. 그는 자신의 이름뿐 아니라, 어머니의 이름과 다른 정황을 통해서도 아우구스티누스와의 비교와 연결을 시도한다.

아우구스티누스가 그의 『고백록』을 어머니의 사후 저술했다면 데리다는 자신의 어머니의 죽음 직전 저술했다고 한다. 아우구스티누스의 어머니는 자녀를 위해 기도했고, 데리다의 어머니도 유대교 전통을 버린 아들이 돌아오길 위해 기도했던 것이다. 물론 후기 데리다의 종교적이고 윤리적 전환에 대해서 그 동안 무신론적, 회의주의적, 허무주의적 해체주의 철학을 주장했던 데리다를 기억하는 사람들은 충격을 받고, 그 종교적 전환을 크게 받아들이지 않는다.

데리다가 여전히 무신론자로 남아 있다고 그들은 본다. 데리다가 정통 유대교로 회귀한 것은 아니고, 그의 생애 후기의 종교적 전환에도 여전히 불충분한 면이 있긴 하지만 그의 종교적 전환은 포스트모더니즘 철학이

---

[23] John D. Caputo, *The Prayers and Tears of Jacques Derrida: Religion without Religion* (Bloomington: Indiana University Press, 1997).

21세기에 더 이상 지배적인 사조가 아니며, 이미 퇴조기에 접어들었다는 사실을 잘 보여준다.[24]

이렇게 유럽에서 인문학과 철학은 정치경제학과 상호작용을 하면서 문명을 변화시켜 왔다. 20세기 후반 유럽 철학과 정치경제학을 결정적인 영향력을 행사했던 두 지배적인 학파와 사조(독일 프랑크푸르트 학파와 프랑스 포스트모더니즘)의 황혼과 퇴조는 21세기 유럽에서의 문화막시즘, 사회주의 노선(사회민주주의 혹은 민주적 사회주의)의 퇴조와 얽혀 있다.

21세기 영국, 프랑스, 독일과 같은 유럽의 주요 국가들은 모두 중도 우파가 집권하고 있다. 프랑스의 젊은 마크롱 대통령도 중국의 마오쩌둥, 베트남의 호치민, 체게바라 등을 영웅시 했던 유럽 68문화혁명 세대들에 대해서 비판적인 인물로 알려져 있다. 독일도 중도 우파 정당이라 할 수 있는 기독교민주연합(CDU)이 집권여당으로 활동하고 있다. 68세대들은 심지어 캄보디아 '킬링필드'라는 최악의 대학살과 야만을 저지른 폴 포트(Polt Pot)도 공산주의 혁명가로서 영웅시 했는데, 이는 이후에 상세하게 논의될 것이다.

21세기 대한민국에서는 조국 전 법무부 장관 사태를 통해서 공론화된 것처럼, 혹자들은 사회주의(사회민주주의 혹은 민주적 사회주의)가 국내에도 필요한 것처럼, 낭만적으로 주장하지만 독일은 사회주의 노선을 버리고 있다. 독일 사회민주당(SPD)이 독일의 미래를 위해서 사회주의를 버려야 한다고 주장한 사회민주당 출신의 전 총리 게르하르트 슈뢰더(Gerhard Schröder)의 입장을 계승하면서 사회민주당 사무총장인 숄즈(Scholz)는 "사회민주당은 '민주적 사회주의'(demokratischer Sozialismus)를 포기해야 한다"라고 2003년 주장했다.[25]

---

[24] 보다 상세한 논의를 위해서는 다음을 참고하라: 정일권, 『르네 지라르와 현대사상가들의 대화: 미메시스 이론, 후기구조주의 그리고 해체주의 철학』(서울: 동연, 2017).
[25] https://derstandard.at/1382938/SPD-soll-demokratischen-Sozialismus-aufgeben.

네오막시즘을 표방했던 유럽의 신좌파 그룹인 유럽 68문화혁명 세대들에는 3M(Marx, Mao, Marcuse), 곧 막스, 마오쩌둥, 마르쿠제가 지배적인 영향력을 행사했는데, 헤르베르트 마르쿠제는 민주적 사회주의(사회민주주의)는 칼 막스가 예언한 사회주의 혁명이라는 최종 목표를 향한 중간단계라고 주장했다. 마르쿠제는 독일 사회민주당 출신의 슈뢰더 전 독일총리의 멘토였다.

사회민주주의는 엄밀히 말해서 사회주의의 일종이다. 이후 소개하겠지만 하이에크는 이 사회민주주의, 보다 정확히 말해서 민주적 사회주의는 매우 불안정한 개념으로 보았다. 사회주의의 일종인 민주적 사회주의가 사회주의 혁명 이전의 중간단계로 파악된다는 마르쿠제의 주장은 중요하게 받아들여져야 한다. 민주적 사회주의라는 이 불안정한 중간체제가 사회주의 혁명을 위한 트로이의 목마가 될 수 있다는 입장을 가진 자유주의 사상가들도 많이 있다.

6. 포스트모더니즘, '프랑스 역병' 그리고 문화막시즘

독일 프랑크푸르트 학파의 비판 이론처럼 문화막시즘을 추구한 프랑스 포스트모더니즘 철학을 미국에 처음으로 소개한 학자가 바로 르네 지라르다. 사실 미국에서 소위 프랑스 이론(French theory)이 큰 주목을 받게 된 계기는 1966년에 지라르가 주도해서 조직된 존스홉킨스대학교에서 열린 "비평언어와 인간과학"(The Language of Criticism and the Sciences of Man)이라는 제목의 학술대회였다.

이 모임에 자크 데리다(Jacques Derrida)와 자크 라깡(Jacques Lacan), 롤랑 바르트(Roland Barthes), 루시엥 골드만(Lucien Goldmann) 등이 초대되었다. 이 학술대회를 통해서 데리다의 해체주의 철학이 탄생했다. 이 대회는 미국에서 프랑스 철학과 이론을 유행시킨 분수령이 되었으며, 데리다도 이

대회를 출발점으로 명성을 얻기 시작했다. 그가 여기에서 발표한 "인간 과학 담론에서의 구조, 기호 그리고 놀이"(La structure, le signe et le jeu dans le discours des sciences humaines)는 해체주의 철학의 고전적 텍스트 중 하나로 여겨진다.[26]

1966년 이 학술대회를 주도한 지라르는 이 학술대회를 통해서 프랑스 역병(the French plague)이 미국 대학가에 들어와 휩쓸게 되었다고 하면서 "조용히 뉘우쳤다"라고 한다. 2018년 지라르 전기문[27]이 출간되었는데, 그 전기문에 대한 서평에는 다음과 같이 적혀 있다.

> 지라르는 터무니없는 비이성주의를 화려하게 드높이는 데리다, 푸코, 폴 드만(Paul DeMan)과 함께 그가 이후에 프랑스 역병(the French plague)이라고 부른 것을 미국에 소개한 역할에 대해서 조용히 뉘우쳤다. 지라르 자신의 노력들은 점차적으로 인류학과 종교적 연구로 방향을 잡았다. 루소, 낭만적 원시주의, 니체 그리고 프랑스 미학주의, 악마주의(diabolism, 악의 꽃), 그리고 미학적 실존주의—사드, 보들레르, 지드, 샤르트르, 장 주네, 푸코, 데리다, 폴 드만, 바타유—는 잔여분으로서 남아 있는 기독교적이고 플라톤적이고 아놀드적인(Arnoldian) 자유적-휴머니즘적인 전통을 익사시켜 버렸다.[28]

지라르가 주도적으로 조직한 1966년의 이 국제학술대회는 엄청나게 영향력 있는 학술대회였는데, 자크 라캉, 루시앙 골드만, 롤랑 바르트, 그리고 결과적으로 "니체적 허무주의자 중 가장 명민한 자크 데리다"와 같

---

26 Michael Kirwan, *Discovering Girard* (Cambridge, MA: Cowley Publications, 2005), 10.
27 Cynthia L. Haven, *Evolution of Desire: A Life of René Girard* (East Lansing, MI: Michigan State University Press, 2018).
28 M. D. Aeschliman, "Mimicry, Mania, and Memory: René Girard Remembered," *Nationalreview*, 2018년 10월 21일 기사(https://www.nationalreview.com/2018/10/book-review-evolution-of-desire-rene-girard-remembered).

은 "프랑스의 회의적인 유명인사 지식인들"이 초대되었다. 자크 데리다는 1966년 "아직 무명이었는데," 이 "애매주의자"(obscurantist) 데리다는 이 학술대회를 통해서 명성을 얻었고, 그다음에 3권의 책을 출간하고 미국에 강연을 다녔다.

데리다와 "좌파 니체주의"인 그의 "해체주의"는 미국을 폭풍처럼 강타했는데, 이것이 미국 인문학부의 수강신청과 그 강의내용 모두에서의 난해성(unintelligibility), 하락, 몰락에 있어서의 주요한 스토리가 된다. 데리다의 해체주의 철학이 가져온 "장기간의 효과는 미국 스탠퍼드대학교에서 하락하는 수강신청률에서 볼 수 있는데, 예를 들어 2014년에는 인문학부 수강신청률이 20%에서 7%로 하락했다."

> 문화전통들과 권력 구조들에 대한 도덕주의적 네오막시즘적 분석과 연합된 상대주의적이면서도 좌파적, 친프랑스적 니체주의가―이것은 미친 조합이다!―서구 대학 캠퍼스가 숨쉬고 있는 공기가 되어버렸다.[29]

"뉘우치는 지라르"는 그 프랑스 이론(French Theory)인 포스트모더니즘의 "폭주에 저항하고 또한 비판했는데," 처음에는 스탕달, 플로베르, 푸르스트로부터 시작해서 점차적으로 더 오래되고 위대한 문학적 전통, 특히 단테와 도스토엡스키와 유대-기독교 성서에 근거해서 이 저항과 비판을 시도했다. 베르댜에프, 솔제니친 그리고 다른 반공산주의적 반체제 인사들과 같은 도스토엡스키 작품에 대한 깊은 이해를 가진 독자들과 같이, 지라르도 도스토엡스키를 "가장 위대한 사회-심리학적 분석가"로 보게 되었다.

또한, 지라르는 도스토엡스키의 작품들을 "이기주의와 탐욕이라는 원죄로 구성되고 또 그것을 보여주는 부당한 자기애(amour propre)와 현대적

---

[29] M. D. Aeschliman, *Mimicry, Mania, and Memory: René Girard Remembered*.

삶의 안절부절못하는 혁명적 르상티망들에 대한 해독제"로 보게 되었다. 도스토옙스키와 마찬가지로 지라르는 점차적으로 "정통적 그리스도인"이 되어가면서 그리스도에 대한 모방 속에서 "모방적 욕망들이라는 끝없고, 부당하고, 원숭이 같은 거울 복도로부터 벗어날 수 있는 신에 의해서 정해진 길을 발견하게 되었다.³⁰

---

30 M. D. Aeschliman, *Mimicry, Mania, and Memory: René Girard Remembered*. 보다 자세한 내용을 위해서는 다음을 참고하라: 정일권, 『질투사회: 르네 지라르와 정치경제학』 (서울: CLC, 2019).

제2장

문화막시즘: 사회주의의 새로운 전략

1. 제도권으로의 행진: 장기적인 문화막시즘 전략(그람시)

지금까지 문화막시즘과 연관된 독일 프랑크푸르트 학파의 비판 이론과 프랑스 포스트모더니즘의 황혼과 퇴조 그리고 21세기 유럽 사회민주주의 시대의의 종말 등에 대해서 소개했다. 이제는 보다 문화막시즘은 무엇인지에 대해서 논하고자 한다.

문화막시즘의 초기 이론가는 그람시다. 안토니오 그람시(Antonio Gramsci)는 이탈리아 공산당의 창설자 중 한 명이며 한때 지도자이기도 하였으며, 무솔리니 파시스트 정권에서 투옥되었다. 그는 문화 및 정치적 리더십을 분석하였고 자본주의 사회의 국가를 비판하는 문화적 헤게모니 개념으로 널리 알려져 있다. 그람시는 부르주아가 거머쥔 헤게모니를 빼앗기 위해 정치, 사회, 학계, 문화계 등 각 사회 영역에 침투해 사회주의 사상으로 대중을 계몽해야 한다고 주장했다.

그람시의 중요한 이론적 관심사는 '자본주의 국가의 내구성과 안정성의 원인'과 그것을 어떻게 설명할 것인가의 문제였다. 당대 막시즘 이론가들과 마찬가지로 혁명의 전망이 불투명해지면서 자본주의 사회가 안정화되는 것에 대해 연구했다는 점에서 고전적 막시즘과의 차이를 보인다. 그람시나 루카치에게는 물적 토대에 대한 분석보다는 자본주의 사회의 문화, 의식, 국가와 같은 상부구조가 더 관심사였다. 그래서 그들은 상부구조의 이론가라고 불린다. 그람시는 상부구조의 중요성, 특히나 이데올로기와 국가의 중요성에 주목하였다.

그람시는 지배적 이데올로기가 어떻게 대중적 지지를 얻으며 안정화 되어가는가에 관심을 가졌다. 자본주의의 붕괴가 임박했음을 믿어 의심치 않은 고전적 막시스트들은 자본주의가 여러 형태로 변화되긴 하나 필연적으로는 붕괴할 것이라고 여긴다. 이에 비해 루카치, 그람시, 프랑크푸르트 학파는 고전적 막시즘 학자가 생각한 것보다 훨씬 장기간 자본주의는 안정화되고 내구성을 지니게 될 것이라 여겼다. 그리고 그러한 맥락에서 왜 자본주의는 안정화되고 내구성을 지니느냐에 대해 관심을 가지고 설명하려한 것이다.

칼 막스는 정치경제학 위주의 혁명 이론을 내놓았다. 그는 경제결정론으로 노동 계급을 의식화하면 그들이 자본가 계급을 타도하리라고 보았다. 그런데 러시아, 중국 등에서도 이 이론은 작동되었지만, 기독교 문명, 근대적 의미의 자유사상 등이 강한 서유럽 선진국에는 작동하지 않았다. 그래서 등장한 것이 그람시와 루카치의 문화막시즘이다. 정치경제학보다 문화 예술, 미디어, 강단(講壇), 교회, 가족사회학 등에 파고들어서 변혁을 추구했다. 문화막시즘의 후속 세대라 할 수 있는 독일 프랑크푸르트 학파는 개인주의, 사유재산, 이윤 동기뿐 아니라 가족제도, 결혼제도, 일부일처제, 성적 금기(禁忌)에 반항했다.

문화막시즘은 안토니오 그람시(Antonio Gramsci)와 루카치 그리고 독일 프랑크푸르트 학파로 거슬러 올라간다. 막시즘 이론가들은 프롤레타리아 계급이 혁명 주체로서 역사적 사명을 감당할 수 없음을 알았다. 그래서 사회주의 혁명이 일어나려면 기독교의 문화와 도덕을 파괴하고 갈 길을 잃은 대중들을 공산주의라는 새로운 신조로 인도할 문화지도층이 절실히 필요했다. 그 이론가들은 사회주의가 성공하려면 그 전에 기존의 문화가 달라져야 했다. 문화지배가 정치지배에 선행되어야 한다고 생각했다.

문화막시즘은 그람시의 표현처럼 "제도권으로의 긴 행진"을 통해서 문화 헤게모니와 문화권력 쟁취를 목적으로 삼는다. 문화막시즘은 문화계, 학계, 언론계에서 발견된다. 문화막시즘에 따르면, 사회주의 혁명의 원동력은 프롤레타리아 계급이 아니라 지식인들이다. 주디스 버틀러도 그람시의 헤게모니 이론을 주장하는 좌파 레즈비언 페미니즘 학자다.

이렇게 그람시는 중장기적인 문화막시즘을 제도권 안에 전파함으로써 사회주의 혁명을 달성하고자 했다. "제도권으로의 긴 행진"(The long march through the institutions, 독일어로는 der lange Marsch durch die Institutionen)은 그람시의 문화막시즘 전략과 그것으로 영향을 받은 유럽 68문화혁명을 이해하기 위한 필수적인 전문용어다.[1]

"제도권으로의 긴 행진"이라는 전략과 개념은 제도권으로 침투함으로 사회를 전복해서 사회주의 혁명이 발생하기 위한 조건을 만든다는 문화막시즘의 새로운 중장기적 전략이다. "제도권으로의 긴 행진" 개념은 독일어 위키피디어뿐 아니라 영어 위키피디어에 등장하는 주요 전문용어인데, 다음과 같이 소개되어 있다.

"제도권으로의 긴 행진'에 대한 전략과 개념은 그람시로부터 시작되었다."

제도권으로의 행진이라는 전략을 유태인이자 막시스트인 에른스트 블로흐(Ernst Bloch)의 영향으로 보는 학자도 있다.[2] 실제로 블로흐는 두츠케

---

[1] 이 개념이 얼마나 중요한 개념인지 살펴보려면 다음의 서적들과 자료들을 참고하라. Helmut Schelsky, "Die Strategie der 'Systemüberwindung.' Der lange Marsch durch die Institutionen," *Frankfurter Allgemeine Zeitung* (10 December 1971) ; Horst-Udo Niedenhoff, *Auf dem Marsch durch die Institutionen*, Köln: Deutscher Instituts-Verlag, Flechtheim, 1979; Wilke ilmar, *Der Marsch der DKP durch die Institutionen: Sowjetmarxistische Einflußstrategien und Ideologien*, Frankfurt am Main: Fischer-Taschenbuch-Verlag, 1980; Wilke Kimball, *The Long March: How the Cultural Revolution of the 1960s Changed America*, Encounter Books. 2001.

[2] Gerard Degroot, *"Rudi Dutschke's Long March," Student Protest: The Sixties and After,* Routledge, 2014.

를 1968년에 직접 만나서 그의 의지와 결단력 등을 높이 평가했다. 『희망의 원리』(*Das Prinzip Hoffnung*)를 저술한 블로흐는 '희망의 신학자'인 위르겐 몰트만에게도 영향을 주었다. 블로흐는 희망의 원리를 사회주의적 유토피아 건설과 성취를 위한 본질적인 원리로 제시했다. 블로흐의 저서로는 아도르노와 벤야민 등 동시대 지식인들의 청년 시절에 큰 영향을 미친 『유토피아의 정신』(*Geist der Utopie*)을 비롯해 『기독교 속의 무신론』, 『혁명의 신학자 토마스 뮌처』 등이 있다.

막시스트였던 블로흐는 "레닌이 있는 곳에 예루살렘이 있다"(Ubi Lenin, ibi Jerusalem)라는 말로 소련 공산주의를 찬양하기도 했다. 이 말은 에른스트 블로흐와 같은 유대교 공산주의자들의 환상과 그 패배를 잘 드러내는 말이다.

프랑크푸르트 학파의 마르쿠제도 1971년 독일 68운동권 지도자 루디 두츠케와 연락을 주고 받았는데, 그때 마르쿠제는 두츠케가 주장한 "제도권으로 긴 행진"(long march through the institutions)이야말로 사회주의 혁명과 그 유토피아로 가기 위한 유일한 전략이라고 평가했다. 마르쿠제는 자신의 책 『반혁명과 반항』에서도 두츠케가 추진한 그람시적인 전략, 곧 "제도권으로의 기나긴 행진"이야말로 혁명과 유토피아로 가기 위한 훌륭한 전략으로 평가했다.[3]

"제도권을 통한 행진" 혹은 "제도권으로의 행진"(Marsch durch die Institutionen)이라는 개념은 독일 68운동권의 지도자였던 루디 두츠케(Rudi Dutschke)에 의해서 중장기적인 관점에서의 정치적-전략적 방법으로 고안되었다. "이 개념은 마오쩌둥의 대행진(Langen March)을 연상시켰다." 중국 마오쩌둥이 주도한 문화대혁명 당시에도 홍위병의 대행진 운동이 거대하게 이루어졌다. 독일 68문화혁명 세대들이 구호로 외쳤던 제도권으로의 행진은 이후 실제로 성공을 거두어서, 이 68운동권 출신들은 독일의 정부,

---

[3]   Herbert Marcuse, *Counterrevolution and Revolt* (Boston: Beacon Press, 1972).

경제, 대학의 주요 요직들을 차지하게 되었고 그들의 좌파적 담론은 사회 전반에 걸쳐서 지배적 영향력을 행사하게 되었다.

그람시의 "제도권으로의 긴 행진," 문화적 헤게모니, 중장기적인 문화막시즘 전략 등을 제시한 그람시의 주장은 21세기 좌파 포퓰리즘을 주장하는 샹탈 무페와 퀴어 이론/젠더 이데올로기의 주요 이론가 주디스 버틀러에 의해서 계승되고 있다. 버틀러는 이스라엘에 대한 무장투쟁으로 잘 알려진 이슬람 저항 운동 단체인 하마스(Hamas)의 지지자이기도 한데, 하마스는 미국, 캐나다, 유럽연합, 대한민국 등 국가에 의해 테러단체로 규정되었다.

2. 정치적 올바름(Political Correctness): 새로운 언어정치

독일 68문화혁명적인 학생 운동 이후 이들 독일의 신좌파들은 "제도권으로의 긴 행진"을 통해서 독일의 정치계, 문화예술계, 학계, 경제계 등 사회 전반의 헤게모니를 잡게 되는데, 독일의 언론과 방송 분야만큼 성공을 거둔 분야는 없었다. 독일 프랑크푸르트 학파의 비판 이론가들의 주장들은 나치청산과 독일 국민 재교육을 위해서 독일 언론과 TV와 라디오 방송 등을 통해서 대대적으로 홍보되었다.

동독 출신의 독일 언론인에 의해 쓰인 『제4의 권력: 좌파 언론 카르텔』이라는 책은 독일 언론과 방송이 얼마나 유럽 68운동권에 장악되었는지를 잘 비판적으로 분석하고 있다.[4] 『사회주의로 향한 독일의 길』이라는 제목의 책도 독일 68문화혁명 세대들이 어떻게 "제도권으로의 긴 행진"을 성공적으로 하여서 독일 문화와 사회의 헤게모니를 장악해서 독일을 사회주의로 이끌어갔는지를 잘 분석하고 있다.[5]

---

[4] Reginald Rudorf, *Die vierte Gewalt. Das linke Medienkartell* (Frankfurt/M; Berlin: Ullstein, 1994).

[5] Eric Waldman, *Deutschlands Weg in den Sozialismus* (Mainz: v. Hase und Koehler, 1976).

독일 68문화혁명권이 "제도권으로의 긴 행진"을 통해서 가장 성공적으로 장악한 독일 언론과 방송의 새로운 좌파 언론권력과 언론계급은 "정치적 올바름"(PC)이라는 언어를 사용한다. 프랑크푸르트 학파의 아도르노 전공자이지만, 점차 비판 이론의 좌파적 관점을 극복한 독일의 저명한 철학자 노베르트 볼츠(Nobert Bolz)는 "불편한 진실들"을 외면하는 "좌파들의 금기"들과 그 "정치적 올바름"(political correctness)을 비판하고 있다.

노베르트 볼츠는 지난 몇 십 년간 서구 정치학을 지배했던 가장 중요한 이데올로기인 이 "정치적 올바름"을 지적한다. 이 정치적 올바름은 서구 정치계뿐 아니라 서구 대학 캠퍼스에도 지배적인 이데올로기와 언어정치로 자리잡게 되었다는 것이 볼츠의 분석이다.[6]

볼츠는 "정치적 올바름이라는 언어정치"(Sprachpolitik der Politischen Korrektheit)에 대해서 비판적으로 분석한다. 정치적 올바름(PC)이라는 새로운 언어정치는 "표현의 자유를 사보타주하고 있다"라고 볼츠는 분석한다. "정치적 올바름이라는 언어정치는 언어통제로서의 검열에 대한 루소의 긍정적인 개념과 직접적으로 연결된다"라고 볼츠는 주장한다. 볼츠에 의하면, "정치적 올바름의 가장 중요한 과제 중에는 문명들의 충돌과 문화들의 전쟁들에 대한 분석을 차별과 위험한 여론조작으로 폄하하는 것이다."[7]

이후 논의할 독일 사민당(사회민주당, SPD) 출신의 틸로 자라친(Thilo Sarrazin) 박사도 독일에서 그 동안 유럽 68운동권 세대들과 사회민주주의 노선과 녹색당이 지배적인 담론을 형성해 왔다고 비판한다. 큰 논란과 반향을 독일 사회에서 불러일으킨 자라친 박사의 『새로운 덕의 테러: 독일에서의 표현의 자유의 한계들에 대해서』[8]는 "평등광기"(Gleichheitswahn)가 프

---

6   노베르트 볼츠와 틸로 자라친 박사 그리고 '정치적 올바름'에 대한 보다 깊은 논의를 위해서는 다음을 참고하라: 정일권,『질투사회: 르네 지라르와 정치경제학』(서울: CLC, 2019).
7   Norbert W. Bolz, *Diskurs über die Ungleichheit: ein Anti-Rousseau* (Wilhelm Fink, 2009), 28-29.
8   Thilo Sarrazin, *Der neue Tugendterror. Über die Grenzen der Meinungsfreiheit in Deutschland* (Deutsche Verlags-Anstalt, München, 2014).

랑스 혁명과 스탈린주의에서 보이는 것처럼, 덕의 테러(Tugendterror)로 이어진다고 분석하고 있다.

자라친 박사는 이 책에서 유럽 68문화혁명 세대들의 개념들이 막스적이었다고 비판한다. 이 막시즘적인 관점을 가진 유럽 68운동권의 입장도 덕의 테러(Tugendterror)를 가져온다고 그는 분석한다. 그는 또한 다수 대중의 왼쪽에 서 있는 "언론계급"(Medienklasse), 곧 좌파적 언론계급은 정치적 올바름의 언어를 사용하고 있다고 비판적으로 분석하고 있다.

이러한 그의 입장은 볼츠의 입장과도 맥을 같이한다. 자라친 박사는 또한, 동성결혼이나 동성애 문제 등에 대해서도 보수적 입장을 주장하면서 장 자크 루소로부터 칼 막스를 거쳐서 유럽 68문화혁명에까지 이어지는 사상들에서는 전통적인 가정형태에 대한 적의을 발견할 수 있다고 주장한다.

3. 헤게모니, 사회주의 전략, 좌파 포퓰리즘: 샹탈 무폐와 칼 슈미트

그람시의 문화막시즘이라는 중장기적인 새로운 사회주의 전략과 문화적 헤게모니(cultural hegemony) 전략을 최근 가장 잘 대변하고 있는 학자는 좌파 포퓰리즘(left populism)[9]을 주장하는 샹탈 무폐(Chantal Mouffe)다. 최근 그녀의 저서들이 한국어로 번역되어서 국내에도 잘 알려져 있다.

혹자는 문화막시즘이라는 개념 자체가 극우집단의 마녀사냥이나 혹은 음모론이라고 주장하지만, 독일 프랑크푸르트 학파나 그람시가 말한 문화적 헤게모니 개념을 계승하면서 새로운 사회주의 전략으로서의 좌파 포퓰리즘을 주장하는 샹탈 무폐의 경우에서 볼 수 있는 것처럼, 문화막시즘은

---

9 Chantal Mouffe, *For a Left Populism* (London – New York: Verso, 2018); 샹탈 무폐, 『좌파 포퓰리즘을 위하여』, 이승원 역 (서울: 문학세계사, 2019).

21세기 사회주의 운동의 새로운 중장기적인 전략이다. 그람시주의에 기반한 정치 이론, 특히 헤게모니론과 급진민주주의 이론을 발전시킨 샹탈 무페의 대표적인 저서는 에르네스토 라클라우(Ernesto Laclau)와 1985년 함께 집필·출간한 『헤게모니와 사회주의 전략』[10]인데, 이 책은 그람시가 기획했던 문화막시즘 전략을 계승하고 있다. 샹탈 무페는 그람시의 헤게모니론을 계승한다.[11]

샹탈 무페는 그람시의 이론, 후기구조주의, 정체성 이론들에 기초한 포스트막시즘 이론가다. 그녀는 존 롤스(John Rawls)의 자유주의와 위르겐 하버마스가 대변하는 숙의민주주의(deliberative democracy)에 대한 주요 비판가다. 그녀는 보편적 이성을 가동해 숙의민주주의를 실현시키려는 하버마스나 롤스와는 달리 데리다나 라캉, 푸코 등과 같은 포스트모던적 학자에 속한다.

샹탈 무페는 숙의민주주의보다는 독일 헌법학자 칼 슈미트의 저서들에 대한 비판적인 사용으로 잘 알려져 있는데, 특히 칼 슈미트의 주저 『정치적인 것의 개념』(Der Begriff des Politischen)[12]을 차용해서 "투쟁적 다원주의"(agonistic pluralism)를 주장한다. 칼 슈미트는 『정치적인 것의 개념』에서 '친구와 적의 구분'(Freund-Feind-Unterscheidung)을 정치적인 것의 핵심으로 분석한 바 있다.

그람시와 칼 슈미트 등에 기초해서 샹탈 무페는 '좌파 포퓰리즘'의 이름으로 새로운 좌파의 헤게모니와 정체성을 추구한다. 친구/적의 구분을 정치적인 것의 핵심으로 본 칼 슈미트와는 달리 빌헬름 라이히는 성혁명을 정치적인 것의 핵심으로 보았다.

---

10 Chantal Mouffe (with Ernesto Laclau), *Hegemony and Socialist Strategy: Towards a Radical Democratic Politics* (London – New York: Verso, 1985); 샹탈 무페, 『헤게모니와 사회주의 전략』, 이승원 역 (서울: 후마니타스, 2012).

11 Chantal Mouffe (ed.) *Gramsci and Marxist Theory* (London – Boston: Routledge/ Kegan Paul, 1979).

12 Carl Schmitt, *Der Begriff des Politischen* (München: Duncker & Humblot, 1932).

샹탈 무페가 그람시의 헤게모니론과 칼 슈미트의 정치적인 것의 본질에 자리잡고 있는 투쟁적인 '친구와 적의 구분'에 기초해서 21세기 '좌파 포퓰리즘'을 주장하게 된 원인은 바로 21세기 유럽 사회민주주의의 퇴조와 패배에 있다고 스스로 주장한다. 샹탈 무페는 인터뷰에서 좌파 포퓰리즘이 필요한 이유는 "근본적으로 (유럽의) 사회민주당들이 신자유주의적 세계화의 대안은 없다는 생각을 수용하였기 때문에 조성된 것이다"라고 말한다.[13]

우리는 이 책에서 21세기 유럽 사회주의(민주적 사회주의) 노선의 황혼과 퇴조 그리고 더 나아가 21세기 유럽 사회민주주의 '시대의 종말'에 대해서 학문적 논의를 소개했는데, 샹탈 무페의 '좌파 포퓰리즘'의 등장도 바로 이러한 유럽 사회민주주의 정당의 무능력과 패배로 인한 것이다.

"좌파 포퓰리즘, 차별과 혐오에 맞서는 새로운 정치"라는 제목으로, 샹탈 무페의 『좌파 포퓰리즘을 위하여』를 번역한 이승원 교수도 다음과 같이 좌파 포퓰리즘의 등장원인을 21세기 유럽 사회민주주의 좌파의 패배에서 찾는 샹탈 무페의 입장을 잘 소개했다.

> 그렇다면 무페는 왜 이토록 좌파 포퓰리즘이 필요하다는 시급한 주장을 좌파를 향해 펼칠까?
> 무페에게 신자유주의가 지배해 온 지난 40여 년간 서유럽에서 사회민주주의 정당은 정치적 무능력에서 한 치도 벗어나지 않았고, 앞으로도 나아질 것 같지 않기 때문이다. 이 변함없이 무능력한 정당들은 권력장악을 위해 신자유주의 아래 금융 자본주의의 강제적 명령을 수용하면서, 정치를 우파와 좌파 엘리트 집단 사이 '중도적 합의'로 축소해 버렸다. 에르네스토 라클라우와 1985년에 『헤게모니와 사회주의 전략』을 쓸 때만 하더라도 서유럽 사회민주주의 정당에 대한 무페의 생각은 이 정도로 절망적이진 않았다. 그

---

[13] "'좌파 포퓰리즘을 위하여': 샹탈 무페와의 인터뷰," 「민중의 소리」(http://www.vop.co.kr/A00001340324.html).

러나 소비에트 해체 이후 유럽 사회민주주의 정당 스스로 신자유주의에 갇혀 대중주권과 평등이라는 민주적 이상 추구를 포기하고, 대중들의 탈정치화를 촉진했을 때, 무페의 생각은 크게 달라졌다.[14]

이처럼 샹탈 무페의 투쟁적인(agonistic) 좌파 포퓰리즘이 등장하게 된 것은 바로 유럽 사회주의의 몰락, 특히 1989년 동유럽 공산주의의 붕괴 이후이다. 21세기 유럽의 정치경제학은 68세대가 아니라 89세대가 주도하기 시작했다.

21세기 유럽 사회민주주의 좌파의 몰락과 패배로 인해서 등장한 샹탈 무페의 '좌파 포퓰리즘' 이론의 기초에는 그람시와 칼 슈미트의 성찰이 존재한다. 좌파 정치철학자인 샹탈 무페는 독일 보수혁명(Konservative Revolution)의 이론가였던 칼 슈미트의 정치 이론의 날카로운 분석력과 설명력을 자신의 저서 『칼 슈미트의 도전』[15]을 통해 수용했다. 샹탈 무페의 저서들에 자주 등장하는 '정치적인 것'(The Political)[16]은 바로 칼 슈미트의 유명한 책 『정치적인 것의 개념』(Der Begriff des Politischen)[17]으로부터 영향 받은 것이다.

르네 지라르도 칼 슈미트의 이론에 깊은 관심을 보였는데, 필자의 지도교수였고 또한 국제 지라르 학회 '폭력과 종교에 관한 학술대회'(Colloquium on Violence and Religion)의 회장을 역임한 바 있는 팔라버(Wolfgang Palaver)의 교수자격논문(Habilitation)도 르네 지라르의 이론으로 칼 슈미트의 법이론을 분석하는 것이었다. 필자는 지도교수와 함께 칼 슈미트의 『정치적인 것의 개념』(Der Begriff des Politischen)과 『대지의 노모스』(Der Nomos der Erde)[18]

---

14 이성원, "좌파 포퓰리즘, 차별과 혐오에 맞서는 새로운 정치," 「교수신문」, 2019년 3월 12일(https://www.kyosu.net/news/articleView.html?idxno=43940).
15 Chantal Mouffe, ed. *The Challenge of Carl Schmitt* (London – New York: Verso, 1999).
16 Chantal Mouffe, *On the Political* (Abingdon – New York: Routledge, 2005); Chantal Mouffe, *The Return of the Political* (London – New York: Verso, 1993).
17   Carl Schmitt, *Der Begriff des Politischen* (München: Duncker & Humblot, 1932).
18   Carl Schmitt, *Der Nomos der Erde im Völkerrecht des Jus Publicum Europaeum* (Berlin: Duncker & Humblot, 1950).

를 함께 읽으면서 연구했다. 팔라버 교수는 박사학위 논문에서 토마스 홉스의 정치 이론을 지라르의 이론으로 분석한 학자이기도 하다. 그는 지라르 이론의 관점에서 토마스 홉스와 20세기 독일의 토마스 홉스로 평가되는 칼 슈미트의 이론을 전문적으로 연구한 학자다.[19]

칼 슈미트는 나치정권에 대한 부역의 과오에도 불구하고 정치의 전지구적 전환기에 가장 주목 받는 정치철학자 혹은 정치신학자로 되살아났다. 정치와 경제의 전지구화가 적의 개념을 폐지하고 영구평화를 성취하기는커녕 테러리즘이라는 새로운 상황을 만들어 내었기 때문이기도 하다. 최근 국내에도 좌파적 시각으로 칼 슈미트를 다시 읽는다는 명분 아래 최근 그의 『독일 헌법학의 원천』, 『땅과 바다』, 『정치적인 것의 개념』, 『정치신학』, 『합법성과 정당성』과 같은 많은 저서가 번역되었다.

영미 정치사상학계에서 칼 슈미트 르네상스를 이끌었다고 해도 과언이 아니라 할 수 있는 학자는 벨기에 출신 정치철학자로서 영국 웨스트민스터대학 정치학과 교수로 활동하고 있는 샹탈 무페(Chantal Mouffe)이다. 그는 탈막시즘, 포스트막시즘 혹은 급진민주주의적 관점에서 위기에 처한 서구 자유민주주의에 대한 내재적 대안을 사고하기 위해 "슈미트와 함께, 슈미트에 맞서야 한다"라고 주장했는데, 이는 슈미트를 단순히 친구로 환대하든, 적으로 규정하고 배척하든 간에 슈미트가 제기한 정치적인 것, 즉 정치의 조건으로서의 '친구와 적의 구분'의 지평을 벗어날 수 없다는 인식의 표현이었다. 또한, 샹탈 무페와 함께 칼 슈미트에 대한 폭넓은 지적 관심을 촉발시킨 것은 조르조 아감벤의 정치철학 저서들이다.

20세기 헌법학자인 칼 슈미트(Carl Schmitt)는 주저 『정치적인 것의 개념』

---

19 여러 저서와 논문이 있지만, 우선 다음의 논문들을 소개한다: Wolfgang Palaver, "Carl Schmitt's 'Apocalyptic' Resistance against Global Civil War," in Hamerton-Kelly, Robert (Hrsg.), *Politics & Apocalypse* (East Lansing, Mich.: Michigan State University Press, 2007), 69-94 ; Wolfgang Palaver, "*Hobbes and the Katéchon: The Secularization of Sacrificial Christianity,*" in *Contagion: Journal of Violence, Mimesis, and Culture*, Vol. 2 (Spring 1995) 37-54.

(*Der Begriff des Politischen*, 1927)에서 적과 친구의 구분을 정치적인 것의 핵심으로 분석한 바 있다. 전후 독일에서 나치 법학자였던 그의 정치 이론은 일종의 금기였지만, 최근 서구 정치 이론에서 새롭게 주목을 받고 있다. 이는 그의 유명한 친구와 적에 대한 이론(Freund-Feind-Theorie)의 분석적 가치 때문이다.

칼 슈미트에 따르면, 정치적인 것의 개념에는 본질적으로 친구와 적의 구분(Freund-Feind-Unterscheidung)이 존재한다. 로마 가톨릭 교인이었던 칼 슈미트는 성경적 원죄와 타락 교리를 따르면서 타락한 인간은 원죄로 인해서 끊임없이 적과 친구를 구분하면서 정치적인 것을 구성한다고 보았다.

정치적인 것의 개념 속에 본질적으로 자리잡고 있는 칼 슈미트의 적과 친구의 구분에 대한 통찰은 날카로운 분석적 설명력을 가지고 있다. 히틀러와 나치 과거사에도 불구하고, 칼 슈미트의 법이론들이 최근 보수와 진보, 좌우를 넘어서 새롭게 주목받고 있는 것은 바로 이러한 인류 정치학에 뿌리 깊게 자리잡고 있는 '적과 친구의 구분'에 대한 그의 날카로운 분석적 가치 때문이다. 한국 현실정치에서도 정치적인 것의 개념 속에 자리잡고 있는 '적과 친구의 구분'을 생생하게 발견할 수 있다. '친박,' '반문연대,' '친중,' '반일' 등 모든 정치적인 것은 '친'과 '반'이라는 '친구와 적의 구분'으로 구조화되어 있다.

20세기 독일의 토마스 홉스라고 불리는 위기의 사상가(Krisendenker) 칼 슈미트의 '위험한' 정치학과 헌법학은 위험한 동물인 인간에 대한 인류학적 성찰에 기초하고 있다. 칼 슈미트는 자신의 저서 『정치적 낭만주의』[20]에서 위험한 동물인 인간에 대한 현실적 이해에 기초해서 정치적 낭만주의의 한계를 지적하고 있다.

칼 슈미트는 인간에 대한 이러한 자신의 현실적이고 비극적인 이해를 자신의 "인류학적 신앙고백"(anthropologische Glaubensbekenntnis)이라고 말한

---

20 Carl Schmitt, *Politische Romantik* (Berlin: Duncker & Humblot, 1919).

다. 문화인류학자 르네 지라르가 토마스 홉스과 칼 슈미트의 사유와 맥을 같이하는 이유는 바로 이러한 모방적 욕망을 가진 고도로 경쟁적인 존재인 인간에 대한 깊고도 냉철한 인류학적 성찰로부터 출발하기 때문이다.

문화막시즘에 대한 문화인류학적 비판을 시도하는 이 책에서도 장 자크 루소식의 정치적 낭만주의와 인류학적 낭만주의로부터 영향 받은 막시즘과 현대 각종 사회주의 계열의 담론들이 인간 본성과 욕망에 대한 피상적이고 낭만적인 이해에 기초하고 있기에, 비현실적일 뿐 아니라 초현실주의적인 유토피아주의의 위험에 노출되어 있다고 주장할 것이다. 실제로 자크 라캉의 정신분석학을 비롯한 포스트모더니즘의 많은 사유는 초현실주의와도 연관되어 있다.

이 책은 기독교 현실주의(Christian Realism)에 기초한 문화막시즘에 대한 (문화)인류학적 비판을 목표로 한다. 막시즘과 사회주의 담론들은 착취구조, 억압 구조, 사회구조악, 언어구조 등 각종 구조주의적이고 언어구조주의적 (후기구조주의적)인 성찰에 집중한 나머지 정작 정치적인 것의 구성을 하는 '정치적 인간'(*homo politicus*)에 대한 냉철한 인류학적 성찰을 간과하고 있다.

지라르는 "인류학적 기초가 없는" 현대사상을 비판한다.[21] 인류학적 기초가 약한 문화막시즘, 프랑크푸르트 학파의 비판 이론, 프랑스 포스트모더니즘, 퀴어 이론과 젠더 이데올로기 등과 같은 각종 사회주의 담론들은 그렇기에 현실주의적이라기보다는 부정주의적, 영지주의적, 유토피아주의적 그리고 초현실주의적인 위험을 내재하고 있다.

존 롤스와 위르겐 하버마스가 주장하는 숙의민주주의나 20세기 유럽 사회민주주의 좌파와는 달리 샹탈 무페는 정치적 장에서 갈등과 적대는 불가피하며, 그것들의 표출을 통해서만 민주주의는 실현될 수 있다고 주장

---

21 René Girard, *Things Hidden since the Foundation of the World. Research undertaken in collaboration with Jean-Michel Oughourlian and Guy Lefort* (Stanford: Stanford University Press, 1987),63 ; Andrew J. McKenna, *Violence and Difference. Girard, Derrida, and Deconstruction* (Urbana and Chicago: University of Illinois Press, 1992),174.

한다. 이해관계가 상이한 계급·계층, 집단들이 존재하는 사회에 갈등과 적대는 필연적이라는 것이다.

그리고 현실에 존재하는 다양한 '그들'과 '우리'의 관계가 '적'과 '친구'의 관계로 전환될 때 정치적 적대는 불가피하게 일어난다. 무페는 칼 슈미트의 통찰을 따라 이것을 정치적인 것(the political)이라 부르며, 우리 인간의 존재론적 조건을 구성하는 제거 불가능한 차원으로 본다. 무페는 합리적 합의를 통해 적대를 제거할 수 있다고 생각하는 자유주의 진영이 오히려 민주주의 혁명의 성과물들을 위태롭게 할 것이라고 경고한다.[22]

상탈 무페는 칼 슈미트의 통찰 등에 영향을 받아서 다음과 같이 주장한다.

> 정치는 화해이고 합의라는 생각은 명백히 잘못된 생각이다. 민주정치는 당파적(partisan)이어야 한다. 민주정치는 좌파와 우파 사이의 전선을 그을 것을 요구한다. 가능한 대안에 대한 투쟁적(agonistic) 토론 없이 민주주의는 있을 수 없다…전통적인 좌파의 정치적 전선은 계급에 기초하여 그어졌다. 노동 계급, 즉 프롤레타리아 대 부르주아의 전선이 그어졌다.
>
> 오늘날에는, 사회의 발전을 고려해 볼 때, 그런 방식으로 정치적 전선을 그어서는 안 된다. 계급의 관점에서 정식화될 수 없는 일련의 민주적 요구들이 존재한다. 예를 들어 페미니즘, 반인종주의, 동성애 운동, 환경 운동 같은 요구들을 고려하는 것이 필수적이다. 이런 요구들은 노동 계급과 부르주아 사이의 전통적인 대립과는 결이 다른 요구들이다.
>
> 우리는 포퓰리즘의 방식으로 전선을 만들어야 한다. 우리는 우파의 포퓰리즘을 그저 인종차별주의적이며 성차별주의적인 요구의 표현으로 간주하지 말고, 그 요구들이 사실상 민주주의에 대한 요구, 즉 자기의 목소리를 내겠

---

[22] "'경제 뒤에 숨은' 정치 논리와 정치투쟁 벌여라," 「한겨레신문」, 2009년 11월 3일 기사(http://www.hani.co.kr/arti/culture/culture_general/387575.html#csidxe71cf8d-cf7106eda66a683ef7bae37e).

다는 요구의 표현이라고 생각할 필요가 있다.[23]

샹탈 무페는 이렇게 그람시의 문화적 헤게모니론에 근거해서 21세기 새로운 좌파 포퓰리즘 운동을 보다 선명하게 투쟁적으로 전개해야 한다는 주장한다. 이러한 21세기 문화막시즘적인 헤게모니 전략에는 대체적으로 다문화주의, 젠더 이데올로기 그리고 생태주의라는 주요한 3가지 아젠다가 존재하는데, 이후에 우리는 이를 다룰 것이다.

4. 문화 테러리즘과 급진적 성교육(루카치)

문화막시스트들은 위선적인 윤리의 잘못된 기준을 수단으로 삼아 사회가 도덕적으로 정체성 위기에 처하도록 몰고 간다. 그들의 목표는 더 이상 "프롤레타리아 독재"가 아니다. 이 계획은 이미 실패했기 때문이다. 그들의 목표는 정치적 올바름(Political Correctness)의 독재다. 문화막시즘은 급진적 성혁명을 통해서 문화혁명을 이루기 원했다. 급진적 성교육의 최초 시행자는 헝가리 볼셰비키 문화 담당자였던 루카치로 부모와 학교의 권위, 가족에 대한 애정과 국가에 대한 충성을 무너뜨리기 위한 문화혁명을 시도하였다.

프랑크푸르트 학파의 헤르베르트 마르쿠제는 1933년 미국에 망명한 뒤 콜롬비아대학교에서 억압적 관용(repressive tolerance) 개념으로 표현의 자유를 억압하려고 하였다. 문화막시즘의 새로운 이데올로기인 정치적 올바름(PC)이 지나치게 만연하게 되면, 사회가 전체주의적이 되고 집단적인 압력이 개인의 자유를 억압하는 현상이 생길 수 있다. 만일 이러한 정치적

---

[23] "'좌파 포퓰리즘을 위하여': 샹탈 무페와의 인터뷰," 「민중의 소리」(http://www.vop.co.kr/A00001340324.html).

올바름을 법제화하게 되면, 차별금지법 등이 생기고 이 법을 어길 경우 벌금을 내거나 감금될 수 있다.

현대적 의미의 성교육은 프랑크푸르트 학파를 시작한 게오르크 루카치가 최초로 사회적으로 대규모로 보급시켰다. 그 목적은 이를 구실로 전통적인 서구의 가치관을 전복하려는 것이다. 1919년 루카치는 단명한 헝가리 소비에트공화국에서 문화부 장관을 맡았다. 그는 학교에서 급진적인 성교육 프로그램을 만들어 노골적인 방식으로 청소년들에게 자유로운 연애와 성교를 유도했다.

루카치는 문화 테러리즘(cultural terrorism)이라는 기관을 조직했다. 오스트리아 학파의 미제스(Ludwig von Mises)가 사회주의를 새로운 "파괴주의"(Sozialismus: Der neue Destruktionismus)로 파악한 바 있는데, 이 새로운 파괴주의로서의 사회주의에 대한 이해는 루카치가 시도한 문화 테러리즘 개념과 맥을 같이 한다고 볼 수 있다.

루카치는 헝가리 문화부 장관에 취임하면서 부모와 가정, 가족애라는 전통적 질서를 해체하기 위해 어린 학생들을 대상으로 급진적 성교육을 시행하기로 결정한다. 이에 루카치는 막시즘을 사회적으로 구현하기 위한 전략으로 성적 쾌락을 지향하는 성교육을 시행한다. 그람시 또한 지식인들이 정치, 학계, 문화계 등 사회전반에 침투해서 민중들을 교육시켜야 한다고 주장했다.

이러한 루카치의 1924년 문화 교육으로 사회 전반에 막시즘을 침투시키자는 기치는 독일 프랑크푸르트 학파로 이어졌다. 독일 프랑크푸르트 학파는 우리는 사회주의적 폭력혁명을 시도하지 않으며, 문화 교육으로 점진적으로 침투한다고 주장했다. 사회주의 혁명의 주체는 노동자에서 지식인으로 바뀌었다.

문화막시즘에 의하면, 이제 약자, 희생자, (성)소수자 등이 새로운 사회주의 혁명 주체가 되었다. 유럽 68문화혁명 세대의 멘토 역할을 했던 마르쿠제는 문화막시즘을 통해서 서구 기독교 사회를 해체하는 작업을 수행해야 한다고 강조했고, 서구사회의 전통적 가치가 오히려 파시즘 같은 전체주의 사회보다 더 억압적이라고 주장했다.

서구적 막시즘의 창시자라고 불리는 루카치는 히틀러 편에 선 독일 헌법학자 칼 슈미트(Carl Schmitt)의 대척점에 서 있었던 학자로서 스탈린의 편에 선 혁명적 공산주의자였다. 그는 1918년의 독일 혁명 직후 헝가리 공산당에 입당하고, 1919년의 헝가리 혁명에 참가하여 혁명정부의 문화부 장관이 되었다.

혁명이 실패하자 오스트리아 빈으로 망명하여 『역사와 계급의식』(1923), 『레닌』(1924)을 써서 혁명이 좌절한 이유와 막시즘의 주체성 문제를 추구했다. 헝가리 부다페스트의 유대계 은행가 집안에서 태어난 루카치는 혁명적 공산주의자로 삶의 양식과 세계관을 통째로 바꾼 뒤 본격적으로 매진한 막시즘 연구와 정치적 실천 경험이 바탕에 놓인 그의 책 『역사와 계급의식』 덕분에 서구 막시즘의 창시자라고 불린다.

이렇게 문화막시즘은 사회주의적 폭력혁명이 아니라, 문화 교육을 통해서 서구 문명을 해체하려고 한다. 혁명 주체는 이제 노동자가 아니라 약자가 된다. 최근 조던 피터슨 등이 잘 분석하고 있듯이 포스트모더니즘은 계급투쟁적 세계관을 가진 칼 막스의 사유와 만나 신좌파 이론으로 전개되었다. 이러한 포스트모던적 신좌파 이론은 객관적 진리는 억압자의 권력 유지 도구이며, 오직 진실은 피억압자의 주관적 경험에 있다고 주장한다. 포스트모더니즘과 융합된 이러한 새로운 좌파이론에 따르면, 피억압자의 세계관에는 오류가 없으며, 도덕적 우월성을 확보하게 된다.

이렇게 루카치는 헝가리에서 조기성교육을 통해서 가정을 해체하려고 했다. 문화막시즘은 이렇게 실제로 서구 기독교 문화, 종교를 파괴하려고 했다. 루카치에서부터 경제가 아니라 문화 영역으로 막시즘의 관심이 넘어갔고, 이제 노동자가 혁명 주체가 아니라 대학생, 대학교, 지식인 사회가 대체(Ersatz)로서 혁명 주체가 되었다. 문화막시즘에서는 자본가/노동자 사이의 계급투쟁이 아니라, 억압자와 피억압자의 이항대립으로 변화되었다. 즉 희생자 계급(victim class)이 문화막시즘의 새로운 혁명 주체로 대체되었다. 이제 약자, 희생자, 소수자, 주변인, 피해자 등 희생자 계급(victim class)이 새로운 문화혁명 주체가 되었다.

자크 데리다와 주디스 버틀러와 같은 문화막시즘과 포스트모더니즘 그리고 유럽 68문화혁명 담론에 의하면, 이제 사회주의 혁명의 주체는 기존의 노동자에서 사회적 소수자로 변화되었다. 부르주아로 대변됐던 지배계층(억압자)은 서구 문명과 기독교, 백인, 이성애자, 남성으로 외연이 확장됐다. 피지배계층(피억압자)은 프롤레타리아에서 비서구 문명(이슬람), 유색인종, 성소수자, 여성으로 확장됐다. 이러한 새로운 문화막시즘의 내재된 희생자 이데올로기(victimology, victim ideology)에 따르면, 피지배계층은 언제나 도덕적으로 우월하다고 간주된다.

이후 상세하게 논의하겠지만 그렇기에 문화막시즘의 정서에는 기본적으로 희생자 멘털리티(victim mentality)가 강하게 자리잡고 있다. 희생자 계급이라 할 수 있는 약자, 희생자, 소수자, 피해자 등에 대한 "감수성"에 대한 "재교육" 운동도 이러한 문화막시즘으로부터 파생된 것이다. 약자, 희생자, 소수자 등에 대한 민감한 감수성을 인류 문명 속에 처음으로 가져온 것은 '사회주의 텍스트' 혹은 전체주의적인 마녀사냥의 텍스트라 할 수 있는 세계 신화를 전복한 반신화적 유대-기독교 텍스트라고 르네 지라르는 주장한다.

유대-기독교 전통이 만장일치적인 '사회주의 텍스트'인 세계 신화 속에 은폐된 채 파묻혀 있는 약자, 희생자, 소수자, 개인 등에 대한 최초의 에피스테메(*Episteme*)[24]와 민감한 감수성을 가져왔다. 그렇기에 약자, 희생자, 소수자에 대한 정당한 성경적 관심과 새로운 문화혁명 주체로서의 약자, 희생자, 소수자(희생자 계급, victim class)를 주장하는 문화막시즘적인 담론은 혼동되어서는 안 되며 구분되어야 한다. 문화막시즘이 지향하는 새

---

24 미셸 푸코(Michel Foucault)는 특정한 시대를 지배하는 인식의 무의식적 체계, 혹은 특정한 방식으로 사물들에 질서를 부여하는 무의식적인 기초를 '에피스테메'라 칭했다.

로운 형태의 전체주의적 희생자 이데올로기(victim ideology, victimology)에 대한 비판적 성찰은 이후에 보다 상세하게 이루어질 것이다.

프랑크푸르트 학파의 마르쿠제는 안정화시키는 사유를 거부하고 의도적으로 불안하게 하는 사유를 혁명 사유로 채택한다. 독일 프랑크푸르트 학파의 부정주의적 비판 이론도 이러한 맥락에서 일종의 유토피아적 현실 부정의 정신이 담긴 불안정화시키는 사유라 할 수 있다.

비판 이론의 사유는 사회주의적 유토피아론이 만들어 낸 불안정화시키는 혁명 사유다. 이러한 부정주의적이고 불안정화시키는 사유는 문화막시즘 정신이 내재된 프랑스 포스트모더니즘에도 발견된다. 프랑크푸르트 학파의 비판 이론이 성혁명적이고 성정치적인 젠더 이데올로기의 이론적인 기초를 제공했다.

이렇게 문화막시즘은 정치경제학 분야가 아니라 언론, 학계, 헐리우드, 연극영화계, 문화예술계와 같은 문화 영역에서 막시즘을 관철시키려고 한다. 문화에 집중하는 프랑크푸르트 학파의 전략은 바로 문학비평가이자 미학자인 루카치의 이론으로부터 영향을 받았다. 하버마스도 루카치의 영향을 깊게 받았었다. 하지만 21세기의 헝가리는 그 기독교적 헌법에 기초해서 과거 루카치 등이 시도했던 문화 테러리즘과 급진적 성교육 전통으로부터 파생된 동성애와 젠더 이데올로기에 대해서 가장 강력하게 저항하고 있다.

5. 프랑크푸르트 학파의 비판 이론과 유토피아: 부정주의와 영지주의

독일 프랑크푸르트 학파의 비판 이론(Kritische Theorie)은 부정주의(Negativismus), 비관주의, 영지주의 그리고 유토피아주의의 위험을 내포하고 있다. 비판 이론이 부정주의로부터 자유로울 수 없는 이유는 오스트리아 학파의 미제스가 분석한 것은 사회주의 자체가 일종의 파괴주의

(Destruktionismus)이기 때문이다.

　문화막시즘의 사유가 내재된 프랑스 포스트모더니즘 철학도 이러한 부정주의, 영지주의, 해체주의, 파괴주의로부터 자유로울 수 없다. 하이데거의 형이상학 비판과 이 사유로부터 영향 받은 데리다의 해체주의 철학도 이러한 부정주의적 파괴주의의 맥락에서 이해될 수 있다. 사회주의 혁명 이념은 급진적 사회구성주의에 입각해서 기존체제를 파괴적으로 해체한 뒤에 사회주의적 혁명 이념과 유토피아론에 입각해서 재구성하고자 한다.

　아도르노 전공자로서 자신이 초기에 추종했던 좌파적인 독일 프랑크푸르트 학파로부터 벗어나서 점차적으로 보수 우파의 입장을 대변하고 있는 독일 언론에 잘 알려진 철학자 노베르트 볼츠(Nobert Bolz) 교수는 2004년 독일 일간지 「디 벨트」(Die Welt)에 기고한 글에서 독일 프랑크푸르트 학파의 비판 이론에 "부정주의"와 "영지주의적" 차원이 존재하는지 비판적으로 분석한 뒤 위르겐 하버마스가 점차적으로 이 비판 이론을 그 부정주의로부터 해방시키고 있다고 분석한다.

　볼츠에 의하면, "비판 이론이 좌파 지성인들에게 매력적인 이유에는 그것이 이미 은밀한 신학의 성격을 항상 지니고 있기 때문이다." 그에 따르면, "기독교신학은 근대에 와서 스스로 은폐해야만 하는 하나의 혐오스러운 가지인데, 최고의 은폐처는 막시즘이다." 아도르노는 이러한 은폐놀이를 "전복된 신학"(inversen Theologie)이라는 개념으로 표현한 바 있다. 즉 "젊은이들과 지식인들이 네오막시즘, 프랑크푸르트 학파 그리고 비판 이론이라는 제목 아래서 매료를 당한 모든 것은 사회비판과 미학으로 교묘하게 위장된 기독교신학이었다. 프랑크푸르트 학파는 존재하지 않는 하나님을 믿도록 가르쳤다."

　아도르노에게 있어서 이러한 신학은 부정주의적이고 영지주의적이었다. 즉 '구원의 빛'이 내려비출 때만이 바라볼 수 있는 현혹연관(Verblendungszusammenhang)으로서의 세계를 아도르노는 말한다. 비판 이론의 "이러한 부정주의로부터 하버마스는 결별했지만, 비판 이론의 신학적 기초로부터 결별한 것은 아니다. 영지주의적인 세계 부정 대신에 하버마스에게는 구약성경의 언약신학의 현대적 답변이라 할 수 있는 합의의 종교(die Religion des Konsenses)가 등장했다." 볼츠에 따르면, "비판 이론을 부정주의라는 막다른 골목으로부터 끄집어낸 것은 하버마스의 위대한 공헌으로 남는다."[25]

이처럼 아도르노는 자신의 문화막시즘 정신에 기초한 부정주의적 부정변증법 철학을 일종의 전복된 기독교신학(inversen Theologie)이라고 표현했는데, 이는 기독교신학의 전복을 의미한다.[26] 아도르노는 전복된 신학과 유사한 표현으로 "부정적 신학"(negative Theologie), "암시적 신학"(implizite Theologie), "감추어진 신학'(Theologia occulta), "인식되지 않은 신학"(Theologia incognita) 등도 사용했다.[27] 즉 아도르노의 문화막시즘적인 부정주의 철학은 기독교신학에 대한 혁명적 전복의 관계를 가지고 있다.

기독교신학에 대한 사회주의혁명적 전복의 사유가 담긴 프랑크푸르트 학파의 비판 이론은 그렇기에 볼츠 교수가 위에서 잘 분석한 것처럼, "영지주의적 세계 부정"의 사유 지평을 깊게 가지고 있는데, 이러한 영지주의적 세계 부정은 문화막시즘의 유토피아주의적 현실 부정과 맥을 같이하는 것이다. 문화막시즘과 영지주의의 문제는 이후 다시 논의될 것이다.

볼츠 교수가 프랑크푸르트 학파의 비판 이론 속의 부정주의, 영지주의 그리고 비관주의를 비판적으로 분석한 것은 옳다. 프랑스 포스트모더니즘에도 영지주의적 사유가 포함되어 있다. 포스트모더니즘의 주요 연구가이자 전파자인 이합 핫산(Ihab Hassan)은 "새로운 영지주의: 포스트모던적 지

---

[25] Nobert Bolz, "Die religiöse Wärmestube," 2004년 2월 5일 기사(https://www.welt.de/print-welt/article291079/Die-religioese-Waermestube.html).

[26] Manuel Knoll, *Theodor W. Adorno : Ethik als erste Philosophie* (München : Fink, 2002), 191-200.

[27] Rolf Tiedemann : *Editorisches Nachwort*, in : Theodor W. Adorno : *Nachgelassene Schriften* (*NSchr*), Frankfurt a.M. : Suhrkamp, 1995, Abt. IV, Bd. 4 (*Kants* Kritik der reinen Vernunft), 417-421.

성의 양상에 대한 사색들"이라는 논문에서 포스트모더니즘 속의 새로운 영지주의에 대해서 분석한 바 있다.[28]

영지주의적 세계 부정과 문화막시즘의 유토피아주의적 세계 부정은 맥을 같이한다. 그래서 비판 이론과 포스트모더니즘에는 영지주의와 부정주의가 강하게 자리잡고 있다. 즉 프랑크푸르트 학파의 비판 이론이나 포스트모더니즘에는 비판적 실재주의가 아니라, 반실재주의를 지향하며, 이러한 반실재주의와 초현실주의는 문화막시즘에 자리잡고 있는 사회주의적 유토피아주의가 말한 현실 부정으로부터 파생된 것이다. 현실에 대한 유토피아주의적 부정사유가 프랑크푸르트 학파의 비판 이론이나 포스트모더니즘 철학에 흐르고 있다.

볼츠 교수는 독일어권에서 르네 지라르의 사상을 가장 깊게 수용하고 있는 학자로서 국내에서는 발트 벤야민 연구과 미학 분야에서 알려진 학자이다. 볼츠는 자신의 지적인 여정을 소개하면서 아도르노 전공자로서 좌파적-마르크스적 독일 프랑크푸르트 학파와 그 비판 이론 계열에 속했다가 점차적으로 보수주의의 가치를 재발견하고 있다고 말한다. 볼츠는 당시 독일 프랑크푸르트 학파의 좌파적 관점을 추종했던 것은 그것이 당시의 지배적인 지적인 유행(Mode)였기 때문이라고 고백하고 있다. 그는 이후 야콥 타우베스(Jakob Taubes)와의 만남을 통해서 독일 헌법학자 칼 슈미트(Carl Schmitt) 등을 재발견하면서 보수적 관점을 학문적으로 재정립하고 있다.

독일 프랑크푸르트 학파와 연관이 있는 드라마 작가 베르톨트 브레히트(Bertolt Brecht)의 '기이화 효과'(Verfremdungseffekt, 소외 효과 혹은 소격 효과)에서도 문화막시즘 혹은 사회주의 담론과 미학에서 발견되는 유토피아주의적 현실 부정이 발견된다. 문화막시즘을 지향한 독일 프랑크푸르트 학파의 사회주의적 미학 이론, 문학비평, 드라마 이론 등과 관련된 인물 중 한

---

[28] Ihab Hassan, "New Gnosticism: Speculations on an Aspect of the Postmodern Mind," *Boundary* 2. Spring 1973, 547-59.

명인 베르톨트 브레히트는 세계 연극계에 한 획을 그은 인물이지만, 사회주의를 연극 작품에 접목시킨 좌파 극작가로도 유명하다.

브레히트는 아리스토텔레스의 드라마 이해를 전복하고 반대하는 반아리스토텔레스적인 드라마 개념을 주장한 인물이다. 그는 아리스토텔레스적 드라마개념에 반대하면서 일종의 반연극, 부조리극, 전위드라마, 사회주의적 교육극을 만들게 되는데, 이는 그의 사회주의적 지향과 헌신으로부터 인한 것이다.

2006년 브레히트에 대한 독일 방송 자료에서 볼 수 있는 것처럼, 브레히트는 구소련의 레닌, 스탈린 그리고 소련 사회를 이상화하고 낭만화했던 인물로서 사회주의적이고 무정부주의적 이념을 가졌던 인물이다. 그래서 1969년에 한나 아렌트도 브레히트의 이러한 공산주의적 사유를 비판적으로 분석한바 있다. 브레히트는 독일 프랑크푸르트 학파(아도르노, 발터 벤야민) 등과도 맥을 같이하며 인연이 있는 인물이며, 루카치나 그람시와도 관계가 있다.

브레히트의 서사극(epische Theater) 개념 속에 포함된 기이화 효과 등은 사회주의적 담론과 철학에서 종종 발견되는 실재에 대한 유토피아적 부정으로부터 파생된 것이다. 2019년 국내에서 최초로 공연되었던 브레히트의 반자본주의적이고 사회주의적 지향이 가장 응축된 작품인 '마하고니시의 흥망성쇠'(Aufstieg und Fall der Stadt Mahagonny)가 무대에 올려졌다고 한다.[29]

브레히트의 사회주의적 교육극, 반연극에서 기획된 기이화 효과는 프랑크푸르트 학파의 부정주의적이고 영지주의적 비판 이론과 마찬가지로 유토피아주의적 현실 부정 정신으로부터 탄생했다. 영지주의는 유대-기독교 전통에서 말하는 창조세계의 선함을 부정하고 세계의 낯설음

---

29 브레히트에 대한 논의는 2020년 초 숭의여대 공연예술과에서 학생들을 가르치며, 국민대학교 대학원 박사(연극학 전공) 논문을 쓰고 있는 김종균 교수가 르네 지라르 이론에 기초해서 브레히트의 작품 『마하고니시의 흥망성쇠』(*Aufstieg und Fall der Stadt Mahagonny*)를 분석하는 학위논문에 대해서 자문을 요청해와 이루어진 대화에 기초한 것이다.

(Weltfremdheit)만 강조한다.

영지주의적 문화막시스트들은 자본주의의 선함(goodness) 자체를 결코 인정하지 않으려고 한다. 절대빈곤을 극복하게 한 자본주의의 공헌과 선함에 대해서는 결코 인정하지 않으며 끊임없는 자본주의의 악마화를 통해서 학생들과 대중들이 자본주의적 현실을 부정하고 도피해서 사회주의적 혁명을 꿈꾸도록 철학적, 미학적 그리고 드라마적 기이화 효과를 통해서 '재교육'(Umerziehung)하려고 한다.

포스트모던 철학이 기이하고, 낯설고, 부정주의적이고, 영지주의적이고, 초현실적이고, 반자연과학적인 차원이 강한 것은 바로 이러한 문화막시즘과 철학막시즘의 유토피아주의적 현실 부정 정신으로 인한 것이다. 현대 사회주의자들은 자본주의 체제 아래서 현대인들을 '소외'시키고 '소격'시켜서 사회주의적 폭력혁명이나 아니면 사회주의적 혁명성으로 재교육하고자 한다.

문화예술계에 사회주의나 문화막시즘이 강한 이유는 인류 문명 초기부터 문화예술 자체가 폭력적인 카타르시스를 통해서 사회체제를 유지하고 갱신하고자 했던 희생제의의 산물이기 때문일 것이다. 본래 인류 문화에서 희생제의를 위한 축제적 위기에는 반체제적이고 반항적이고 저항적이고 전복적이고 혁명적인 드라마가 잠시 재현되었다.

하지만 그 혁명적인 전복성은 그 차이소멸적인 위기를 희생염소(scape-goat)에게 전가시키기 위해서 축제적으로 재현되는 일시적인 혁명에 불과했다. 인류 문명사에 있어서 희생제의와 희생제의적 축제로부터 탄생된 문화예술 자체가 체제유지 수단이었다. 아리스토텔레스가 말한 것처럼, 드라마의 목적은 카타르시스에 있듯이, 문화예술의 목적도 오랫동안 체제혁명이 아니라, 체제유지를 위한 수단이었다.

이후에 소개하겠지만, 빌헬름 라이히와 주디스 버틀러 등이 자신의 문화막시즘을 정당화하고 뒷받침하기 위해서 사용하는 그리스 비극도 사실은 전복적 혁명 문학이 아니라, 폭력적 카타르시스를 통한 체제옹호적인 호국 문학이었다. 문화예술과 미학 등을 통한 문화막시즘은 인류 문명, 희생제의, 축제, 드라마, 신화와 제의, 금기 등에 대한 보다 깊은 문화인류학적 이해가 결여되어 있다.

인류가 오랫동안 축제적인 문화예술을 통해서 끊임없이 체제비판적이고 체제전복적인 담론과 미학과 드라마를 제작해 왔지만, 그것은 결국은 폭력적 카타르시스를 통한 체제갱신으로 끝나고 말았다. 체제전복적, 체제혁명적 그리고 일탈적인 드라마가 주는 폭력적 카타르시스를 통해서 씻김(정화)을 받은 군중은 드라마가 끝나면 다시금 일상으로 돌아간다. 그렇기에 브레히트는 이러한 아리스토텔레스적인 카타르시스의 드라마개념을 전복하고자 반대연극, 부조리극, 사회주의적 교육극을 만들었던 것 같다.

하지만 인류 문화예술과 드라마의 '폭력적 기원'과 '희생제의적 기원'에 대한 보다 계몽적인 '비판 이론'이 필요하다. 인류 축제와 드라마의 마지막에는 언제나 희생염소나 파르마코스(인간 희생양)에 대한 폭력적 살해와 추방이라는 비극적 결말이 존재한다. 인류 축제에는 반드시 마이너스 1의 적 개념이 자리잡고 있다. 독일 민족사회주의(나치즘)의 민족축제에는 자본가로 상징되는 유대인들을 향한 폭력적 질투심(르상티망)이 거세게 분출되었다.

6. 자연과학적 전통 이론, 비판 이론 그리고 사회구성주의

호르크하이머의 논문 "전통 이론과 비판 이론"은 사회비판 이론의 강령을 선언적으로 알리는 작품으로 간주된다.[30] 그에 의하면, 전통 이론을 대표하는 것은 데카르트 이후의 자연과학이다. 전통 이론은 데카르트로부터

30　Max Horkheimer, *Traditionelle und kritische Theorie: fünf Aufsätze* (Frankfurt am Main : Fischer-Taschenbuch-Verl, 1992).

출발하는 현대적 인식 이론 일반을 의미한다. 이론들은 명제들의 체계이며 대상은 명제들의 체계적 질서 안에서 규정된다. 이론은 명제들 간의 모순 없는 유기적 결합을 추구한다. 실증주의적 방법론이 과학적이라는 전제, 인문사회과학의 문제 영역에 자연과학 방법론의 여과 없는 적용, 사회로부터 학문의 독립성과 자립성을 강조하는 것이다.

전통 이론가들은 자신의 주관적 관심, 사회적 관심, 정치적 관심이 연구 주제와 대상 선정에 깊이 관여하며, 그러한 개별 관심은 연구자와 전체 사회 간 상호작용의 산물임을 인지하지 못하거나 외면한다고 호르크하이머는 주장한다. 인간과 사회를 다루는 학문이 스스로 자연과학의 모델을 따르는 인문사회과학의 과학화는 사회적 사실들을 논리적 관계로 환원하며 규칙화, 법칙화하는 것에 불과하다고 호르크하이머는 본다.

그렇기에 전통 이론은 체제 옹호적이며 기존사회의 재생산 기능을 수행한다. 전통 이론은 이론의 역사적, 사회적 성격을 도외시하고 자신의 사회적 역할과 의미를 스스로 탐구하지 않기 때문에 원하든 원하지 않든 기존 체제에 활용되며 정숙주의와 타협주의에 빠지게 된다고 그는 주장한다.

비판 이론의 이념은 노예적 상태로부터 인간 해방이다. 이와 같은 사회를 위해서 초기의 비판 이론은 사회적 혁명을 추구했다. 그러나 호르크하이머는 자본주의의 강력한 흡입력에 따라 노동자의 계급의식이 상실되었다는 이유로 사회혁명에 대한 기대는 곧 포기한다. 그럼에도 기존 사회의 비판과 변화의 추구는 비판 이론의 영구적 과제다.

프랑크푸르트 학파의 비판 이론에는 점차 사회주의적 폭력혁명은 점차 사라지지만, 그 혁명적 정신과 사유는 유지되었다. 비판 이론이 취하는 태도는 긍정적이지 않고, 생산적이지 않으며, 부정적이다. 생산적이지 않다는 말은 비판 이론이 사회변혁에 대한 전략과 사회비판에 대한 구체적인 프로그램과 행동 지침을 제시하지 않는다는 의미에서 생산적이지 않다는 것이다.

그럼에도 불구하고 호르크하이머는 진정한 이론은 부정적일 수밖에 없다고 주장한다. 비판 이론은 비관주의의 색채를 강하게 띠고 있다고 비판

받는다. 그러나 호르크하이머는 사회적 발전이 필연적으로 수반할 수밖에 없는 부정성들을 비판하는 것이 비판 이론의 과제이기에, 비판 이론에 내재하는 이론적 비관주의를 부인하지 않는다.

프랑크푸르트 학파의 비판 이론의 본질적인 부정주의(Negativismus)와 비관주의는 그 유토피아적 기획으로 인한 것이다. 비판 이론은 문화막시즘의 유토피아적 기획으로부터 탄생했다. 비판 이론의 강한 부정성은 유토피아적 현실 부정으로 인한 것이다. 비판 이론은 어떤 실증주의적 시도, 과학주의적 시도에 대해서도 단호히 맞선다. 비판 이론은 근대 자연과학과 더불어 소실되어 버린 유토피아적 기획을 소생하고자 한다. 아도르노, 호르크하이머 그리고 마르쿠제는 모두 문화막시즘 정신에 입각한 사회주의 유토피아 이론가들이다.

자연과학을 모델로 삼는 전통 이론과는 달리 비판 이론은 유토피아주의적인 기획이다. 또한, 프랑크푸르트 학파의 비판 이론은 프랑스 포스트모더니즘의 경우와 마찬가지로 기본적으로 사회구성주의(Sozialkonstruktivismus)와 맥을 같이한다. 호르크하이머는 자연과학을 표방하는 전통사회 이론을 실증주의(Positivismus)로 분석하며, 전통 이론가들의 오류는 전통 이론이 초월적 객관성을 확보할 수 있다고 생각하는 데 있다고 지적한다. 즉 문제는 마치 전통 이론이 지식의 본질 그 자체에 근거하고 있거나 탈역사적인 방식으로 정당화될 수 있을 것처럼, 스스로를 절대화하는 데서 야기된다.

호르크하이머는 그 누구도 진리의 확고한 토대를 주장할 수 없으며 사회적 실재는 "사회를 분석하는 사람들을 포함한 사회적 행위자들의 사회적 행위들 안에서 그리고 그것들을 통해 생산되고 재생산된다"라고 본다. 즉 호르크하이머에 따르면, 실재에 대한 사회구성주의적 관점을 취함으로써 비판적 성찰이 가능한 조건을 찾는다. 이렇게 호르크하이머는 사회구성주의적 관점에서 비판적 성찰의 가능성을 발견한다.

7. 사회주의는 '지식인의 아편': 레이몽 아롱, 사르트르, 시몬 베유

칼 포퍼는 독일 프랑크푸르트 학파의 학자들과의 '실증주의 논쟁'을 하면서 (네오막시즘 혹은 문화막시즘을 추구하는) 프랑크푸르트 학파의 비판 이론을 프랑스의 레이몽 아롱(Raymond Aron)이 말한 의미에서 '지식인을 위한 아편'(Frankfurter Schule als, Opium für Intellektuelle)으로 규정했다.[31]

프랑스 공산당원이었고 공산주의로부터의 전향을 거부했던 장 폴 사르트르의 대척점에 서 있었던 레이몽 아롱은 자신의 책 『지식인의 아편』에서 사회주의는 지식인을 위한 아편이라고 주장했다.[32] 이 책의 주요 비판 대상은 장 폴 사르트르의 저서들이다. 또한, 그는 막시즘의 사고유형을 니체주의적이고 실존주의적인 사유와 융합하는 일반적인 경향성으로 파악하고서 비판하고 있다.

한국 학자와 프랑스 학자가 공저한 책 『프랑스 지식인들과 한국전쟁』은 한국의 해방공간에서 극심한 좌우대립이 벌어졌듯이 제2차 세계대전 후 프랑스 지식인 사회도 친공(親共)과 반공(反共)의 선택을 놓고 극심한 분열상을 드러냈다고 설명한다. 한때 친구였던 사르트르와 레이몽 아롱은 6.25전쟁에 대한 입장으로 인해 갈라서게 된다.

사르트르는 처음에는 한국전쟁이 '남한에 의한 북침'이라는 프랑스 공산당의 의견을 따랐고, 나중에는 "북한이 남한과 미국의 계략에 빠져 남한을 공격했다"라고 주장했다. 그러나 메를로 퐁티는 북한을 사주해 남한을 침공한 스탈린의 유죄를 인정하면서 반공주의자로 전향한다. 사르트르는 한때 "6.25전쟁은 한반도 통일전쟁"이라는 프랑스 극좌파 주장에 동조

---

31 Raymond Aron, *Opium für Intellektuelle oder Die Sucht nach Weltanschauung (L'Opium des Intellectuels)* trans. by Klaus-Peter Schulz (Köln : Kiepenheuer und Witsch, 1957).

32 Karl Popper, *Erkenntnis und Evolution: zur Verteidigung von Wissenschaft und Rationalität* / Karl R. Popper, Hrsg. und teilweise neuübers. von Hans-Joachim Niemann (Tübingen: Mohr Siebeck, 2015), S. 42.

했다. 레이몽 아롱은 6.25전쟁이 발발하자 "북한의 군대가 남한을 침략한 것은 제2차 세계대전 이후 일어난 가장 중대한 사건"이라고 규정하고 이 전쟁이 스탈린과 마오쩌둥의 계획 아래 이뤄진 남침임을 거듭 강조했다.

아롱과 사르트르의 결별은 6.25전쟁 전에 이뤄졌지만 6.25전쟁을 기점으로 사르트르는 공산주의와 구소련에 더 가까워지게 되고 아롱은 자유민주주의를 표방하는 미국 쪽으로 더욱 접근하게 된다. 이 책은 억압당한 계급과의 협력을 통해 계급 없는 사회의 도래에 지식인이 일익을 담당해야 한다는 사르트르를 혁명적 유토피아론자로 그리고 레이몽 아롱을 비판적 현실주의자로 소개한다.[33]

독일의 「현대 역사 연구」 저널에 기고된 "이데올로기도취(Ideologierausch)와 현실에 대한 눈멂(Realitätsblindheit): '프랑스 유형'의 지성인들에 대한 레이몽 아롱의 비판"이라는 글은 아롱의 『지식인의 아편』을 다음과 같이 요약, 소개한다. 즉 아롱은 이 책에서 영국인에게 계승되는 실용주의적 상식(Common Sense)의 전통과 "프랑스인들의 이데올로기적-현실 괴리적인 유토피아주의"를 대조시킨다. 프랑스인 아롱은 프랑스 지성계에 만연한 "비이성적인 지성인 유형"을 비판한다.

> 소위 '프랑스 유형' 지성인들의 소위 비이성(Unvernunft), 특히 어리석음은 정치와 사회에 대한 뿌리 깊은 괴리와 소외(Entfremdung)로 인한 것인데, 이것은 또한 프랑스 지성인들의 이데올로기도취(Ideologierausch)와 현실에 대한 눈멂(Realitätsblindheit)과 관련된 것으로 보인다.

학생 시절 사회주의와 막시즘을 공부하기도 한 아롱은 공산주의적 "신앙"이라는 "신화"를 학문적으로 해체하려고 했다. 그는 "유토피아적인 사

33　Raymond Aron, *Opium für Intellektuelle oder Die Sucht nach Weltanschauung (L'Opium des Intellectuels),* trans. by Klaus-Peter Schulz (Köln : Kiepenheuer und Witsch, 1957).

회실험"(utopische Sozialexperimente)의 위험을 분석한다. 그는 사회주의, 공산주의 막시즘이라는 "정치적 신화들," "역사의 우상화"(l'idolâtrie de l'histoire) 그리고 프랑스 지성인들의 현실로부터의 괴리와 소외(Entfremdung der Intellektuellen) 등을 이데올로기-비판적으로 분석하면서 지성인들의 오류(erreurs intellectuelles)를 지적한다.[34]

문화막시즘이나 철학적 사회주의라 할 수 있는 포스트모더니즘 그리고 프랑크푸르트 학파의 비판 이론에 이러한 이데올로기적이고 현실 괴리적인 유토피아주의가 강하게 자리잡고 있다. 그들은 사회주의와 막시즘이라는 일종의 지적인 아편에 강하게 도취되어 있어서 자유주의와 자본주의라는 세계체제의 선함과 공헌을 결코 인정하지 않으려고 하면서 끊임없는 혁명적 사유를 통해서 현실로부터의 유토피아주의적 괴리, 소외, 소격, 기이화 효과를 확대 재생산하려고 한다.

비판 이론이나 포스트모더니즘에서 발견되는 괴리적이고 소외적이고 소격적이고 기이한 사유들은 바로 이러한 사회주의 혁명이라는 유토피아주의로부터 파생된 것이며, 신학적으로는 유대-기독교신학에 대한 새로운 영지주의의 복수의 의미가 존재한다.

레이몽 아롱은 사회의 본성(la nature sociale), 호모 폴리티쿠스의 본질(l'essence de l'homo politicus)에 대한 사회인류학적 근본전제로부터 출발해서 프랑스 지식인들의 막시즘을 비판했다.[35] "경험, 지혜 그리고 현실"(Expérience, sagesse und réalité)이라는 개념들은 자유주의 사상가인 아롱이 막시즘적 "스콜라주의"가 생산한 논증고리들을 비판하기 위해 사용한 주요한 개념적 도구들이었다.

아롱에 의하면, "이성에 봉사하는 폭력"(Gewalt im Dienste der Vernunft)에 대한 "프로메테우스적인 고삐 풀기"(prometheische Entfesselung)라는 수단을

---

[34] 정명환, 장 프랑수아 사리넬리, 변광배, 유기환(공저), 『프랑스 지식인들과 한국전쟁』 (서울: 민음사, 2004).
[35] Raymond Aron, *L'opium des intellectuels* (Paris: Hachette Littératures, 2002), 109.

통해서 사회주의 혁명이라는 묵시록적 근본 사건들은 "하나님 나라를 지상에 강제하고자 했다." 레이몽 아롱은 사회주의자들의 "이데올로기적인 시학"(ideologische Poesie)을 "현실이라는 산문"(Prosa der Realität)으로 끄집어 내리고자 했다.[36] 레이몽 아롱은 이 책의 세 번째 부분에서 '민중의 아편' 으로서의 막시즘이라는 "종교"에 대해서 비판적으로 분석한 시몬 베유 (Simone Weil)를 논의하고 있다.[37]

프랑스의 여성 철학자 시몬 베유는 이렇게 주장했다.

> 막시즘은 의심할 여지 없이 가장 낮은 단계에서의 의미로 볼 때 하나의 종교이다…막시즘은 지속적으로 민중의 아편으로 사용되어 왔다.[38]

새로운 종교로서의 막시즘이 민중의 아편으로 작용한다는 시몬 베유의 통찰은 사회주의를 기본적으로 집단주의와 전체주의로 이해하는 오스트리아 학파(미제스, 하이에크)의 관점을 따르는 이 책의 결론에 주요한 도움을 주고 있다. 특히 르네 지라르를 전공한 학자로서 사회주의에 대해서 비판적인 이유는, 세계 신화 자체가 기본적으로 일종의 '사회주의' 텍스트이기 때문이다.

마녀사냥의 텍스트와 박해의 텍스트인 세계 신화에는 서구 기독교적 의미에서 '개인'이 존재하지 않는 폭력적 만장일치의 텍스트다. 그렇기에 오스트리아 학파의 미제스와 하이에크 등이 강조하는 것처럼, 서구 기독교적인 토양에서 점차적으로 성장한 개인주의는 근대성의 문명사적 업적인 것이다. 집단주의로서의 사회주의 운동은 지라르가 세계 신화 속에서

---

36 Aron, *L'opium des intellectuels*, 101, 110.
37 Aron, *L'opium des intellectuels*, 53.
38 Aron, *L'opium des intellectuels*, VII. Riccardo Bavaj, "Ideologierausch und Realitätsblindheit. Raymond Arons Kritik am Intellektuellen 'französischen Typs,'"(https://zeithistorische-forschungen.de/2-2008/4408#pgfId-1038489).

분석하는 미메시스적인 집단 전염, 집단 유행, 니체가 철학적으로 찬양한 디오니소스적인 집단 도취와 얽혀 있다.

시몬 베유의 깊은 신비적이고 철학적 사유는 르네 지라르에게도 큰 영향을 주었는데, 필자는 오스트리아 인스부르크대학교의 기독교 사회론(Christliche Gesellschaftslehre) 분야에서 르네 지라르를 연구할 때 독일 헌법학자 칼 슈미트(Carl Schmitt) 연구세미나뿐 아니라, 사회적 짐승과 군중의 병리학을 다룬 시몬 베유 강독세미나 '시몬 베유의 신비와 정치'에 참석해서 연구한 바 있다. 특히 시몬 베유의 『중력과 은총』을 깊게 읽었다.[39]

지라르는 인간 상호간의 관계들을 지배하는 사회적 메커니즘을 충실하게 묘사하고 있다는 점에서 베유를 위대한 작가로 평가한다. 베유는 『거대한 짐승』(The Great Beast, le gros animal)에서 이를 다루고 있다. '거대한 짐승'은 플라톤의 작품에 우선 등장하는데, 그것은 군중의 편견들과 열정들을 대변한다. 또한, '거대한 짐승'은 요한계시록에도 등장하는 짐승의 우상을 의미하기도 한다.

베유에 의하면, 사회는 우상이다. 사회는 동굴이다. 그 동굴을 빠져나오는 길은 고독이다. "사회적 메커니즘에 대한 명상이 이 점에 있어서 일차적으로 중요한 정화이다"라고 베유는 적고 있다.

시몬 베유, 르네 지라르, 오스트리아 학파 등의 통찰 등을 통해서 볼 때 집단주의로서의 사회주의는 거대한 짐승을 모습을 지닌다. 독일 민족사회주의(나치), 소련 사회주의, 북한 사회주의, 마오쩌둥의 문화대혁명 운동, 캄보디아의 거대한 대학살 사건 '킬링필드'를 일으킨 공산주의 혁명가 폴 포트(Pol Pot) 등 현대의 대부분의 사회주의 운동은 거대한 군중을 동원하는 거대한 짐승의 우상을 지닌다.

한나 아렌트가 잘 분석했듯이 20세기의 전체주의 운동은 모두 만장일치적인 사회주의 운동이었다. 히틀러의 독일 나치는 민족사회주의(National-

---

[39] Raymond Aron, *The Opium of the Intellectuals* (Transaction Publishers, 2011), vii.

sozialismus)였고, 스탈린의 공산주의는 국제사회주의였다.

1987년의 어느 인터뷰에서 지라르는 시몬 베유가 자신의 미메시스 이론에 미친 영향에 대해서 자세하게 밝혔다. 지라르는 특히 호머의 『일리아드』에 대한 그녀의 독창적인 해석과 플라톤의 알레고리 '거대한 짐승'에 대한 그녀의 이해가 모방적 욕망과 폭력에 대한 사회적 메커니즘을 이해하는 데 큰 영감적인 성찰을 제공했다고 밝혔다. 베유는 소용돌이치는 폭력의 메커니즘을 연구하고 그 폭력의 가속화를 중단시키는 길을 찾으려고 했다는 것이다.

베유의 작품 『일리아드: 힘에 대한 시』(*L'Iliade ou le poème de la force*)는 지라르에게 큰 영향을 주었다. 지라르가 사회적 상호관계를 지배하는 "심리학적 법칙들"의 메커니즘을 발견했을 때, 베유는 그녀가 "가혹한 필연성"이라고 부른 세상의 질서에는 인간의 사회적 행위로 파악되어야 할 필요가 있는 법칙들을 가지고 있다고 보았다. 『일리아드』에서 두 반대자들은 비극적 투쟁으로 인해 점차적으로 쌍둥이가 되어간다. 지라르는 베유의 이 작품이 자신의 짝패 이해에 도움을 주었다고 말한다.

우리는 이 책에서 이후 20세기의 두 전체주의 운동인 독일 민족사회주의 운동을 일으킨 히틀러와 소련 국제사회주의(공산주의) 운동의 스탈린이 시몬 베유와 르네 지라르가 분석하는 비극적 투쟁으로 인해서 점차적으로 쌍둥이가 되어가는 '적과 같은 쌍둥이'(twin enemy)로도 파악될 수 있다고 주장할 것이다. 히틀러와 스탈린은 적이었지만 동시에 사회주의 운동이 낳은 쌍둥이였다. 이 주제는 이후 다시 자세하게 논의될 것이다.

시몬 베유는 이 『일리아드』에 관한 작품을 제2차 세계대전이 발발하려 할 때 적었는데, 그녀는 자신의 생각을 이 고대의 그리스 서사시 속에서 전개했다. 그녀에 따르면, 호머는 이 작품에서 영원히 지속하는 힘의 메커니즘을 묘사하고 있다. 베유에 따르면, 이 영웅서사시는 타자에 대한 참된 사랑을 보여주는 따뜻한 관계를 드러내지 않는다. 그것은 힘의 제국 속에서 따뜻한 관계가 부재하고 있는 비극을 묘사하고 있다.

하지만 니체는 소크라테스 이전의 그리스도 비극과 호머의 비극적이고 영웅적인 투쟁의 세계로 되돌아가고자 했다. 베유가 제시하는 해결책은 니체적인 도덕에 대한 초월이 아니라 '거대한 짐승'이라는 사회의 성격에 대한 단순한 인식이다. 『중력과 은총』에서 베유는 거대한 짐승(사회, 집단)은 오직 우상숭배의 대상, 곧 하나님에 대한 유일한 대체물이라고 적고 있다. 베유는 거대한 짐승인 집단, 그룹 그리고 다수의 강력한 힘에 대해서 분석한다. "우리"라는 집단이야말로 우리가 보호와 구원을 위해서 찾는 신이 된다.

베유는 플라톤의 거대한 짐승과 요한계시록의 짐승의 우상으로 상징되는 전체주의적 도시를 거부한다. 베유에게 있어서 최고의 우상은 플라톤의 '국가론'에 등장하는 사회적 짐승이며 또한 요한계시록에 등장하는 짐승이다. 이 사회적 짐승이 하나님이 부재해 보일 때에 하나님에 대한 욕구를 대신 충족시켜 준다.[40]

8. 아우슈비츠와 구소련의 강제수용소(굴락)

독일 여성신학자 도로테 죌레(Dorothee Sölle)가 '현대의 성자'라고 부른 시몬 베유는 노동자의 삶을 관념적이고 피상적으로 논하기를 거부하여 공장노동자와 농장노동자가 되어 생활하였다. 평생을 억압받는 이들의 해방운동에 깊이 투신했다. 인간 조건에 대한 깊은 신비적 통찰이 넘친다. 그녀는 학문적 유행에도 철저히 무관심했다.

시몬 베유 강독세미나에서 필자가 주목했던 것은 그녀가 지식인들의 유행에 대해서 지적한 점이다. 많은 경우 집단주의적 유행으로부터 순수한

---

[40] 시몬 베유의 신비주의와 정치학에 관한 세미나였다. 특히 지라르와 시몬 베유의 사상적 관련성에 대해서 함께 연구했다. Simone Weil, *Schwerkraft und Gnade. Übersetzt und mit einem Nachwort versehen von Friedhelm Kemp* (München: Kösel-Verlag, 1981).

이론은 찾아 보기 힘들다. 일반군중들보다는 더 자기성찰적이지만, 지식인들도 시대정신과 학문적 유행에 전염되고 지배받기도 한다는 지적이다.

학문이론적으로 분석해 보자면, 서구 불교 유행현상도 서구 오리엔탈리스트들의 살롱 문화(salon culture)와 스노비즘(snobbism, 고상한 체하는 속물근성)과 매우 밀접하게 연관되어 있다. 서구 명상불교도 그 동안 유럽 지식인들의 지적 유행이었는데, 21세기에 와서 그 유행의 거품이 터졌다. 20세기 초부터 프랑스와 독일에서 지성인들에게 아편처럼 유행된 사회주의 운동도 '지성인들의 유행'으로 파악될 수 있다.

사회주의는 '지식인의 아편'(레이몽 아롱)이었다. 사회주의는 20세기 지식인들의 아편이었을 뿐 아니라, 지성인들의 지적인 유행이었다. 유럽 68문화혁명, 독일 프랑크푸르트 학파의 비판 이론, 프랑스 포스트모더니즘 속에 흐르는 것은 모두 사회주의와 막시즘이라는 지적인 유행현상이다.

유럽 68운동권 출신이며 아도르노 전공자였던 독일의 노베르트 볼츠(Nobert Bolz) 교수 등이 모두 실존적 성찰을 통해서 고백하듯이 20세기 초 볼세비키 혁명 이후의 유럽 지식인들 사이에 사회적으로 전염된 사회주의 담론은 일종의 유행현상이었다. 사회주의라는 '지식인의 아편'으로부터 계몽적으로 각성하고 '지식인의 유행'으로서의 사회주의에 대해서 보다 비판적으로 성찰하면서 저항하는 유럽의 새로운 89세대가 21세기 유럽을 주도하고 있다.

사회주의와 막시즘에 집단 도취된 당시의 프랑스 지성인들에 대한 레이몽 아롱의 비판은 정치적 동물(homo politicus)인 인간 본성에 대한 "사회인류학적인 근본전제"로부터 출발되었는데, 이러한 그의 인류학적 성찰은 문화막시즘에 대한 문화인류학적 성찰과 비판을 목적으로 하는 이 책의 주제와 맥을 같이한다.

낭만주의 인류학을 전개한 장 자크 루소의 영향으로부터 탄생한 프랑스 초기사회주의와 칼 막스의 사회주의와 공산주의 유토피아주의는 정치

인류학적으로 혹은 문화인류학적으로 볼 때 근거가 약하다. 사회주의 담론에는 인간 본성에 대한 냉철하고 깊은 사유가 부족하다. 모방적이고 경쟁적으로 욕망하는 인간의 본성에 대한 인류학적 성찰로부터 출발해서 이 책은 20세기 후반 풍미했던 문화막시즘에 대해서 문화인류학적이고 정치인류학적으로 비판적으로 분석하고자 한다.

남침설을 주장한 아롱은 당시 프랑스 지성계를 주도하던 좌파에 의해 "미 제국주의자의 주구(走狗)"라고 매도됐다. 상당수 우파 지식인은 좌파의 '낙인찍기'가 두려워 제대로 목소리를 내지 못했다. "아롱과 함께 옳은 것보다는 사르트르와 함께 실수하는 게 낫다"라는 것이 당시 프랑스 지성계의 분위기였다. 하지만 그 이후에는 프랑스에도 레이몽 아롱의 자유주의적 관점과 그의 저서들은 르네상스를 맞이하고 있는데, 이는 21세기 프랑스를 비롯한 유럽 전역의 문화막시즘, 포스트모더니즘 그리고 사회주의 노선(사회민주주의)의 황혼과 퇴조와 얽혀 있다. 20세기 초반 소련 볼셰비키 혁명 여파로 유럽에서 급속도로 번지는 사회주의 운동이라는 사회적 배경 속에서 레이몽 아롱이 1955년 출간한 책이 『지식인의 아편』이다.

레이몽 아롱은 이 책에서 제2차 세계대전 이후의 프랑스 좌파 이데올로기에서 전염병처럼 번진 반미주의에 저항하면서 자유민주주의의 덕목들을 높게 평가하고 있다. 아롱은 다음과 같이 주장한다.

> 역사적 변증법에 의해 필연적으로 도래하는 무산계급의 시대가 억압된 자들을 해방시킨다'는 공산주의 이론은 사이비 종교와 같다. 절대성을 강조하고 오류를 인정하지 않는 사상은 민중을 고난으로 이끌 뿐이다. 거대한 수용소 국가로 전락한 소련의 모습은 이를 대변한다. 진보라는 이름을 내세워 민중을 잘못된 길로 몰아세우는 좌파 지식인은 '막시즘이라는 아편'의 중독자다. 객관성, 보편성과 소통하지 못하는 사상은 억지요 고집일 뿐이다.

아롱은 오류를 인정하지 않는 막시즘의 치명적 결함이 소련의 몰락을 이끌 것이라고 예견했다. 아롱은 소련 체제의 야만성과 폭력성을 비호하는 좌파의 소위 '진보적 폭력론'에 대해서도 비판했다.

> 혁명의 완성을 위해 반혁명 세력에 대한 폭력을 용인해도 좋다는 진보적 폭력론은 도그마(dogma)에 빠진 좌파의 실상을 그대로 보여준다. '새로운 미래'를 건설하기 위해 반문명적인 행위를 허용할 수 있다고 주장하는 자들이 지성인 자격이 있는가. 소련이 자유를 갈망하는 헝가리 국민을 탱크로 짓밟은 것에서 무엇을 보았나. 무엇이 그들에게 인류의 보편적인 가치인 자유와 인권에 눈 감게 만들었는가. 이념의 우상, 독선의 도그마에 빠진 탓이다.

아롱은 막시즘의 폐쇄성은 결국 전체주의로 귀결된다고 분석했다. 아롱은 좌파에 의해 '자본주의 착취 도구'로 매도된 시장경제의 우월성도 강조했다. "인간의 자발성과 창의력을 키우는 자유주의와 시장경제가 인류 진보의 유일한 해결책이다"라고 그는 주장한다.[41]

소련체제의 허구성을 간파한 레이몽 아롱은 사회주의가 '지식인의 아편'이라고 비판했지만, 당시 프랑스 지식인들은 소련을 찬양한 사르트르의 '지식인을 위한 변명'에 더 주목했다. 사르트르는 참여문학의 거장으로 평가받았지만, 강제수용소 논란이 거세었던 시대의 소련을 "비판의 자유가 완벽하게 보장됐다"라고 평가했다가 카뮈와도 결별했다. 당시 네오막시즘을 지향했던 유럽 68문화혁명은 독일 나치 아우슈비츠를 절대적 악인 것처럼, 집중적으로 비판했지만, 굴락(Gulag·강제수용소)으로 대표되는 소련 공산주의의 야만과 폭력에 대해서 집단적으로 침묵했다.

---

41 보다 자세한 내용은 다음을 참고하라: 정일권, 『우상의 황혼과 그리스도: 르네 지라르와 현대사상』(서울: 새물결플러스, 2014).

알렉산드르 솔제니친이 1973년 『수용소 군도』를 펴내면서 구소련의 굴락(Gulag, 강제수용소)은 세상에 알려졌다. 그러나 1917년 러시아혁명 이후 70여 년간 러시아 전역에 설치된 수천 개의 굴락에 약 1,800만 명이 강제 수용돼 최소 450만 명이 숨진 실상은 잘 알려지지 않고 있다. 유대인 600만 명이 숨진 나치의 홀로코스트에 비견될 참상임에도 말이다.[42]

구소련의 강제수용소(굴락)는 북한 정치범수용소의 장면을 연상시킨다. 유럽 68운동권과 독일 프랑크푸르트 학파의 문화막시스트들은 독일 나치를 파시즘으로 명명하고 비판했지만, 히틀러의 독일 나치(Nationalsozialismus)가 레닌과 스탈린의 소련 공산주의와 마찬가지로 사회주의 운동이었다는 사실을 의식적으로 회피하고자 했다. 레닌과 스탈린의 소련 공산주의와 막시즘으로 기운 유럽 신좌파 지성인들은 독일 민족사회주의(나치)를 사회주의라 부르지 않고 파시즘이라고만 불렀다.

한나 아렌트와 오스트리아 학파의 프리드리히 하이에크가 잘 분석하고 있듯이, 20세기의 폭력과 야만을 저지른 두 전체주의 운동은 모두 사회주의 운동이었는데, 이 문제는 이후 보다 상세하게 다룰 것이다.

9. 실증주의 논쟁: 프랑크푸르트 학파와 칼 포퍼

프랑크푸르트 학파의 비판 이론에 내재적인 부정주의의 위험은 비판적 합리주의자를 대변하는 오스트리아의 칼 포퍼와 독일 프랑크푸르트 학파의 아도르노 사이의 '실증주의 논쟁'(Positivismusstreit)에서도 보인다. 이 실증주의 논쟁을 통해서 문화막시즘을 지향하는 독일 프랑크푸르트 학파의 부정주의적 비판 이론과 오스트리아 학파에 속한다고 볼 수 있는 비판적

---

42 [다시 읽는 명저] "'진보'가 오류 인정하지 않으면 도그마," 「한국경제」, 2018년 9월 12일 기사(https://www.hankyung.com/opinion/article/2018091281011).

합리주의자 칼 포퍼의 차이를 엿볼 수 있다. 미제스, 프리드리히 하이에크, 칼 포퍼 등으로 대변되는 오스트리아 학파는 사회주의 전통이 강한 독일과는 달리 영미권의 자유주의적이고 자본주의 시장경제에 훨씬 더 개방적이고 친화적인 입장을 보인다.

실증주의는 관찰이나 실험과 같은 경험적으로 얻은 사실로부터 귀납적 일반화를 통해 지식을 구성한다. 근대의 합리성과 과학적 객관주의의 영향에서 출발한 실증주의는 객관성과 절대적 가치중립, 경험적 관찰에 의한 '검증'을 그 특징으로 한다. 아도르노와 포퍼가 중심이 된 소위 '실증주의 논쟁'은 실증주의에 대한 두 철학자의 비판에서 시작된다.

아도르노는 비판 이론가로서 실증주의를 거부한다. 그가 포퍼에 대해 비판적인 태도를 취하는 근거는 포퍼의 이론을 실증주의의 논리적 연장으로 보기 때문이다. 이러한 이유로 아도르노는 포퍼의 '비판적 합리주의'를 낡은 자유주의적 모델로부터 차용한 객관주의라고 평가절하한다. 그러나 오스트리아 학파와 가까운 포퍼는 아도르노가 생각했던 것과는 달리 실증주의에 대해 비판적이었다.

포퍼는 아도르노와 프랑크푸르트 학파의 비판 이론이 사회에 대한 체계적인 비판을 제시하지 못하는 단지 추상적인 수사학에 지나지 않는다고 간주했다. 비판적 합리주의와 점진적 사회공학을 주장하는 칼 포퍼는 20세기 과학철학과 자연과학 분야의 거장들과 세기적인 논쟁을 한 것으로 잘 알려져 있다. 오스트리아 비엔나의 비트겐슈타인과의 논쟁은 물론이고, 양자역학에 대한 아인슈타인과 보어의 논쟁에 참가한 일, 독일 프랑크푸르트 학파의 아도르노와의 '독일 사회학의 실증주의 논쟁,' '혁명이냐 개혁이냐'라는 주제를 두고 벌어진 프랑크푸르트 학파의 마르쿠제와의 논쟁 그리고 말년에 있었던 과학적 지식의 성장에 관한 토마스 쿤과의 논쟁이 그것이다.

실증주의 논쟁에서 아도르노는 포퍼를 신실증주의자라고 비판했다. 하지만 칼 포퍼는 자신의 입장을 실증주의(Positivismus)가 아니라, 반증주의

(Fallibilismus)⁴³라고 주장했다. 포퍼는 오스트리아 비엔나 모임을 주도한 학자들과 입장이 달랐다. 그는 실증주의자로 불리는 것을 좋아하지 않았다. 과학철학자로서 포퍼의 명성을 높여준 『탐구의 논리』(*Logik der Forschung*)에서 그는 논리실증주의의 학문적 노선에 대해서 동의하지 않았다.

이렇게 실증주의 논쟁은 독일 프랑크푸르트 학파의 비판 이론가들의 변증법적 비판 이론과 오스트리아 학파에 속한다고 볼 수 있는 칼 포퍼의 자유주의적 변혁이론 사이의 논쟁이었다. 오스트리아 학파는 자유주의의 가장 강한 옹호자들이라 할 수 있다. 그렇기에 실증주의 논쟁은 사회주의적 요소가 강한 독일 프랑크푸르트 학파와 자유주의적 전통이 강한 오스트리아 학파 사이의 지적인 논쟁으로 파악될 수 있다.

독일은 프로이센 이후로 사회주의 전통이 강한 나라다. 이후 소개할 20세기 초 독일에서 가장 유명했던 경제학자 좀바르트(Werner Sombart)의 『독일 사회주의』(*Deutscher Sozialismus*)라는 책에서 이 독일 특유의 오래된 사회주의적 전통을 발견할 수 있다.

오스트리아 출신으로서 이후 런던 정치경제대학교(LSE)의 교수를 역임한 칼 포퍼(Karl Raimund Popper)의 비판적 합리주의(Kritischer Rationalismus)와 그 반유토피아적 자유주의의 관점에서 독일 프랑크푸르트 학파의 비판 이론이 지니는 부정주의와 영지주의를 비판적으로 성찰할 수 있다. 칼 포퍼와 오스트리아 학파의 프리드리히 하이에크는 친한 친구였다. 포퍼의 유명한 저서 『열린 사회와 그 적들』은 오스트리아 학파의 주요 이론가인 프리드리히 하이에크에게 헌정되었다.

오스트리아 출신의 칼 포퍼와 프리드리히 하이에크, 두 학자 모두 자유주의를 옹호하는 데 그치지 않고 적극적으로 공산주의에 이론적 비판을 가했다는 점에서 동지였다. 1944년 출간된 하이에크의 『노예의 길』과

---

43 반증주의(反證主義)란 가설이나 이론은 관찰이나 실험에 의해 지속적인 확인을 받게 되며, 반증된 가설이나 이론은 더 우수한 가설이나 이론으로 대체되어 과학이 발전한다는 과학관이다.

1945년에 출간된 포퍼의 『열린 사회와 그 적들』은 공산주의이론을 정면으로 비판하면서 자유주의 사회를 강하게 옹호하는 공통점을 지닌다. "젊어서 마르크스에 빠지지 않으면 바보이고 그 후에도 막시스트로 남아 있는 것은 더 바보"라는 말도 포퍼가 했다.

유럽 합리주의 전통을 침식시키는 니체-하이데거 철학의 계보로부터 탄생한 포스트모더니즘 전통과 연계된 문화막시즘, 반자연과학주의 그리고 사회구성주의(Sozialkonstruktivismus)와의 이론논쟁을 전개함에 있어서 이 책은 막시즘을 비판하고 자연과학을 학문적으로 크게 존중한 20세기 가장 영향력 있었던 과학철학자이자 사회철학자인 칼 포퍼의 입장을 따를 것이다.

칼 포퍼는 젊은 시절 한때 사회주의에 빠져서 오스트리아 비엔나 거리의 노동자가 되기도 했지만, 이후 막시즘을 신랄하게 비판하며 자유민주주의를 옹호하는 대표적인 사상가가 되었다. 칼 포퍼는 과학철학자로서 아인슈타인의 상대성 이론 등 자연과학에도 깊은 조예를 가졌던 인물이다. 칼 포퍼의 자연과학에 대한 친화적이고 열린 자세는 자연과학을 모델로 삼는 전통 이론을 비판하는 독일 프랑크푸르트 학파의 비판 이론과 대조적이다. 반자연과학적 자세는 포스트모더니즘에도 존재한다. 프랑크푸르트 학파의 비판 이론과 포스트모더니즘에서 발견되는 이러한 반자연과학적 정서는 두 학파에 흐르는 문화막시즘적인 부정주의, 초현실주의, 유토피아주의 그리고 영지주의로부터 파생된다고 볼 수 있다.

칼 포퍼의 자연과학적 과학철학과 비판적 합리주의 전통과 정신은 문화막시즘과 연관된 포스트모더니즘의 급진적인 사회구성주의에 대한 비판을 위해서도 필요하다. 동성애 담론과 퀴어 이론 등에서 볼 수 있는 포스트모던적 급진 사회구성주의는 반실재주의적이고 반실체주의적 입장에서 그리고 진화생물학과 같은 자연과학을 반대하는 입장에서 생물학적 성(sex)을 '해체'(deconstruct)하고, 새롭게 사회적 젠더(gender)로 재구성(construct)하려고 한다.

10. 혁명이냐 개혁이냐?: 마르쿠제-칼 포퍼 논쟁

1971년 1월 5일 독일 남부 바이에른에서 백만의 시청자가 지켜보는 가운데 네오막시즘을 추구하는 독일 프랑크푸르트 학파의 마르쿠제와 오스트리아 출신의 자유주의자인 포퍼는 '혁명이냐 개혁이냐'에 대한 세기의 논쟁을 했다. 마르쿠제는 이 논쟁에서 다음과 같이 주장했다.

> 후기자본주의 사회를 인류역사에 있어서 가장 풍요하고 기술적으로 가장 진보한 사회라 명명하였다. 그러나 이 사회는 동시에 인간의 욕구충족과 해방을 강력하게 억압하는 하나의 사회이다. 이러한 억압은 이 사회의 구조의 철저한 변혁에 의해서만 지양될 수 있다. 현대 자본주의 사회는 평화와 자유의 가능성을 가장 효과적인 방식으로 억압하는 사회이다. 오늘날 이러한 억압상태가 사회를 전반적으로 철저하게 지배하고 있으므로 이 사회구조를 근본적으로 변화시킬 때 비로소 이 억압상태를 지양할 수 있다.

칼 포퍼는 (사회주의적 혹은 문화막시즘적인) 혁명을 주장하는 마르쿠제에 대항하면서 다음과 같이 점진적 개혁을 주장한다.

> 우리가 알고 있는 모든 사회의 질서를 살펴보면 거기에는 언제나 부정의와 억압, 빈곤과 무력감이 존재했다. 우리가 살고 있는 서구 민주주의 사회도 그 예외는 아니다. 그러나 우리는 우리의 사회 질서 내에서 이러한 죄악들과 투쟁하고 있다. 그리고 나는 우리 사회 내에서 나타나는 부정의와 억압 및 빈곤과 무력감이 우리가 알고 있는 다른 어떤 사회질서보다도 적다는 것을 믿고 있다. 우리가 살고 있는 서구 민주주의 사회도 불완전한 상태에 있으며 더 많은 개선의 필요가 있지만 지금까지 존재했던 사회 중 가장 훌륭한 사회이다. 그러나 모든 정치적 이념 중 가장 위험한 것은 아마 인간을 완전히 행복하게 만들려는 소망일 것이다. 천국을 땅 위에다 실

현하려는 시도는 언제나 지옥을 만들어 내는 데 그치고 말았다.

칼 포퍼는 종말론적으로 유보된 하나님 나라를 폭력적으로 강제하고 선취하고자하는 사회주의자들의 지상낙원 건설은 결국은 유토피아가 아니라, 디스토피아, 곧 지상지옥을 가져오게 된다고 비판했다. 칼 포퍼의 '열린 사회'(Open Society)는 유토피아적이고 전체주의적인 이상국가 건설을 목적으로 삼지 않고, 경험적이고 다원적이고 인간의 가치를 다양하게 표현할 수 있는 비판과 토론이 자유롭게 허용되는 사회이다.

칼 포퍼는 사회를 급진적으로 재구성하려는 구성주의의 오류(Fehler des Konstruktivismus)을 지적하면서 사회 전체를 재구성하려는 유토피아적 사회공학을 비판했다. 포퍼는 자신의 논문 "유토피아와 폭력"(Utopie und Gewalt)에서 유토피아주의(Utopismus)는 필연적으로 폭력을 동반하기에 그것을 비판한다.[44] 그래서 그는 점진적 사회공학을 제시한다. 칼 포퍼의 논문은 "유토피아와 폭력"(Utopie und Gewalt)은 혁명이냐 개혁이냐에 대한 독일 프랑크푸르트 학파의 마르쿠제와의 논쟁에서 제시된 것이었다.

11. 유럽 68운동의 영웅 폴 포트의 '킬링필드'와 대학살

칼 포퍼의 주장처럼 사회주의 폭력혁명을 통해서 꿈꾸었던 유토피아는 유토피아가 아니라 디스토피아(dystopia)였다. 사회주의 혁명을 통해서 지상낙원이라는 유토피아를 폭력적으로 건설하고자 했던 소련의 강제수용소(굴락), 북한의 정치범수용소과 강제수용소, 킬링필드의 캄보디아, 마오쩌둥의 중국 문화대혁명 운동 당시의 폭력, 야만, 그리고 학살은 모두 지상낙원이 아니라 지상지옥을 가져왔다.

---

[44] 앤 애플바움, 『굴락(상·하)』, Gaga통번역센터 역 (서울: 드림박스 2004).

디스토피아 또는 안티 유토피아(anti-utopia)는 유토피아와 반대되는 공동체 또는 사회를 가리키는 말이다. 이 사회는 주로 전체주의적인 정부에 의해 억압받고 통제받는 모습으로 그려진다. 디스토피아이라는 개념은 자유주의 정치 이론, 또는 정치적 자유주의를 대표하는 고전이며, 자유개념을 주제로 저술된 가장 중요하고 가장 대중적인 문서 중 하나인 『자유론』을 저술한 존 스튜어트 밀이 의회 연설에서 처음 사용한 단어이다. 존 스튜어트 밀은 그의 그리스어 지식을 바탕으로 이것이 '나쁜 장소'를 가리키는 말이라고 언급했는데, 이것은 '디스'(dys, 나쁨)와 '토포스'(topos, 장소)가 결합된 단어이다.

캄보디아의 '킬링필드'는 사회주의적 유토피아가 실제로는 지옥과 같은 디스토피아가 된다는 사실을 잘 보여준다. 이 야만적인 '킬링필드'의 주동자 공산주의적 혁명가 폴 포트(Pol Pot)를 유럽 68운동 학생들은 사회주의 혁명의 영웅으로 숭상했다는 사실은 이후 다시 소개될 것이다. '킬링필드'는 1975년-1979년까지 4년 동안 정치가 폴 포트가 공산주의 체제를 건설하려고 인구의 1/4에 해당하는 200만 명을 대량 학살한 사건이다.

폴 포트는 캄보디아에서 최초로 프랑스 파리 유학을 떠날 정도로 지식인이었다. 하지만 그는 파리 유학 시절 중 공산주의 사상을 학습하면서 자신만의 공산주의 유토피아를 만들 계획을 세우게 된다. 사르트르와 푸코도 가입했던 프랑스 공산당에 가입할 정도로 공산주의 사상에 깊이 심취했던 폴 포트는, 캄보디아로 귀국하여 1975년 미국과 베트남전쟁이 끝나고 미국이 철수한 이후 캄보디아의 친미정권을 몰아내고 공산주의 혁명을 감행했다. 공산주의 혁명이 시작되는 날인 1975년 4월 17일 폴 포트의 세력인 크메르루즈는 온갖 잔인한 방법으로 대량학살을 자행했다.

킬링필드는 오늘날 캄보디아가 대학살 사건을 기억하기 위해 조성한 추모 공간이다. 이곳에서 약 3백만 명의 캄보디아 국민이 폴 포트 정권에 의해 살해됐다. 캄보디아의 공산주의 무장단체를 지칭하는 크메르루즈(Khmer Rouge) 정권은 150만 명을 참수했고 백만 명 이상을 굶겨 죽였다.

당시 캄보디아 인구가 8백만 명이었던 점을 감안해 보면 폴 포트와 공산주의자는 정치적 이유로 인류 역사상 가장 높은 비율의 자국민을 학살했다는 오명을 남긴 셈이다.

폴 포트 정권 아래에서는 사소한 이유로 처형당하거나 노동수용소로 연행돼 아사당하기 일쑤였다. 대도시 거주자들은 본질적으로 부르주아 또는 반동분자로 간주됐고 프놈펜은 거의 대부분이 피난하여 유령 도시로 전락했다. 고등학교와 대학 졸업장이 있는 지식인을 비롯해 경찰과 군인, 정부 공무원, 대학 및 고등학교 교사와 학생들, 심지어는 안경 쓴 사람까지 (아마도 반동적인) 책을 많이 읽어 시력이 나빠졌다며 매일같이 처형했다. 서구 언론은 오랜 시간 크메르루즈의 만행이 실제로 벌어지지 않았다고 믿었으며 주요 좌파 서구 학자들은 이러한 주장을 반(反) 공산주의 선전으로 치부했다.

역사가들은 일반적으로 폴 포트가 중국에 여러 차례 방문하면서 자신의 이데올로기를 발전시켰다는 점을 인정한다. 그는 1965년 중국에 처음 방문했고 중국 공산당(CCP)에 의해 세뇌된 것으로 알려졌다. 그가 주로 참고한 정책은 중국 문화대혁명이었지만 혁명의 막이 내린 후에도 발 빠르게 새로운 공산당 지도자의 지속적인 지지를 확보해냈다. 크메르루즈의 이념은 문화혁명 방식의 마오이즘이었다. 크메르루즈는 공산당의 광범위한 정치, 외교, 경제적 지원이 없었더라면 캄보디아 내전에서 승리하지도, 베트남 및 서구의 압박을 거부하며 수년간 권력을 유지할 수도 없었을 것이다. 중국은 크메르루즈에 무기 대부분을 제공한 것으로 알려졌다.[45]

---

[45] Karl Popper, *Utopie und Gewalt*, in: Kritischer Rationalismus und Sozialdemokratie, Bonn-Bad Godesberg (J. W. Dietz, 1975), 303-315.

12. 영지주의와 사회주의(푀겔린) 그리고 기독교 사회주의

오스트리아 출생의 미국 정치철학자 에릭 푀겔린(Eric Voegelin)은 한스 요나스(Hans Jonas)의 고전적인 영지주의 연구를 정치연구에 적용해서 고대 영지주의와 현대 전체주의적 운동들 사이의 유사성을 분석한 바 있다. 푀겔린은 1969년 미국 스탠포드대학교 후버연구소(Stanford University's Hoover Institution)에서 연구하기도 했다. 르네 지라르를 20세기 위대한 지성으로 자랑하는 스탠포드대학교에는 오스트리아 출신의 칼 포퍼 아카이브가 있기도 하다.

푀겔린에 의하면, 독일 민족사회주의(나치즘)와 국제사회주의(소련 공산주의 운동)는 새로운 영지주의 운동이다. 20세기의 이 두 사회주의적 전체주의 운동은 모두 일종의 '대체종교'(Ersatz-Religion) 혹은 '정치종교'(Politische Religion)[46]로서 "영지주의적 군중 운동"이라는 것이 푀겔린의 기본적인 분석이다.[47] 푀겔린은 한나 아렌트의 『전체주의의 기원』에 대한 책에 대해서 평론을 적기도 했다.[48]

이 책에서는 사회주의 혁명이라는 폭력적 유토피아주의가 기본정신으로 전제된 많은 사회주의 계열의 담론과 학파에는 푀겔린의 분석처럼 새로운 영지주의적 정치 운동의 위험이 있다고 주장하고자 한다. 그 영지주의는 유토피아주의적인 비현실주의와 초현실주의와 관련이 있다.

독일 철학자 노베르트 볼츠의 분석처럼 문화막시즘을 지향하는 독일 프랑크푸르트 학파의 유토피아주의적인 비판 이론도 영지주의적 성격을 지

46　마시모 인트로빈(Massimo Introvigne), "프놈펜으로부터의 서한: 왜 대부분의 중국 관광객은 킬링필드를 가지 않는가?" *Bitter Winter*(중국의 종교적 자유와 인권에 관한 온라인 매거진) 2018년 10월 23일 기사(https://ko.bitterwinter.org/a-letter-from-phnom-penh).

47　Eric Voegelin, *Die politischen Religionen* (StockholmBermann Fischer, 1939).

48　Eric Voegelin, "Science, Politics and Gnosticism in Manfred Henningsen (ed.), The Collected Works of Eriv Voegelin," *Modernity without Restraint* Volume 5 (Columbia : University of Missouri Press, 2000).

닌다. 문화막시즘 전통에서 파생된 주디스 버틀러의 젠더 이론도 진화생물학적 성 자체를 부정하는 새로운 영지주의라는 비판을 받는다. 비판 이론의 유토피아주의적 부정주의(Negativismus)는 영지주의적 성격을 지닌다.

뵈겔린은 고대 영지주의와 현대 정치 이론들, 특히 독일 민족사회주의(나치즘)와 공산주의 사이의 유사성에 주목한다. 그에 따르면, 영지주의적 충동의 뿌리에는 소외 혹은 낯설음(alienation), 즉 사회로부터의 이탈감과 이 소외감, 이탈감과 낯설음은 세계의 내재적인 무질서와 악의 결과라는 신앙이 존재한다고 분석한다.

우리는 앞에서 사회주의적 교육극과 부조리극을 창시한 브레히트의 '기이화 효과'(Verfremdnungseffekt, '소외 효과' 또는 '소격 효과')에서도 이러한 사회주의적 영지주의의 차원을 볼 수 있었다. 사회주의 자체가 뵈겔린의 비판적 분석처럼 현대의 새로운 영지주의 운동의 성격을 지니며, 나아가 문화막시즘은 새로운 문화 헤게모니를 장악하기 위해서 자본주의와 자유민주주의 체제로부터 시민들을 점차 소외시키고, 소격시키고, 이탈시켜서 사회주의적 혁명유토피아를 지향하도록 철학적이고 문화적인 소외 효과와 소격 효과 등을 사용한다. 자본주의 체제에 대한 이탈과 비판을 위한 소외 효과, 소격 효과 혹은 기이화 효과는 문화막시즘의 새로운 전략이다.

이런 영지주의적 소외감과 낯설음으로 인해서 역사 안에서 일종의 지상 낙원을 건설하겠다는, 즉 초월적 "종말(Eschaton)을 내재화"하는(immanentize the Eschaton) 시도를 하게 된다고 뵈겔린은 분석한다. 뵈겔린에 따르면, 영지주의자들은 실제로 하나님 나라에 대한 기독교적 종말(eschaton)을 거부하고 에소테릭한 제의와 행위를 통한 인간적인 구원으로 대체한다.

뵈겔린에 따르면, 막시즘도 "영지주의적"으로 분석할 수 있는데, 그 이유는 막시즘이 프롤레타리아 독재에 의해서 자본주의가 무너진 뒤에 역사 속에서 지상에 완벽한 사회를 건설할 수 있다고 주장하기 때문이다. 즉 사회주의, 공산주의 그리고 막시즘이 영지주의적인 성격을 지니는 그 이류는 바로 초월적인 기독교 '종말론을 내재화하기'(Immanentizing the eschaton) 때문이다. 막시즘은 기독교의 초월적인 종말론적 희망을 역사 속에서 내재화시켜 버렸다. 푀겔린에 따르면, 그러한 기독교 종말론의 내재주의화는 이론적 오류다.

기독교 정통신학에서는 초월적이고 신적인 종말론적 에스카톤을 교회가 하나님 나라의 전위부대로서 부분적으로 선취하는 면도 있지만, 종말론적 유보의 관점에서 마라나타라고 기도하면서 신적이고 초월적인 하나님 나라를 희망하고 기다리는 측면도 분명히 존재한다. 종말론적 선취와 종말론적 유보를 동시에 보아야 한다.

하지만 푀겔린의 분석처럼 막시즘은 기독교 종말론의 신적이고 초월적인 종말을 폭력적으로 강제하고 내재주의화시켜서 역사 속에서 지상낙원을 건설하고자 하는 새로운 영지주의적 정치종교다. 즉 막시즘은 탈초월화되고, 탈종말론화되고, 급진적으로 내재주의화된 '하나님 없는 하나님 나라 운동'이다. 바로 이 사실을 기독교 사회주의자들은 유념해야 한다. 막시즘, 문화막시즘, 프랑크푸르트 학파, 유럽 68문화혁명, 포스트모더니즘 속에 흐르는 사회주의적 유토피아 혁명 운동과 그 혁명 사유는 초월적이고 신적인 기독교 종말(에스카톤)을 세속화시키고 급진적으로 내재주의화 해서 에스카톤을 역사 속에서 폭력적으로 강제하고자 하는 유물론적, 인본주의적 그리고 무신론적 운동이다.

또한, 사회주의적 유토피아주의에 사로잡혀서 항구적인 혁명을 주장하는 그들의 해체주의적 사유는 그렇기에 이 세계를 끊임없이 부정주의적 방식으로만 부정하는 영지주의적 위험을 지니고 있다. 교부 이레네우스 이후로 정통 기독교는 세계의 낯설음(Weltfremdheit)을 강조하는 영지주의를 이단으로 규정하고 창조세계의 선함을 긍정했다. 문화막시즘은 끊임없고 항구적인 반자본주의적 혁명정신을 강조하는데, 이러한 부정주의적 혁명 사유는 이 세계를 긍정하지 못하고, 이 세계 속의 악에만 집중하는 새로운 영지주의적 사유의 위험이 존재한다. 사회주의 담론에서는 자본주의 자체가 '악의 상징'이 되어버렸다.

자본주의의 선함은 존재하지 않는 것인가?

필자는 『질투사회』를 통해서 이제는 상투적으로 변해버린 현대 여러 사회주의자의 반자본주의적 '만트라'에 동의하지 않으면서 자본주의의 장마당(시장경제)과 자유민주주의 체제를 최선의 카테콘으로 '긍정'하고자 했다. 우리는 사회주의적 영지주의에 동의하지 않으면서 자본주의의와 그 장마당(시장경제)의 선함을 긍정할 수 있다.

반자본주의적 담론도 이제는 상투적인 유행이 되어버렸다. 20세기 현실사회주의의 역사는 그 사회주의적 유토피아가 지상낙원이 아니라 디스토피아(지상지옥)였다는 사실을 증명하고 있기에, 유토피아 개념보다는 칼 슈미트가 제안했던 카테콘 개념이 대안 개념이 될 것이다. 사회주의 유토피아주의가 생산한 부정주의적 혁명 사유가 영지주의적이라면, 21세기 세상을 그 불완전함에도 불구하고 '긍정'하는 사유는 기독교 현실주의의 사유라 할 것이다.

독일 프랑크푸르트 학파의 아도르노는 "잘못된 세상에서는 올바른 삶이 존재하지 않는다"(Es gibt kein richtiges Leben im falschen)[49]라는 유명한 유행어를 남겼는데, 이 말은 아도르노의 문화막시즘적인 유토피아 사유가 반영된 것이다. 이 세상 자체가 잘못되었다는 전제가 강한 말이다. 아도르노의 이 유행어도 이러한 부정주의적-영지주의적 유토피아론이 반영된 것이다. 최근 젠더 이론가인 주디스 버틀러도 이 유행어에 대해서 사유한 바 있는데, 현대 사회주의적 유토피아주의를 계승하는 사람들은 불평등, 착취, 소외 등에 의해서 구조적으로 "잘못된" 자본주의 세계 속에서 "올바른 삶"을 살 수 있는지 의심하면서 질문한다.[50]

이러한 맥락에서 유럽 68운동 세대들은 이 세상 자체가 악하고 잘못되었기에 올바르고 도덕적인 삶을 사는 것이 무의미하다 생각해서, 기독교 도덕을

---

[49] *Die Ursprünge des Totalitarismus,* Rezension zu Arendts Totalitarismus-Buch, in: *Über den Totalitarismus. Texte Hannah Arendts aus den Jahren 1951 und 1953.* S. 33-42. Übers. Ursula Ludz. Hg. Ingeborg Nordmann. HAIT, Dresden 1998.

[50] Theodor W. Adorno: *Minima Moralia* (Gesammelte Schriften 4, Frankfurt a.M. 1997, 43.

거부하고 성적인 일탈의 삶을 살고 마약도 흡입하고 보헤미안적이고 히피적인 삶, 원시공산주의론이 말하는 성유토피아 등을 실험하고자 했다.

그들은 장 자크 루소가 주장했던 것처럼, 사회불평등의 기원을 사유재산을 비롯한 사회구조에서만 발견하고 사회불평등의 보다 궁극적 기원이 인간 욕망의 모방적이고 경쟁적 근본성격에 존재한다는 사실을 보지 못했거나, 그 사실을 인정하지 않으려고 했다. 자신들은 자본주의 체제가 생산하는 구조악의 피해자라고만 인식하는 피해자 멘털리티(victim mentality)에 빠져서 자신도 갑이 되고 자신도 가해자가 될 수 있음을 인정하지 않으려고 했다.

또한, 무엇보다도 그들은 그들 자신의 불타는 르상티망을 제대로 자기 성찰하지 못했다. 이 (자본주의적) 세계 자체를 "잘못된 악"으로만 보고, 이 세계를 긍정하지 못하고 부정주의적-영지주의적으로만 사유하는 사회주의자들은 자신들을 희생자와 피해자로만 인식하는 멘털리티(vicitm mentality) 속에서 자신들의 모방적이고 경쟁적 욕망, 질투와 르상티망, 증오심 속에 존재하는 악을 보지 못한다. 또한, 그들은 자본주의의 선한 측면도 잘 인정하지 않으려고 한다. 그들은 항상 자본주의 속에서의 불평등, 구조악 등에만 천착하고 집착하는 현대의 영지주의자들로 볼 수도 있다.

그래서 최근 막시스트인 슬라보예 지젝과 자본주의/사회주의 논쟁을 하기도 한 조던 피터슨은 2018년 세계적인 베스트셀러인 그의 책 『12가지 인생의 법칙: 혼돈의 해독제』에서 '세상 탓하기 전에 자기 방부터 청소하라'고 제안한다.[51] '혼돈의 해독제'라는 부제는 포스트모던적 무정부주의로 인한 혼돈을 염두에 둔 것으로 판단된다.

유럽 68운동권의 대표적 학자로서 영지주의적 사유를 담은 베스트셀러 작가이기도 했던 독일의 슬로터다이크(Peter Sloterdijk)도 독일 프랑크푸르트 학파의 비판 이론에 대해서 비판적인 관점을 보이면서 좌파보수적(linkskonservativ)

---

[51] "Vom Geist der Utopie, oder: das richtige Leben im falschen," https://blogs.taz.de/zeitlupe/2017/08/18/vom-geist-der-utopie-oder-das-richtige-leben-im-falschen.

사유를 전개하는데, 그는 지나치게 사회변혁에만 집중하고 개인변혁에는 무관심한 것을 비판하면서 2010년에 출간한 저서 『당신은 당신의 삶을 변화시켜야만 한다』(Du musst dein Leben ändern)⁵²에서 세상 탓하기 이전에 당신의 개인적이고 사적인 삶을 먼저 변혁시켜야 한다고 조언했다.

이러한 새로운 입장에 대해서 슬로터다이크와 깊은 인연을 가진 것으로 알려진 『피로사회』의 저자 한병철은 슬로터다이크가 "신자유주의적 자기 극대화"의 논리 속에서 전개되었다고 비판하면서 '당신은 당신의 사회를 변화시켜야 한다'로 바뀌어야 한다고 주장하기도 했다.⁵³

유럽 68문화혁명권 출신이지만 이후 독일 프랑크푸르트 학파와의 결별을 선언하고 1999년에는 프랑크푸르트 학파의 "죽음"은 선언한고 좌파보수주의로 돌아선 슬로터다이크는 사실 과거에는 유대-기독교 전통을 비판하면서 영지주의적 사유를 변호했던 학자였다. 『유럽 도교: 정치적 동역학 비판』⁵⁴에서 그는 영지주의적인 세계의 낯설음(Weltfremdheit)과 세계도피(Weltflucht)를 주제로 삼았다. 현대 영지주의를 반영하는 『세계의 낯설음』(Weltfremdheit)도 그의 저서다.⁵⁵ 슬로터다이크는 운동을 향한 존재를 가져온 유대-기독교적 전통에 대한 대안을 영지주의에서 발견한다.

슬로터다이크는 1946년 나그 하마디(Nag Hamadi)에서 발견된 영지주의 텍스트들을 아우슈비츠에 대한 답변으로 제시했다. 유럽 68문화혁명 세대를 대표하기도 하는 슬로터다이크는 인터뷰에서 인정하듯이 "향락주의적 좌파"를 포함한 68문화혁명의 행동주의자는 아니었지만, "서정적인 급진

---

52 조던 B. 피터슨, 『12가지 인생의 법칙: 혼돈의 해독제』, 강주헌 역 (서울:메이븐, 2018).
53 Peter Sloterdijk, *Du musst dein Leben ändern. Über Anthropotechnik* (Frankfurt am Main Suhrkamp, 2010).
54 derstandard.at/1369361693437/Die-Politik-verduennt-sich-zur-Geschwaetzigkeit. 보다 자세한 논의를 위해서는 다음을 참고하라: 정일권, 『질투사회: 르네 지라르와 정치경제학』(서울: CLC, 2019).
55 Peter Sloterdijk, *Eurotaoismus. Zur Kritik der politischen Kinetik* (Frankfurt:Suhrkamp Verlag,1989).

주의자"였다. 그는 사회적이고 정치적인 것보다 심리적인 차원에서 혁명적인 것을 추구하려고 했다.

슬로터다이크는 독일 프랑크푸르트 학파의 비판 이론을 점차 떠나서 인도적인 어떤 것에서 대안을 찾는다. 그의 『인간농장을 위한 규칙들』은 결국은 하버마스와 프랑크푸르트 학파의 비판 이론과의 결별을 의미했고 또한 68세대들의 좌파적 전통과의 결별을 의미했다.[56]

독일 프랑크푸르트 학파의 아도르노의 유행어, "잘못된 세상에서 올바른 삶은 존재하지 않는다"(Es gibt kein richtiges Leben im falschen)는 영지주의적이면서도 냉소적인 주장이다.

사실 슬로터다이크도 한때 유럽 68운동권과 마찬가지로 냉소적 이성을 찬양했다. 『냉소적 이성 비판』(Kritik der zynischen Vernunft)[57]에서 그는 "시대는 온통 냉소적이 되었다"라는 명제 하나로 시대정신으로서의 냉소주의를 분석한다. 이제 더 이상 계몽이나 이성을 신뢰하지 않기 때문에 철저하게 냉소적이 되었다는 것이다. 냉소주의가 바로 계몽주의의 극단적 산물이라는 것이라고 그는 보았다.

하지만 슬로터다이크는 사회주의적 유토피아를 향한 혁명적 사유를 포기하지 않는 프랑크푸르트 학파로부터 결별해서 점차 좌파보수적 관점으로 전향한 뒤, 아도르노의 이 유행어와 대조적인 "당신은 당신의 삶을 변화시켜야만 한다"라고 생애 후기에 주장한다. 독일의 대표적인 철학자 슬로터다이크의 경우에서 볼 수 있는 것처럼, 21세기 유럽에서 문화막시즘은 유럽 사회주의(민주적 사회주의) 노선과 함께 황혼기에 접어들었다. 슬로터다이크는 20세기 후반 유럽 68운동에 의해서 강하게 유행된 영지주의

---

56 Peter Sloterdijk, *Weltfremdheit* (Frankfurt: Suhrkamp, 1993).
57 "Sloterdijk, Bhagwan und die 68er," Vortrag von Dr. phil. Florian Roth an der Münchner Volkshochschule, 15.11.2010. file:///C:/Users/USER/Downloads/Sloterdijk_68_Bhagwan.pdf . 보다 상세한 내용은 다음을 참고하라: 정일권, 『르네 지라르와 현대사상가들의 대화: 미메시스 이론, 후기구조주의 그리고 해체주의 철학』 (서울: 동연, 2017).

와 냉소주의의 대변자였는데, 21세기에 접어들어서는 그는 자신의 과거사유로부터 점차 전환해서 보다 보수적 관점을 대변하고 있다.

푀겔린은 "종말(에스카톤)을 내재화하지 말라"(Don't immanentize the eschaton)라고 말한다. 이 말은 '지상천국을 창조하려고 하지 말라'는 의미와 동일하다. 푀겔린에 의하면, 막시즘, 사회주의, 히틀러의 민족사회주의(나치즘)라는 유사종교, 대체종교 그리고 정치종교들은 영지주의적 군중 운동으로서 초월적이고 신적인 차원을 가진 기독교 종말(에스카톤)을 역사 속에서 내재주의화시키고 지상낙원(하나님 나라)을 폭력적이고 강제적으로 건설하겠다는 운동이다. 쉽게 말해 사회주의는 '하나님 없는 하나님 나라 운동'이다. 기독교 사회주의자들도 존재했었고 기독교 사회주의를 여전히 옹호하는 그리스도인들도 있지만, 막시즘에 내재된 유물론적이고 무신론적인 사유 지평을 간과해서는 안 된다.

막시즘을 비롯한 현대 전체주의적인 사회주의 운동은 탈기독교화되고 탈종말론화되고 탈초월화된 내재주의적인 '하나님 없는 하나님 나라 운동'이다. 하나님이 부재할 뿐 아니라, 적극적 의미에서 배제된 영지주의적 정치종교이다. 『신의 살해: 현대 정치적 영지주의의 기원과 형태에 대하여』라는 책에서 푀겔린은 현대 정치적 영지주의 운동에서는 기독교적 신이 부재할 뿐 아니라, 살해당했다고 주장한다.[58] 기독교 사회주의자들은 현대 많은 사회주의 담론과 막시즘 그리고 문화막시즘 속에 내재된 반기독교적 차원과 지평에 대해서 진지하게 성찰해야 한다.

유대인 칼 막스는 푀겔린이 분석한 것처럼, 초월적 종말(the eschaton)을 내재주의화하고 있다. 즉 사회주의의 유토피아주의는 유대-기독교 전통의 종말론(에스카톤)을 폭력적으로 강제하고 선취하고자 하는 정치적 내재주의다. 그렇기에 우리는 희망의 원리를 말한 유대교 공산주의자였던 에

---

58 Peter Sloterdijk, *Kritik der zynischen Vernunft*. 2 Bände (Frankfurt am Main: Suhrkamp, 1983). 페터 슬로터다이크, 『냉소적 이성 비판』, 이진우·박미애 역(서울: 에코리브르, 2005).

른스트 블로흐가 지지한 혁명신학자 토마스 뮌처보다는 열광주의적 종말론과는 거리를 두었던 마틴 루터와 존 칼빈을 따라야 할 것이다.

또한, 사회주의와 공산주의에서 말하는 유토피아보다는 독일 헌법학자 칼 슈미트와 르네 지라르가 말하는 '카테콘' 개념이 대안이 될 것이다. 종말론적 에스카톤을 폭력적으로 선취하고 강제하고자 하는 사회주의적 유토피아주의보다는 유대-기독교적 종말(에스카톤)의 초월성을 인정하는 카테콘 개념이 기독교 현실주의(Christian Realism) 정신에 더 부합할 것이다.

영지주의와 사회주의의 관계에 대한 문제는 21세기 대한민국 정치에서도 생각해 볼 수 있다. 유럽 68운동권과 종종 비교되는 대한민국 86운동권이 주도하는 현 정부의 문재인 대통령은 사회주의를 종종 말하면서 동시에 영지주의적 사유가 강한 도올 김용옥 선생의 저서들을 국민들에게 최근 추천하기도 했다.

지금까지 시몬 베유와 레이몽 아롱을 중심으로 20세기 유럽 '지식인의 아편'으로서의 사회주의와 막시즘에 대해서 분석했다. '지식인의 아편'이라는 표현은 단순한 메타포로만 남지 않았다. 문화막시즘과 사회주의를 지향했던 많은 68운동권 출신의 사람이 초현실적 의식 실험을 위해서 아편과 같은 마약을 실험적으로 사용했다. 미셸 푸코도 LSD(강력한 환각제의 하나) 마약을 사용했다. 사회주의, 영지주의, 초현실주의, 유토피아주의, 부정주의, 디오니소스적 통음난무, 성공동체, 성유토피아, 문화막시즘, 유럽 68문화혁명 세대, 프랑크푸르트 학파, 포스트모더니즘은 모두 복잡하게 얽혀 있다.

13. 계급투쟁으로부터 인정투쟁으로 (악셀 호네트)

독일 프랑크푸르트 학파의 비판 이론에서는 사회주의 혁명 자체는 점차적으로 사라지고 그 혁명적 사유만 발전되었는데, 이 혁명적 사유도 이후 점차 막스적인 계급투쟁(Klassenkampf) 개념으로부터 점차 인정투쟁

(Anerkennungskampf) 개념으로 희석되어 간다. 비판 이론과 연동된 독일의 사회민주주의 노선의 정당(SPD)에서도 칼 막스가 예언한 사회주의 폭력혁명 이념은 점차 약화되어 갔다.

독일 프랑크푸르트 학파의 3세대 학자이자 2001년부터 프랑크푸르트 학파의 산실인사회연구소 소장직을 맡고 있는 악셀 호네트 교수는 인정투쟁(Kampf um Anerkennung, Anerkennungskampf) 개념을 중심으로 자신의 사유를 전개해 나가는데, 이 인정투쟁 개념은 칼 막스가 말한 계급투쟁(Klassenkampf) 개념을 대체하고 있는 듯하다.[59]

한국 좌파 진영에서도 21세기에 고전적 막시즘에서 말하는 계급투쟁이냐 아니면 악셀 호네트 등이 말하는 인정투쟁이냐에 대해서 논쟁하고 있다. 21세기 현대 비판 이론의 전선은 계급투쟁이냐 인정투쟁이냐에 따라서 형성된다고 한다. 호네트는 다양한 사회 문제 뒤에 감춰진 사회적 투쟁의 근본 원인을 밝혀낸다. 호네트는 '인정투쟁'이라는 개념을 통해 인간과 사회를 바라보는 독창적인 관점을 제시하며 기존 사회 이론의 토대를 흔든다고 한다.

어떻게 인정받지 못한 채 받아내는 무시와 모욕이 사람들의 분노를 일으키고, 마침내 폭동이나 봉기의 원인이 되는가?

21세기 대한민국에서도 경제적 분배투쟁 못지않게 인정을 받기 위한 투쟁이 중요해졌다. 인정투쟁은 동등한 인간으로 승인받고 인정받고자 하는 욕망이다. 21세기 산업화와 민주화가 진행된 이후 대한민국은 이제 인정투쟁 단계로 접어들었고, 인정투쟁이 본격화되고 있다고 한국 좌파 진영에서도 본다. 인정투쟁 개념은 주디스 버틀러의 이론이나 젠더 이데올로기, 21세기 페미니즘 운동에도 핵심 키워드로 자리잡고 있다. 인정투쟁 개념은 버틀러의 박사학위 논문의 주요 주제이기도 했다.

---

[59] Eric Voegelin, *Der Gottesmord. Zur Genese und Gestalt der modernen politischen Gnosis* (München, 1999).

악셀 호네트에 와서 점차 고전적 막시즘에서 말하는 계급투쟁이 점차 희석되고 보다 보편적으로 인정투쟁 개념으로 사회를 이해하게 된 것은 긍정적으로 평가할 수 있다. 고전적 막시즘에서의 자본가/노동자의 계급 투쟁적인 이항대립이 포스트모던적 신좌파나 문화막시즘에 와서는 억압자/피억압자의 이항대립으로 대체된 면도 존재하지만 계급투쟁보다는 더 보편적으로 확장된 인정투쟁 개념으로 비판적 사회 이론을 전개하는 것에 대해서는 긍정적으로 평가한다.

하지만 보다 넓은 인정투쟁 개념을 중심으로 후기자본주의 사회를 비판적으로 분석할 때에는 인정투쟁이 생산하는 그림자인 질투, 르상티망, 증오에 대해서도 학문적으로 인정되고 비판적으로 성찰되어야 한다. 사회주의 계열의 담론에서 이러한 르상티망의 사회심리가 종종 발견된다. 21세기에는 많은 유럽의 철학자가 르상티망의 심리정치학에 대해서 분석하고 있다.[60]

인정투쟁 개념은 지라르가 분석하는 모방적 욕망과 연관되어 있기도 하다. 르네 지라르는 자신의 『낭만적 거짓과 소설적 진실』(*Mensonge romantique et vérité romanesque*)이 1961년 프랑스에서 출판되었을 때,[61] 많은 사람이 자신을 헤겔의 위대한 평론가인 알렉산드르 코제브(Alexandre Kojève)의 후계자로 보기를 원했다는 사실을 언급한다. 당시 많은 사람은 지라르의 이론을 헤겔 사상의 새로운 버전을 제시하는 것으로 이해했는데, 이는 모방적 욕망은 헤겔 이론에 있어서의 인정투쟁 개념이 새롭게 표현된 것에 불과하다고들 보았기 때문이다.

---

60 Axel Honneth, *Kampf um Anerkennung* (Frankfurt/M. 1994); 『인정투쟁: 사회적 갈등의 도덕적 형식론』, 문성훈, 이현재 역 (사월의책, 2011); 악셀 호네트/낸시 프레이저 공저, 『분배냐, 인정이냐?: 정치철학적 논쟁』, 문성훈, 김원식 역 (사월의책, 2014).

61 보다 상세한 내용은 다음을 참고하라: 정일권, 『질투사회: 르네 지라르와 정치경제학』 (서울: CLC, 2019).

지라르는 헤겔의 이론이 배경으로 염두에 두고 있었다는 사실을 인정하면서도 그것이 헤겔의 인정투쟁 개념과 동일하다는 것은 부인한다. 생사를 건 인정투쟁(Anerkennungskampf)은 헤겔의 『정신현상학』의 '자기의식' 편에서 핵심적인 개념이다. 헤겔 사상의 역사발전 법칙을 주인과 노예의 투쟁으로 이해한 코제브는 헤겔의 『정신현상학』에서 논의된 '주인과 노예의 변증법'을 논평했는데, 그에 따르면 주인이란 생계를 걸고 인정투쟁을 포기하지 않는 사람이고, 노예란 생계를 부지하기 위해 인정투쟁을 포기한 사람이라는 것이다.[62]

모방적 욕망과 깊게 관련된 인정투쟁의 그림자인 질투, 증오, 르상티망에 대해서도 지라르를 분석한다. 인정투쟁은 모방적이고 경쟁적 욕망으로 촉발되고 가속화된다고 볼 수 있다. 지라르는 욕망의 주체와 중개자와의 거리를 논하면서 외적 중개와 내적 중개에 대해서 말한다. 주체와 욕망의 중개자의 거리가 가까울 경우 주체와 중개자 사이에는 욕망의 경쟁이 가능해진다. 즉 내적 중개의 경우 모방은 감추어지고 중개자와의 경쟁이 심화된다.

내적 중개의 주체는 자신의 모방을 감춘다. 주체는 욕망의 중개자를 모방하지만 그 모방은 중개자에 의해서 제지된다. 중개자는 모델인 동시에 장애물(model-obstacle)이 된다. 라이벌은 점차적으로 서로 닮아간다. 경쟁은 쌍둥이를 만들어 낸다. 이 매력-혐오(attraction-repulsion)가 르상티망이라는 모든 형이상학적인 병리학의 기저에 존재한다고 지라르는 분석한다. 모델인 동시에 장애물에 대한 나의 숭배 그리고 그의 존재 자체에 대한 나의 형이상학적 욕망이 나로 하여금 살해하게까지 한다.[63]

현대는 욕망의 자발성을 옹호하고 욕망의 중개자와 모방을 감춘다. 현대로 들어오면서 독창성과 자발성이 강조되고 모방은 경시되고 있지만,

---

62 René Girard, *Mensonge romantique et vérité romanesque* (Paris: Grasset, 1961).
63 Ibid., 30-2.

그 안에는 모방의 새로운 형태가 숨어 있다. 질투, 증오, 혐오감과 같은 현대적인 감정이 확산되는 것은 오히려 타인에 대한 병적인 관심과 모방이 감추어지지만 만연하고 있음을 보여준다.

지라르는 르상티망이야말로 전형적인 현대인의 감정이자 질병이라고 진단한다. 이미 스탕달과 토크빌이 이 전형적인 현대인의 질병을 분석했고 니체도 이것에 대해서 지적했지만, 지라르에 따르면 니체는 이 르상티망에 대한 비판의 대상을 잘못 정했다고 보았다.[64] 반자본주의적인 사회주의 담론에서도 이 르상티망의 사회심리학과 군중심리학이 존재한다는 사실을 간과해서는 안 된다.

호네트에게 '인정'은 인간이 자신의 삶을 성공적으로 실현시킬 수 있는 사회적 조건이자 개인들이 자신에 대한 긍정적인 관계, 곧 긍정적 자기의식을 찾아낼 수 있는 심리적 조건이기도 하다. 인정받지 못하는 사람은 특히 사회적으로 '모욕'이나 '무시'를 받을 경우 분노라는 심리적 반작용을 일으키고 이 분노는 사회적 투쟁에 나서는 심리적 동기가 된다.

인정 욕망을 둘러싼 투쟁은 상호인정에 이를 때까지 계속된다. 모욕이나 무시가 불의한 것이라면, 인정투쟁은 도덕적인 일이 된다. 물론 호네트의 분석처럼 모욕과 무시는 불의한 것이지만, 인정받지 못한 경우에 발생하는 분노, 증오, 질투, 르상티망의 문제를 인정하지 않는 자들의 책임으로만 돌릴 수는 없다. 모방적 욕망으로 촉발된 인정투쟁의 어두운 그림자인 증오, 질투, 르상티망의 문제에 대해서도 자기성찰적으로 사유되어야 한다. 가인도 아버지로부터 '인정'받지 못해서 동생 아벨을 향한 질투심으로 인해 아벨을 살해하게 된다.

인정투쟁 개념은 퀴어 이론과 젠더 이데올로기의 가장 핵심적인 이론가인 주디스 버틀러와 현대 페미니즘 운동에도 주요한 키워드가 되었다. 젠더 이분법을 뒤흔드는 해체주의적 방식으로 전개하는 인정투쟁이며, 인정

---

[64] Ibid., 31.

은 정체성 인정을 넘어 기존의 정체성을 해체하는 운동이라고 주장된다.

주디스 버틀러를 비롯한 현대 레즈비언 페미니스트들은 젠더 이분법을 해체주의적인 방식으로 파괴하고자 하지만, 정작 해체되어야 할 것은 젠더 이데올로기가 계승하고 있는 문화막시즘적인 억압자/피억압자의 이항대립일 것이다. 이 문화막시즘으로부터 진화된 억압자/피억압자 사이의 계급투쟁적인 이항대립을 해체해서 토마스 홉스적인 관점에서의 '만인에 대한 만인의 인정투쟁'으로 보다 보편적으로 확장해서 논의해야 할 것이다.

고전적 막시즘에서의 자본가/노동자 사이의 계급투쟁이 인정투쟁 개념으로 보다 확장되는 것은 긍정적으로 평가할 수 있지만, 인정투쟁 개념을 핵심개념으로 삼는 프랑크푸르트 학파의 악셀 호네트나 주디스 버틀러와 같은 젠더 이데올로기 이론가들은 인정투쟁 개념도 여전히 문화막시즘에서 말하는 억압자/피억압자 사이의 새로운 계급투쟁적 이분법과 이항대립의 관점에서 파악하고 있다.

인정투쟁 개념은 억압자/피억압자라는 이항대립 속에서만 파악할 것이 아니라, 만인에 대한 만인의 인정투쟁의 차원에서 이해해야 할 것이다. 악셀 호네트와 젠더 이데올로기를 주장하는 급진 페미니즘 학자들은 인정투쟁을 여전히 막시즘적인 세계관 속에서만 논의하려고 한다. 인정투쟁은 계급투쟁적인 개념이라기보다는 만인에 해당하는 보편적 개념이다. 노동자도 피억압자도 약자도 성소수자도 모방적이고 경쟁적으로 욕망하는 호모 미메티쿠스(*homo mimeticus*)다.

젠더 이데올로기에서 주장하는 것처럼, 남녀라는 생물학적 성 차이와 그 이항대립를 해체할 것이 아니라, 억압자/피억압자라는 문화막시즘의 새로운 계급투쟁적 이항대립을 해체해야 할 것이다. 젠더 이데올로기는 젠더의 유동성을 주장한다. 하지만 보다 유동적이고 유체적으로 파악해야 할 것은 계급투쟁과 인정투쟁 개념이다. 억압자/피억압자라는 문화막시즘적인 계급투쟁적이고 인정투쟁적인 이항대립을 토마스 홉스적인 의미에서 만인에 대한 만인의 인정투쟁으로 확장시켜서 사유해야 한다.

 젠더 유동성을 주장하는 문화막시즘의 젠더플루이드(Genderfluid) 개념은 젠더퀴어의 종류로 성별이 유동적으로 전환되는 젠더이다. 여성과 남성은 물론이고 안드로진, 에이젠더 등과 같은 다양한 젠더 사이를 의식적 혹은 무의식적으로 오간다고 한다. 아침에는 남자, 저녁에는 여자가 될수도 있다고 한다. 각각의 젠더에 머무르는 시간은 짧으면 분 단위부터 길면 년 단위까지 정해진 바가 없으며, 바뀌는 성별 또한 일정한 패턴 없이 불규칙적이라고 주장한다.

 그들은 모든 젠더를 가졌다고 자각하는 팬젠더도 주장한다. 진화생물학을 부정하면서 젠더 개념을 이렇게 유동적이고 유체적으로 확장해야 한다고 주장하지만 막스적인 이항대립은 고집하고 있다. 막시즘과 문화막시즘이 집착하고 천착하는 계급투쟁 혹은 인정투쟁적 계급투쟁을 보다 보편적으로 만인에 대한 만인의 인정투쟁으로 해체해서 성찰해야 한다.

 자본가/노동자, 갑을 관계, 억압자/피억압자와 같은 문화막시즘의 이항대립을 해체해야 한다. 이 억압자/피억압자의 이항대립 자체가 유동적이고 유체적이다. 그렇기에 인정투쟁 개념도 만인에 대한 만인의 인정투쟁으로 보다 보편적으로 파악해야 할 것이다. 피억압자뿐 아니라, 억압자도 인정받기를 욕망한다.

 주디스 버틀러 등은 남녀라는 생물학적 두 이항대립을 해체시켜서 그 사이의 수많은 젠더를 만들어 내지만, 필자는 이러한 억압자/피억압자라는 문화막시즘적인 이항대립이 매우 유체적이고 유동적이라고 본다. 우리는 아침에는 을로서 피억압자였다가도 오후에는 갑과 억업자가 될 수 있다. 우리는 피억압자일때도 있지만, 때로는 억압자일수도 있다, 문화막시즘에서 말하는 억압자와 피억압자라는 이데올로기적 이원론 사이에 존재하는 수많은 복잡한 경우를 보아야 한다.

 억압자/피억압자라는 계급투쟁적 이분법에 갇혀있는 문화막시즘적인 포스트모더니즘과 젠더 이데올로기는 사회주의에 깊은 영감을 제공한 장 자크 루소적인 관점에서가 아니라, 토마스 홉스적인 관점, 곧 만인에 대한 만인의 인정투쟁에 대한 이해로까지 나아가야 한다. 이후 논의하겠지만, 21세기 문화막시즘이나 사회주의 계열의 담론에 기본적으로 흐르는 정서는 피해자 혹은 희생자 멘털리티다.

자본가/노동자 사이의 계급투쟁이나, 문화막시즘에서 말하는 억압자/피억압자 사이의 계급투쟁적 인정투쟁보다는 더 넓게 만인에 대한 만인의 인정투쟁 개념이 더 보편적이고 과학적이라 할 수 있다. 피억압자도 억압자가 될 수 있으며, 억압자도 피억압자가 될 수 있다. 자본주의와 자유민주주의 사회에서는 이 두 '계급' 사이의 관계는 유동적이다. 자본주의 사회는 장마당을 통해서 서민 갑부도 가능케 하는 역동적 시스템이다. 자본가도 노동자로 전락할 수 있는 폭력적으로 역동적인 시스템이다.

Twilight of Cultural Marxism

제3장

프로이트막시즘(동성애 운동, 퀴어, 젠더)은 사상누각이다

1. 성혁명, 성정치, 성유토피아 (빌헬름 라이히와 마르쿠제)

문화막시즘은 한마디로 칼 막스의 정치경제학에 프로이트의 정신분석학이 이론적으로 융합된 프로이트막시즘(Freudomarxismus)이다. 독일어 위키피디아에는 프로이트막시즘을 다음과 같이 정의한다.

> 프로이트막시즘은 유럽의 신좌파(68운동)의 이론적 기초를 제공했다. 자본주의 국가는 고도의 노동성취를 위해서 성을 억압하게 되는데, 오스트리아 출신의 빌헬름 라이히(Wilhelm Reich)에 따르면, 이는 군중 노이로제를 일으킨다. 그렇기에 '새로운 인류'의 해방과 자율성을 위해서는 사회적 관습으로부터 성을 자유롭게 독립시켜야 한다고 라이히는 주장한다. 프로이트막시즘의 기초를 수립한 학자는 빌헬름 라이히다. 국내에는 라이히의 성혁명과 성정치에 대한 다수의 책이 이미 번역되어 있다. 그의 프로이트막시즘은 독일 프랑크푸르트 학파에 속하는 에릭 프롬(Erich Fromm)에 의해서 수용되었고, 무엇보다도 마틴 하이데거에 의해 영감받은 마르쿠제(Herbert Marcuse)에 의해 계승되었다.

이 프로이트막시즘은 독일 프랑크푸르트 학파의 비판 이론, 프랑스 포스트모더니즘 그리고 막시즘적이고 정신분석학적인 포스트모던 급진페미니즘 모두에 자리잡고 있다. 우선 '성혁명의 아버지'라 할 수 있는 오스트리아 출신의 빌헬름 라이히, 그리고 빌헬름 라이히의 성혁명 이론과 가장 밀접한 관련이 있는 유럽 68문화혁명의 멘토이자 구루(Guru)였던 프랑크푸르트 학파의 마르쿠제(Herbert Marcuse)를 논의하고 그 이후에 퀴어 이론과 젠더 이데올로기의 '여제사장'으로 평가받는 주디스 버틀러와 프로이트막시즘 전통에 서 있는 포스트모던적 급진페미니즘 이론을 비판적으로 논의하고자 한다.

21세기 유럽의 사회주의자들도 사회주의 혁명은 일어나지 않을 것으로 보지만, 유럽 68세대들이 시도했던 성혁명은 성공적으로 일어났으며 지금도 지속적으로 영향력을 확대하고 있다. 유럽 68세대들의 성혁명과 성정치 운동은 21세기 퀴어 이론, 젠더 이데올로기 그리고 동성애 담론 등으로 이어진다.

정치경제 영역에서의 사회주의 혁명은 일어나지 않는다고 사회주의자들 자신들도 보지만, 성공적으로 영향력을 확대하는 사회주의 혁명 분야가 있는데, 그것은 바로 성혁명 운동과 이것과 관련된 성정치 운동이다. 문화막시즘의 성혁명은 성공적으로 발생했고, 발생하고 있고, 앞으로도 그 영향력을 글로벌하게 행사할 것이다.

21세기 글로벌 사회주의 운동에 있어서 환경문제, 다문화정책과 함께 이러한 성혁명적이고 성해방적인 성정치 운동과 젠더 이데올로기는 중요한 축을 이루고 있다. 성혁명이라는 개념 자체가 섹슈얼리티(성)에 대한 프로이트적인 정신분석학과 사회주의 혁명이라는 칼 막스의 정치경제학이 융합되어서 탄생한 개념이다.

『성혁명』이라는 책의 저자이자 유럽 68문화혁명 세대들의 성혁명과 성정치 운동의 기원이 된 오스트리아 출신의 빌헬름 라이히(Wilhelm Reich)는 프로이트의 제자였지만, 이후 정신분석학회에서 추방되었는데, 그 이유는 라이히가 정신분석학회에 공산주의 사상을 도입하고자 했기 때문이다.

빌헬름 라이히의 프로이트막시즘은 이후 유럽 68문화혁명 때 깊게 수용되었다. 그의 책은 68운동 당시 광범위하게 읽혔다. 특히 라이히는 "아이들의 성(Kindliche Sexualität)은 해방되어야만 한다"라고 주장했는데, 그렇지 않을 경우 아이들의 성억압은 파시즘적인 시스템을 생산하게 된다고 주장했다. 그의 주장은 유럽 68운동권에 의해서 수용되었고, 이후 독일연방공화국(BRD)의 학교 성교육 과정에 영향을 주었으며,[1] 여러 다른 학문 분야에서 하나의 신앙고백(Credo)처럼 되었다. 이러한 라이히의 이론에 기초한 독일 조기성교육에는 "소아성애적인 요구"(pädophiler Forderungen)가 포함되어 있어 최근 독일에서도 비판이 제기되고 있다.[2]

빌헬름 라이히는 반권위주의적 교육을 위해서 "세대적인 가정질서의 해체"(Auflösung generationaler Familienordnung)를 주장했다. 이러한 사상은 미국의 여성 운동과 젠더 정치적 개념들에 깊은 영향을 준 프로이트막시즘적인 페미니즘(freudomarxistischen Feminismus)에까지 영향을 주었다. 독일 프랑크푸르루트 학파의 비판 이론도 문화막시즘인데, 특히 프로이트막시즘이라 할 수 있다.

프로이트는 인류 문화는 충동을 억압하거나 거부함으로써 성립된다는 문화철학적 입장을 주장한다. 문화적인 성취란 성에너지를 '승화'한 결과이며, 그에게 있어서는 성억압 내지는 성억제는 모든 문화발전의 불가결한 요소라고 주장한다. 빌헬름 라이히의 성혁명 개념은 그러나 성억압이 전혀 없이 완전히 자유로운 성생활을 하면서도 고도의 문화를 발전시킨 사회가 존재했다는 주장에 근거한다. 프로이트가 말한 성은 사춘기 이후의 성이지만, 빌헬름 라이히는 사춘기 이전의 어린아이들의 성해방을 주

---

[1] Christin Sager: *Das aufgeklärte Kind. Zur Geschichte der bundesrepublikanischen Sexualaufklärung (1950-2010)* (Bielefeld, 2015), S. 129 ff.
[2] Vgl. Günther Deegener (2016), "Bewertung pädophiler Forderungen im Deutschen Kinderschutzbund" (archivierte Version auf Docplayer), S. 3 ff.

장하기에, 소아성애의 문제가 항상 등장한다.

이후에 1980년대까지 이루어진 소아성애에 대한 독일 녹색당의 탈범죄화와 법제화 시도 그리고 소아성애 문제를 중심으로 한 최근의 정치적 스캔들 등을 소개할 것인데, 이러한 소아성애의 문제는 빌헬름 라이히의 이론에서부터 출발한다. 그리고 소아성애의 이론적 근거는 프로이트의 정신분석학의 초석이자 아킬레스건이라 할 수 있는 '오이디푸스 콤플렉스' 이론이다. 어린아이 오이디푸스의 어머니를 향한 근친상간적 성 욕망을 긍정하자는 입장에서 소아성애 이론이 나온 것인데, 이는 소포클레스의 그리스 비극 작품 『오이디푸스 왕』에 대한 현대적 오독과 오해인데, 이는 이후 소개할 것이다.

칼 막스는 부르주아의 결혼을 '평생 계약의 매춘'이라고 보았다. 빌헬름 라이히는 성기 중심의 섹슈얼리티에서 근대성의 병폐를 치유할 수 있는 힘을 보았다. 빌헬름 라이히는 청소년의 성관계를 격려해야 하고, 어린이조차 성관계를 막아서는 안 된다고 주장했다. 그에게 있어서 성욕을 억제하는 것이야말로 모든 악의 근원이기 때문이다. 빌헬름 라이히는 어려서부터 집의 하녀와 성관계를 지속적으로 가졌다고 한다. 또한, 그의 어머니가 가정교사와 불륜을 범한 이후 아버지는 큰 상처와 분노를 경험했고, 결국 어머니는 자살하고, 이후 아버지도 죽게 되었다.

빌헬름 라이히와 마르쿠제와 같은 혁명적 좌파 프로이트 추종자들은 "통음난무(Orgie)를 성유토피아(Sexualutopie)로 설파하기도 했다."[3] 68문화혁명의 구루였던 마르쿠제의 『에로스와 문명』[4]은 프로이트 정신분석학에 대한 성유토피아적 해석인데, 그의 책은 게이 운동과 성정치 운동에 큰 영향을 주었다. 마르쿠제는 이 책에서 성억압으로부터 자유로운 성유토피아

---

[3] Martin Lindner, *Leben in der Krise: Zeitromane der neuen Sachlichkeit* und die intellektuelle Mentalität der klassischen Moderne (Stuttgart, 1994), 28.

[4] Herbert Marcuswe, *Eros and Civilization: A Philosophical Inquiry into Freud* (Boston: Beacon Press. 1974).

적인 사회에 대한 개념을 하나의 조직적인 철학으로 발전시켰다. 이렇게 성유토피아를 주장하는 빌헬름 라이히와 마르쿠제의 책들은 유럽 68문화 혁명 당시에 유행한 히피 운동, 자유로운 성 운동에 크게 영향을 주었으며, 이러한 성유토피아론은 공산주의적인 가정해체 이론과 관련되어 있었다. 당시 자유로운 성유토피아를 꿈꾸었던 젊은이들은 공산주의적 코뮌(Kommune)에서 실제로 자유연애주의, 폴리아모리(polyamorie, 다자성애) 등의 삶을 추구했다.

빌헬름 라이히의 다수의 저서, 즉 『오르가즘의 기능』(Die Funktion des Orgasmus, 1927), 『파시즘의 대중심리』(Die Massenpsychologie des Faschismus, 1933), 『성혁명』(Die Sexualität im Kulturkampf, 1936), 『성정치』(Die Sexuelle Politik) 등이 국내에 번역되었다.

라이히의 『성혁명』이라는 책의 원제는 『문화 전쟁 속의 성』(Die Sexualität im Kulturkampf)인데, 이는 라이히가 지향한 프로이트막시즘적인 성혁명이 기독교 성도덕에 대한 문화 전쟁적인 혁명 운동이었음을 잘 보여준다. 빌헬름 라이히는 프로이트의 제자가 되었고 『오르가즘의 기능』이라는 책을 펴냈지만 프로이트에게 비난을 받았다. 1928년부터 1933년까지 성정치(Sex-Pol) 운동을 전개하다가 공산당으로부터 퇴출당했다.

빌헬름 라이히는 부권제, 결혼제도와 가족제도에서 나오는 권위주의와 성억압적 성향은 파탄을 일으킨다고 했다. 라이히는 말년에 정신질환으로 고통받았는데, 「워싱턴포스트」(The Washington Post)는 "빌헬름 라이히, 섹스의 포로"(Wilhelm Reich, A Prisoner of Sex)라는 제목으로 생애 말년에 "과대망상과 피해망상으로 나타나는 편집증"(paranoia)으로 고통받았던 라이히에 대해서 보도했다.[5] 혹자는 말년에 라이히는 지구가 UFO에 의해서 지속적으로 공격받고 있다는 피해망상으로 고통받았다고도 한다.

---

5 Wilhelm Reich, "A Prisoner of Sex," https://www.washingtonpost.com/archive/entertainment/books/1983/02/06/wilhelm-reich-a-prisoner-of-sex/10e319e7-fab3-4e69-9ce4-5b93b1e91f8c.

빌헬름 라이히는 '성정치 출판사'(Verlag für Sexualpolitik)에서 1932년 『청소년의 성 전쟁』(Der sexuelle Kampf der Jugend)[6]도 출간했다. 제7장 청소년 성에 대한 질문의 정치화(Politisierung der Sexualfrage der Jugend)에서 그는 막시스트로서 청소년 성혁명을 성해방의 조건으로 설정하고서 청소년 성혁명적 성정치를 주장하고 있다.

2. '오이디푸스 콤플렉스'에 대한 오독 (소아성애와 성혁명)

빌헬름 라이히의 저작 『파시즘의 군중심리』[7]에서는 독일 민족사회주의(나치즘)와 자본주의를 파시즘으로 명명하고 있는데, 당시 레닌-스탈린의 소련 공산주의 혁명을 추종했던 라이히와 같은 막시스트들이나 사회주의자들이 독일 민족사회주의(나치즘)를 사회주의라고 부르지 않고 파시즘으로 불렀었다. 빌헬름 라이히는 군중심리적 억압 구조의 원인은 성의 억압 경향과 권위주의적인 가족 구조, 이것이 확장된 민족주의적 국가 구조에서 발견했다.

이 책 제2장은 "파시즘적 군중심리의 권위주의적 가족 이데올로기"라는 제목을 가지고 있다. 공산주의자였던 빌헬름 라이히는 막스-엥겔스의 가르침대로 사회주의 혁명의 장애물인 가족과 결혼제도를 해체하고자 했다. 라이히의 '파시즘의 군중심리'를 논의한 이 책은 이후 프로이트막시즘적 포스트모던 철학자 들뢰즈와 가타리의 책 『안티 오이디푸스』에까지 계승되며 영향을 주었다.

---

6   Wilhelm Reich, *Der sexuelle Kampf der Jugend* (Kopenhagen: Verlag für Sexualpolitik, 1932).
7   Wilhelm Reich, *Die Massenpsychologie des Faschismus* (Kopenhagen: Verlag für Sexualpolitik, 1933).

『안티 오이디푸스: 자본주의와 정신분열』에서는 자본주의가 파시즘으로 파악된다. 네오막시스트들은 독일 나치가 사회주의가 아니라, 자본주의라고 보았다. 그들에게는 자본주의는 곧 파시즘이다. 『안티 오이디푸스』에 대한 비판적 논의는 이후에 등장할 것이다.

빌헬름 라이히의 『성혁명』[8]의 제1부는 "성도덕의 파탄"을, 제2부는 "소련에서의 '새생활 투쟁'"을 다루고 있다. 제1부 제3장은 "성생활의 모순의 토대로서 강제적 결혼제도"이다. 이 책에서 그는 "모든 성개혁의 방해물로서의 결혼도덕"을 파괴하고 해체하려고 한다. 그리고 제5장 "교육장치로서의 강제적 가족"에서도 사회주의 혁명완수를 위해 가족을 해체하고자 한다. "가족의 폐지"라는 제목에서도 이러한 혁명적 목적은 분명하게 나타난다.

그 외 혁명적인 청년과 청년코뮨을 다루고 있고 어린이의 성에 대해서도 긍정하는 논의를 한다. 그의 성혁명의 논점은 어린이, 여성, 청소년의 성을 긍정하는 것이다. 특히 청소년의 성을 긍정하고, 당연히 어린이의 성도 긍정한다. 그리고 어린이의 성교육과 관련해서는 '알몸교육'을 강조한다. 바로 이러한 어린이의 성에 대한 긍정으로 인해서 이후 68운동과 독일 녹색당과 독일 좌파 진영에서는 소아성애 운동이 벌어졌고, 최근에는 그것이 비판적으로 크게 공론화되었는데, 이는 이후 다시 다룰 것이다.

성혁명이란 어린이와 청소년의 모든 성권리를 보장하고, 여성의 성권리를 열렬히 옹호하며, 현존하는 강제적 결혼(가족)제도를 폐지하고, 사춘기 청소년의 성접촉을 허용하며 실제로 권장할 것 등을 포함한다. 특히 청소년들에게는 성욕구를 충족시킬 수 있도록 필요한 공간과 피임기구들을 제공할 것을 강조한다. 그는 이 책에서 러시아 공산주의 혁명을 성혁명의 관점에서 평가한 후 계급해방 담론에 의해 억압된 성 욕망해방 담론을 개방한다.

---

8   Wilhelm Reich, *Die sexuelle Revolution* (Fischer Taschenbuch Verlag, 1966).

『성정치』(Die Sexuelle Politik)는 빌헬름 라이히의 주요 논문들을 엮은 것으로 주로 정치적으로 이용되거나 지배계급에게 유리하게 조작된 성억압 문제에 대하여 다루고 있다. 라이히의 성정치는 1930년대에 사유된 것이다. 여기서 그는 "성적인 강제도덕의 침입"을 다룬다. 라이히는 사회에 광범위하게 퍼져 있는 오르가즘 불능(대중의 성빈곤)을 해소하려고 나섰다.

라이히는 개별 환자와의 임상 경험에서뿐 아니라 노동자 계급 주민들의 성기장애를 주의 깊게 관찰하고 결론을 내렸다. 성기장애는 오르가즘 불능의 표현이며, 신경증의 하나의 증상이 아니라 대표적 증상이다. 그러면서 라이히는 성억압 및 억제의 유래와 그 기능에 대해 관심을 갖게 되었고, 민족학과 사회학에 관심을 갖게 되었다.

성 억압의 역사적 기원을 밝히려는 이 민족학적 글은 모간, 엥겔스, 말리노프스키의 연구들에 입각하여 성억압의 생물학적 기원을 거부하고 사회적 기원을 추적해가고 있다. 가족제도와 결혼제도를 프로이트막시즘적이고 성혁명적으로 해체하려고 하는 빌헬름 라이히의 시도는 엥겔스의 사유에서 나왔다. 엥겔스는 『가정, 사유재산 그리고 국가의 기원』[9]에서 가정과 결혼제도의 기원을 문화인류학적으로 설명하고, 공산주의 혁명을 위해서 사유재산과 가정을 해체할 것을 주장한다.

빌헬름 라이히는 문화인류학자 브로니스와프 카스퍼 말리노프스키(Bronisław Kasper Malinowski)의 연구가 자신의 성혁명 이론을 지지한다고 주장한다. 즉 서구 기독교 문화에서 만연한 성억압과 폭력은 말리노프스키가 발견한 트로브리앙(Trobriand) 제도의 원주민 문화에는 발견할 수 없다는 것이다. 그래서 라이히는 말리노프스키가 소개한 이 원주민들의 성 문화를 자신의 성유토피아주의적인 이상향으로 간주했다.

---

9 Friedrich Engels, *Der Ursprung der Familie, des Privateigenthums und des Staats. Im Anschluss an L. H. Morgan's Forschungen* (Schweizerische Genossenschaftsbuchdruckerei, Hottingen-Zürich, 1884).

르네 지라르는 자신의 문화인류학적 대작인 『폭력과 성스러움』(*La Violence et le Sacré*)[10]에서 말리노프스키에 대한 상세한 논의를 통해서 그 원시사회가 빌헬름 라이히가 기대했던 것처럼, 자유롭고 평화스러운 성유토피아가 아니라, 다른 문제와 갈등을 가지고 있었음을 다음과 같이 지적했다. 즉 프로이트 이후에 사람들은 오이디푸스 콤플렉스가 서구 세계에만 한정된 것인지 아니면 원시사회 속에서도 존재하는 것인지를 많이 자문해 보았다.

말리노프스키의 저서 『원시사회의 아버지』는 이러한 논쟁에서 중요한 역할을 했다. 말리노프스키는 트로브리앙(Trobriandois)족이 서구인들보다 더 행복하다고 단언한다. "이 미개인들은 문명인들이 겪는 그런 긴장과 갈등은 겪지 않는다. 하지만 그들은 대신 다른 긴장과 갈등을 겪고 있다는 것이다"라고 지라르는 주장한다.

라이히는 말리노프스키가 연구한 그 원시사회에는 어떠한 억압이나 금기도 없는 유토피아인 것처럼 주장하지만, 지라르에 따르면 그 원시사회에서는 "아이들의 어머니인 자신의 누이를 멀리해야 한다는 엄격한 터부가 있다"라고 적고 있다. 지라르에 의하면, "원시사회들 아니면 적어도 트로브리앙족은 모방적 경쟁 관계와 '이중명령'을 대신하여, 우리 사회에는 존재하지 않는 속박들을 갖고 있다."[11]

---

10 René Girard, *La Violence et le Sacré* (Paris: Grasset, 1972).
11 "트로브리앙족의 사회에서는 외삼촌이 우리 사회에서의 아버지 역할의 전부는 아니라 하더라도 그 중의 몇몇 역할을 수행한다. 아이들은 아버지가 아니라, 이 외삼촌으로부터 상속받고 그들 부족의 교육도 그에게 위임된다. 그러므로 당연히 아버지가 아니라 이 외삼촌과의 사이에서 긴장과 갈등이 생겨난다. 오히려 아버지는 여기서 다정하고 관대한 동료, 일종의 피난처처럼 보인다. 말리노프스키는 이것을 통해 프로이트가 주장하는 보편성이 없다고 주장한다. 하지만 "원시사회들 아니면 적어도 트로브리앙족은 모방적 경쟁 관계와 '이중명령'을 대신하여, 우리 사회에는 존재하지 않는 속박들을 갖고 있다는 것을 보여준다. 여기서 본질적인 것은 아버지의 관용이나 외삼촌의 엄격함이 아니며 권위가 한 남성으로부터 다른 남성에게로 옮겨간다는 데 있는 것도 아니다. 더욱 흥미로운 차이는 다음과 같다. 즉 아버지와 아들은 같은 혈통이 아니며, 아버지 그리고 일반적인 부계문화는 모델의 역할을 하지 않는다는 사실이다." "아이들은 법적으로 볼 때 자신은 그곳의 이방인인 그런 공동체 속에서 성장한다. 그래서 그들은 토지에 대한 어떠한 권리도 없으며, 마을의 영광으로부터 어떠한 자존심도 느끼지 못하며, 그들의

빌헬름 라이히에 의하면, 가부장제 문화에 기반한 권위주의 사회는 다양한 도덕적 종교적 이데올로기에 의해 지지되는 전반적인 성억압이라는 기초 위에 서 있으며, 이러한 성억압은 아동기에는 성 부정적 교육으로, 청년기에는 성 욕망에 대한 억제 요구로, 결혼기에는 일부일처제라는 형식으로 나타난다. 권위주의적이고 일부일처제적이며 평생 유지되는 가부장적 가족제도는 이러한 성억압이 일어나는 주된 장소일 뿐 아니라 권위주의적 이데올로기와 성적으로 억압되고 권위주의적인 성격 구조를 가진 인간이 재생산되는 장소이기도 하다고 그는 주장한다.

라이히에 의하면, 성을 부정하도록 성격 구조화된 인간이 사회주의자가 된다는 것은 부르주아적 성도덕으로부터의 일탈을 의미하는 것이자 권위주의적이고 가부장적인 (주로 자본주의적인) 사회체제를 거부하는 것이기도 하다. 이러한 목적을 달성하기 위한 성정치 운동은 일부일처적이고 강제적인 결혼 제도의 해체와 여성들과 아이들에 대한 경제적 권위주의적 억압의 중지 그리고 소아나 청소년의 성적 자율권 인정을 포함하는 것이다.

지금까지 살펴본 빌헬름 라이히의 사회주의적 성혁명과 성정치 운동은 기독교 성도덕에 대한 문화 전쟁(Kulturkampf)의 의미가 있다. 그의 반기독교적 정서는 한국어로도 번역된 『그리스도 살해』(Christusmord)[12]에서도 발견할 수 있는데, 그는 반복적으로 "범죄적 교회"의 성기 금기(Genitaltabu)와 모순들에 대해서 언급하고 있다. 그는 성도덕을 대변하는 기독교를 성혁명적 관점에서 비판하고 있다.

오르가즘론에 입각한 정신건강을 주장하고 억압적인 성정치적 상황이 파시즘에 동조하는 비합리적인 대중을 만들어 낸다는 주장을 해온 빌헬름

진정한 거주지, 애국심의 중심, 유산, 선조들의 영광은 다른 곳에 있다. 이 이중의 영향으로부터 이상한 결함과 혼란이 생겨나게 된다"(르네 지라르, 『폭력과 성스러움』 [서울: 민음사, 1993], 277-279).
12 Wilhelm Reich, *Christusmord.*, übersetzt von Bernd A. Laska (Olten/Freiburg: Walter, 1978).

라이히의 이 책은 그리스도는 육체적 사랑과 자연스러운 사랑 관계를 설파하였는데, 이것을 두려워한 인민 대중이 그리스도를 살해하였다는 것이다. 더욱이 현재에도 청소년의 육체적 사랑을 부정하는 데서 만성적인 그리스도(삶 에너지)의 살해가 계속되고 있다고 그는 주장한다.

빌헬름 라이히는 프로이트의 제자였지만, 1929년부터 시작해서 오이디푸스 콤플렉스의 보편성에 대한 논쟁 등으로 인해서 점차 프로이트와 결별하게 되었는데, 라이히는 공산주의 사상의 영향을 받아서 매우 어린아이들도 그들의 가족으로부터 격리해서 모든 사적재산이 공유되는 집단가정들(group homes)에서 공동으로 양육되어야 한다고 강하게 주장했다.

결국 라이히는 이러한 그의 공산주의 사상으로 인해서 프로이트의 정신분석학회에서 추방되게 되었다. 프로이트막시즘의 창시자라 할 수 있는 빌헬름 라이히가 사춘기 이전의 소아들의 성해방 운동과 성혁명 운동을 하게된 것은 프로이트의 오이디푸스 콤플렉스 이론에 등장하는 어린아이 오이디푸스의 어머니에 대한 근친상간적 성 욕망에 대한 오독과 함께 소련 공산주의 운동에서 실제로 실행되었던 원시공산주의적 공동육아, 가정해체 그리고 결혼해체 운동이 결합되어서 나온 것으로 보인다.

빌헬름 라이히는 자신들의 아이들도 "공산주의 아동집단촌"(Communist children's collective)에 보내어만 한다고 주장해서 아내와 다툼을 벌였다가 실제로 실행에 옮겼다. 라이히는 그러한 공산주의 "집단적 교육이 오이디푸스 콤플렉스의 강렬함을 개선시킬 것으로 믿었기 때문이다."[13] 또한 라이히는 "자위와 특히 이성 간의 성유희가 주는 혜택은 바로 이성적인(opposite sex) 부모에 대한 아이의 격정적인 사랑과 동성적인(same sex) 부모에 대한 강한 증오와 두려움을 말하는 오이디푸스적인 배치(Oedipal configuration)의 강렬함을 완화시켜 주는 것이라는 사실을 강조한다."

---

13 Myron Sharf, *Fury on Earth*: A *Biography of Wilhelm Reich* (New York: St. Martin's Press/Marek, 1983), 184.

라이히는 "그 (오이디푸스) 콤플렉스는 만약 어떤 아이가 동료 아이들과의 '육감적인 분출'(a sensual outlet)을 가지게 된다면 덜 쌓이게 된다고 주장한다." 또한, 그는 "아이들의 돌봄과 교육에 있어서 상당하게 집단적으로 참여하게 된다면 그 오이디푸스 콤플렉스는 덜 강렬해질 것이다"라고 주장한다.[14]

이렇게 라이히의 프로이트막시즘적인 성혁명과 성정치 운동, 특히 사춘기 이전의 어린아이들의 성혁명과 청소년들의 성해방 운동의 이론적 기초와 근거에는 여전히 프로이트가 말한 '오이디푸스 콤플렉스' 이론이 존재한다. 쉽게 말해 라이히에 따르면, 어린아이들, 청소년들을 포함한 성혁명 운동을 전개하면 오이디푸스 콤플렉스의 강렬함은 완화된다는 것이다. 하지만 이것은 프로이트가 차용한 그리스 비극작가 소포클레스의 『오이디푸스 왕』에 대한 범성욕주의적이고 프로이트막시즘적인 오독이다.

이렇게 빌헬름 라이히가 사춘기 이전의 소아들과 어린 청소년들의 성 욕망도 해방시켜야 한다고 주장하는 것에는 그의 공산주의 사상, 프로이트가 말한 '오이디푸스 콤플렉스' 이론, 그의 비극적인 가정 이야기, 그리고 그의 어린 시절부터 지속된 성생활 등이 모두 얽혀서 작용하고 있는 것 같다.

"라이히는 자기 자신의 어린 시절과 성인의 섹슈얼리티에 대한 논의에 있어서 전통적인 분석적 이론을 따르고 있다. 그는 자신의 어린 시절의 성생활 경험, 자신의 고조된 오이디푸스 콤플렉스, 어머니의 가정교사와의 불륜 장면에 대한 목격, 그 가정교사에 밀쳐지는 아버지에 대한 목격 등이 가지는 파탄적 측면들"에 대해서 집중하고 있는데, 이러한 것들이 "그 자신의 의식 속에 그 자신의 근친상간적인 환상들을 불어넣게 되었다."

빌헬름 라이히는 그의 어머니의 불륜이 야기한 파장 중에서 무엇보다도 그의 아버지의 권위가 심각하게 약화되는 것을 보았다. 그것은 아들인 라

---

[14] Sharf, *Fury on Earth*: A *Biography of Wilhelm Reich*, 135.

이히에게는 부정적인 영향을 주었는데, 바로 라이히 자신의 근친상간적인 희망을 각성시켰기 때문이다. 어머니의 가정교사와의 성적인 불륜은 어린 라이히가 감당하기에는 너무 큰 감정적이고 인지적인 당혹감을 주었다. 이러한 위기와 그 비극적인 파장들은 현격하게 라이히의 죄책감과 내성적인 경향성을 증가시켰다.[15]

프로이트와는 달리 사춘기 이전의 청소년의 성 욕망과 소아들의 성 욕망도 해방시켜야 한다고 주장하는 이론적 근거는 프로이트 정신분석학의 초석인 오이디푸스 콤플렉스 이론에 등장하는 어린아이(오이디푸스)의 어머니를 향한 근친상간의 성 욕망에 대한 오독이다. 프로이트 자신뿐 아니라 빌헬름 라이히, 주디스 버틀러, 프로이트막시즘적인 페미니즘 학자들이 점차 아이들의 성 욕망을 긍정하는 방향으로 흐르게 되는 것은 희생염소 혹은 파르마코스(인간 희생양) 역할을 하는 오이디푸스의 '하마르티아'(비극적 결함, 죄악)인 근친상간과 부친살해를 억압받는 성 욕망으로 오독해서 나온 것이다.

소포클레스의 『오이디푸스 왕』에 등장하는 오이디푸스의 치명적인 결함과 죄악(하마르티아)인 근친상간적인 성 욕망은 소아성애의 이론적 기초가 될 수 없다. 근친상간적 성 욕망은 희생염소(scapegoat) 역할을 하는 오이디푸스에 대한 그리스 폴리스의 마녀사냥일 뿐이다. 오이디푸스의 하마르티아인 근친상간과 부친살해는 '빨갱이,' '친일파'와 같은 우리나라 정치계에서 볼 수 있는 정치적 공격이나 마녀사냥과 같은 희생염소 역할을 하는 오이디푸스에 대한 사회적 비난 형태일 뿐이다.

세상에서 제일 나쁜 놈은 어머니와 근친상간하고 아버지를 죽인 자일 것이다. 그래서 오이디푸스는 죽어서라도 근친상간한 어머니와 자신이 죽인 아버지를 볼 면목이 없어서, 그리고 보지 않기 위해서 자신을 저주하면

---

15 Sharf, *Fury on Earth*: A *Biography of Wilhelm Reich*, 52.

서 자신의 눈을 찌른 것이다. 성욕망, 성해방, 성정치, 동성애, 퀴어 이론, 젠더 이데올로기를 주장하는 많은 이론가는 『오이디푸스 왕』에 대한 프로이트막시즘적인 오독으로 인해 사실상 소아성애를 긍정하고 근친상간 금기를 폐지하는 주장을 하게 된다. 여기에는 주디스 버틀러와 미셸 푸코도 해당되는데, 이는 이후에 다룰 것이다.

3. 독일 녹색당의 소아성애 합법화 지원 파문

빌헬름 라이히의 어린이와 청소년의 성해방에 대한 주장은 최근 독일 녹색당에서 발생한 소아성애 스캔들까지 연결된다. 빌헬름 라이히의 성혁명에 대한 책들은 유럽 68운동권에서 의해서 광범위하게 읽혔다. 또한, 당시 빌헬름 라이히와 마르쿠제의 성유토피아론을 따라서 유럽 68문화혁명 세대들의 일부는 실제로 소아성애(pedophillia)도 포함하는 성공동체(코뮌)를 이루기도 했다.

68운동권이 "제도권으로의 긴 행진"을 하여 헤게모니를 장악한 정당들은 주로 독일에서는 사민당(SPD)과 녹색당이었는데, 녹색당의 주류가 90년대까지 소아성애를 탈범죄화하고 법제화하기 위한 시도를 했다는 것이 역사적 사실로 드러나 2013년 이후 독일의 각종 언론과 매체에서 크게 공론화되었다. 우리나라에도 「연합뉴스」 등을 통해서 언론 보도 되었고, 독일 녹색당에 대한 한국어 '위키백과'에도 소개될 만큼 중요한 사건이었다. 당시 녹색당 지도부는 소아성애와 관련한 과거 성폭력 피해자들에 대한 공식적인 사과를 했다.

2013년 총선 기간 동안 독일 녹색당은 '소아성애 합법화 지원 파문'을 겪었다. 녹색당이 1980년대 소아성애를 합법화하는 내용의 주장에 동의하고, 관련 단체를 지원했다는 정보가 「슈피겔」을 통해 보도되었다. 「슈피겔」 2013년 5월 12일 기사 "소아성애는 녹색당에 지금까지 알려진 것보다 더 강하게 잠입했었다"에는 녹색당 유럽의회의원 다니엘 콘-벤디트(Daniel Cohn-Bendit)의 주장을 소개했는데, 그는 1980년대 녹색당에서의 소아성애 합법화 추진은 결코 소수의견이 아니라, 주류의견이었다고 주장했다.[16]

「슈피겔」지는 녹색당 기록보관소의 자료를 인용하여 녹색당이 1980년대 게이와 남색자, 성전환자들의 연합단체인 BAG SchwuP(BAG)에게 재정적인 지원을 했다고 보도했다. 또한, 이 단체가 소아성애의 합법화를 추진했다고 전하였는데, 이 사건은 녹색당이 2013년 총선에서 실패한 주요한 원인으로 여겨지고 있다. 당시 녹색당은 즉각적으로 "도저히 용납할 수 없는 일"이라며 전면적인 조사를 공약하고 나섰다.

녹색당이 소아성애자들을 지원했다는 논란은 최근 한 시상식을 둘러싸고도 야기되었다. 녹색당유럽의회의원(MEP) 다니엘 콩방디가 소아성애와 관련해 과거에 한 발언이 공개되면서, 그가 민주주의에 기여한 공로로 수상자로 선정된 테오도르 호이스(독일 초대 대통령)상 시상식에 유력인사들이 참석을 거부한 것이다. 콩방디 의원은 1975년 출간한 자서전 『그레이트 바자』에서 1970년대 유치원에서 일하면서 어린이들과 성적인 교감을 가졌다고 밝혔다. 그는 책에서 다음과 같은 믿기 어려운 말을 늘어놓았다.

> 아이들의 섹슈얼리티(sexuality)는 환상적이다. 우리는 정직하고 진지할 필요가 있다. 4~6세 아이들과의 관계는 나이마다 각기 다르다. 5세 여아가 옷을 벗기 시작하면, 그것은 굉장하다. 왜냐하면, 그건 게임이기 때문이다. 굉장히 에로틱한 게임이다.

그는 이 같은 끔찍한 발언을 그간 TV 인터뷰 등에서도 반복해 왔던 것으로 알려졌다. 위르겐 트리틴 원내대표는 과거 녹색당이 소아성애와 관

16　"Pädophile hatten Grüne stärker unterwandert als bisher bekannt," *Spiegel*, 2013년 5월 21일 기사(https://www.spiegel.de/spiegel/vorab/paedophile-hatten-gruene-staerker-unterwandert-als-bisher-bekannt-a-899286.html).

련해 잘못된 결정을 했었다는 사실을 인정했다고 「가디언」이 14일 전했다. 콩방디 의원은 "아이들의 섹슈얼리티에 관한 논의는 당시 자신이 속한 좌익 혁명집단 안에서는 만연한 것이었다"라고 주장했다.[17]

독일어권 위키백과도 "소아성애 논쟁(동맹 90/녹색당)"(Pädophilie-Debatte [Bündnis 90/Die Grünen])을 다음과 같이 상세하게 소개한다.

> 소아성애 논쟁은 2013년 독일 녹색당이 소아성애 운동(Pädophilenbewegung)을 주도한 녹색당 내부의 그룹들과 주동자들과 1980년대 녹색당 초기 시절 그 소아성애 운동을 일으킨 그룹들의 역할에 대한 공적인 토론과 논쟁을 말한다. 2013년 논쟁으로 인해서 1980년대 이미 독일 언론보도들의 대상이 되었던 1970년대와 1980년대의 독일 녹색당 내부의 소아성애 논쟁이 다시 주목받게 되었다.
>
> 독일 녹색당 내부의 서로 다른 인물들에 의해서 그리고 무엇보다도 "소아성애 운동"을 추진하는 그룹들에 의해서 "청소년보호연령의 폐지와 하향"과 "동의에 기초한 소아성애적인 접촉의 합법화"가 추진되어 왔다. 2013년 독일 뉘른베르크로부터 "공격적으로 등장한 인디언코뮌(Indianerkommune) 대표자들은 소아들과 성인들 사이의 '자유로운 사랑'에 대한 권리를 전파했다."[18]

2013년 이후로 이렇게 독일 녹색당은 생각보다 더 광범위하게 퍼진 녹색당 내에서의 소아성애 합법화 운동에 대한 과거사 청산에 곤욕을 치르고 있다. 독일에서는 소아성애뿐 아니라, 근친상간 금기 폐지를 비롯한 모

---

17 "獨 녹색당, 80년대 소아성애 합법화 지원 파문," 「연합뉴스」, 2013년 5월 15일 기사 (https://www.yna.co.kr/view/AKR20130515164200009).

18 Jan Fleischhauer, Ann-Katrin Müller, René Pfister: *Schatten der Vergangenheit*. In: Der Spiegel. Nr. 20, 2013.

든 성범죄의 탈범죄화를 추진하고자 했던 사람들도 존재했다.

유럽 68운동 당시에는 몇 개의 코뮌이 세워졌고, 그 원시공산주의를 지향하고 연상케 하면서 자유로운 성생활을 주장하는 그 성공동체에서는 소아성애도 포함된 것으로 전해진다. 코뮌이 포함된 코뮌주의라는 말이 원래 공산주의와 어원적으로 같은 말이다. 코뮌주의와 공산주의는 인연이 깊다.

코뮌주의는 원래 무정부주의(아나키즘)에서 발전시킨 사상인데, 칼 막스는 이런 코뮌주의의 이상을 받아들였지만 이에 도달하기 위해서 중간 단계가 필요하다고 보았다. 그것이 곧 사회민주주의(보다 정확히는 민주적 사회주의)이다. 그 이래로 막시즘을 추종하는 모든 운동은 사회민주주의라고 자신을 지칭했다.

4. "소아성애적 반파시즘" (68문화혁명, 독일 녹색당과 좌파)

"녹색당: 과거의 그림자"라는 제목으로 보도된 독일 「슈피겔」 2013년 5월 13일 기사는 "소아성애 지지자들의 영향력이 신생 녹색당에 지금까지 알려진 것보다는 훨씬 더 강했다"라는 사실을 보도했다. "녹색당의 책임은 아동들과의 성관계를 인간적인 성 욕망이 표출되는 정상적인 유형으로 인식되는 그러한 분위기가 (녹색당) 안에 생기게 되었다는 사실에서 시작된다"라고 이 기사는 분석한다.

또한, 소아성애 운동과 독일 녹색당과의 깊은 연관성은 유럽 68운동 때부터 시작된 것이다.

"녹색당은 68운동의 산물인데, 그 운동은 사회를 성적인 억압의 사슬로부터 해방시키는 것이었다. 압착되고 자유스럽지 못한 인간은 모든 악의 원인으로 간주되었다."

"1980년에 녹색당은 창당되었는데 소아성애 지지자들은 창당 때부터 참여했었고, 그들은 물론 사건의 중심에는 아니었지만 항상 주변에 존재했다."

녹색당 창당 첫째 날부터 평화주의자들, 페미니스트들 그리고 반핵주의자들과 함께 "도시의 인디언들"(Stadtindiane)이 등장해서, "성인들과 소아들 사이의 모든 부드러운 성적인 관계들에 대한 합법화"를 요구했다. 2013년에 녹색당 대표는 아동 성폭력에 대한 보호가 녹색당의 중요한 관심이라고 주장했지만, 소아성애 지지자들은 여전히 녹색당이 유일한 희망이라고 주장한다. 그들은 녹색당이 중장기적으로 성소수자들을 위한 투쟁해 줄 유일한 정당으로 보고 있다. 즉 소아성애 합법화를 시도하는 자들은 자신들도 성소수자들이라고 보는 것이다.

1980년 3월에 녹색당은 "성적인 주변인들에 대한 차별"에 반대하는 프로그램을 통과시켰는데, 그 당시 소아성애자들의 관심을 대변하는 "소아성애위원회"(Pädo-Kommission)도 만들었다. 소아성애 논쟁이 공론화되자 녹색당 대표는 녹색당은 한 번도 어린아이들과 성관계에 대해서 말한 적이 없고, "아이들에 대한 성적인 남용을 탈범죄화"하는 어떤 결정도 내린 적이 없다고 방어했다.

하지만 녹색당은 1980년대에 무엇이 성적인 남용(sexuelle Missbrauch)인지 아닌지에 대한 매우 특별한 개념을 가지고 있었다. "성인들과 소아들과의 성관계는 그 소아들이 자신들의 아이들이 아니고 또한 구타로 강제된 것이 아니라면 허용될 수 있다"라는 이러한 입장은 녹색당에 유행했었다(salonfähig). 1985년 3월에 개최된 모임에서 소아성애자들은 큰 성공을 자축했는데, 당시 녹색당은 성인들과 소아들과의 "비폭력적인 성관계"를 허용하고자 하는 연구서(Arbeitspapier)를 승인했기 때문이다. 그리하여 결국에는 "녹색당은 아이들에 대한 소아성애적인 폭력강박들을 발휘하기를 원하는 성인 남성들을 보호하게 되었다."[19]

---

[19] Jan Fleischhauer, Ann-Katrin Müller und René Pfister, *Grüne. Schatten der Vergangenheit*, 2013년 5월 13일 기사(https://www.spiegel.de/spiegel/print/d-94865572.html).

미국 시사 잡지 「뉴리퍼블릭」(New Republic)도 독일 녹색당의 소아성애 논쟁에 대해 보도하면서, 특히 빌헬름 라이히의 성혁명 운동과의 관련성을 잘 분석했다.

> 1980년대에 독일 녹색당 내부에서 성인과 아동들 사이의 합의된 소아성애의 합법화 시도가 놀랍게도 "동정적인 반응"을 얻게 되었다.
> "성적인 자유는 권위주의를 방지하기 위한 방법이라는 것은 서독에서 발견되던 광범위하게 퍼져있던 믿음이었다."
> "파시즘에 대한 토론은 매우 독일적인 것이다."
> 빌헬름 라이히는 파시즘의 대중심리에서 권위주의의 발생은 "어린아이의 자연적인 성에 대한 억압과 연관된다"라고 주장했다. 즉 권위주의와 파시즘의 발생을 막기 위해서는 어린아이들의 성해방과 성혁명 운동을 일으켜야 한다는 것이다.
> 놀랍지도 않게 좌파 소아성애자들 그룹들은 종종 실제적인 아동학대(real-life child abuse)를 하기도 했다. 독일 언론 「디 벨트」(Die Welt)지는 유력한 독일 녹색당원이었던 헤르만 메어(Hermann Meer)에 의해서 1980년대 코뮌(commune) 생활 당시에 소아성애적 성 학대를 당한 어느 남성 희생자에 대한 상세한 보도를 했다. 그 남성 성 학대 피해자의 증언에 따르면, 헤르만 메어의 소아성애는 공개적이었으며 결코 비밀이 아니었고, 심지어 광고까지 되었다고 말한다. 그 남성 소아성애 피해자는 대략 10명의 성인 남성에 의해서 성적으로 학대를 받았는데, 그들 남성들 대부분은 코뮌 공동체 모임에 참석하는 방문자들이었다.[20]

---

20 Thomas Rogers, "A Major German Political Party Used to Support Pedophilia—And It's Coming Back to Haunt Them," 2014년 11월 24일 기사(https://newrepublic.com/article/120379/german-green-party-pedophilia-scandal).

독일 저명한 주간지 「디차이트」(Die Zeit)는 2013년 10월 10일 "68세대 - 소아성애적 반파시즘"(Achtundsechsiger - Pädophiler Antifaschismus)이라는 제목으로 68문화혁명 속의 소아성애 운동을 비판적으로 분석한 바 있다. "좌파의 아동학대에 대한 무해화 방법을 알려고 하는 자는 당시의 파시즘 이론을 공부해야만 한다. 당시에 성해방이 나치 과거사 청산으로 이해되었고 소아성애는 해방으로 이해되었다"라는 소제목 아래 다음과 같이 분석한다.

"성해방이 반파시즘적인 기획으로 간주되었다. 당시 사람들은 이를 위해 빌헬름 라이히에 근거했고 자유로운 사랑으로 나치 시대뿐 아니라 전후 시대의 왜곡된 의식을 물리치고자 했다. 지배 없고―그리고 이상적인 방식으로는 소가정(Kleinefamilie)으로부터 벗어난 '사랑 놀이'(Liebesspiel)는 바로 다가오는 사회주의적 행복을 미리 발산하다고 여겨졌다." "충동 억압과 파시즘적인 이데올로기 사이에 존재한다는 여겨지는 연관성은 성인들과 어린아이들 간의 동의하에서 이루어지는 성적인 접촉들이 허용될 때 비로소 제거될 수 있다."

당시 68운동권들은 소아성애가 "어린아이의 인성발달에 대한 긍정적인 결과들"을 가져온다고까지 주장했다. 68문화혁명 1년 이후에 작성된 "수업교재"(Kursbuch)는 "아이들과의 성적인 행위들을 칭송했다." 68문화혁명의 소아성애 행위에 대한 비판과 함께 최근에는 앞에서 본 것처럼, 독일 녹색당의 소아성애 연루 문제가 공론화되었고, 독일 녹색당뿐 아니라, 독일의 "좌파와 좌파자유주의 배경의 소아성애"(Pädophilie im linken und linksliberalen Milieu)에 대해서 공론화되기 시작했다.

이렇게 독일 68문화혁명, 녹색당, 좌파 그리고 좌파자유주의 진영에서 "성해방은 신하근성에 맞서는 적극적인 저항으로 파악되었다."

"'해방된' 성은 어린아이들과 성인들 사이의 어떠한 권력관계도 생각할 수 없는 죄 없는 순수함의 루소적인 제국(rousseauistisches Reich der Unschuld)으로서 많은 사람에게 보였다."[21]

5. 젠더 이데올로기: 탑다운 국가페미니즘[22]

성혁명적이고 성정치적인 젠더 연구는 학문과 과학이라기보다는 문화막시즘(Kulturmarxismus) 전통에서 파생된 극좌평등주의적 정치 이데올로기다. 21세기 독일어권에서는 젠더 이데올로기가 아래로부터의 민주적 합의를 통해서 도출된 것이 아니라, 일종의 탑다운[23] 국가페미니즘(Staatsfeminismus)이라고 비판적으로 성찰하고 있다.

『국가페미니즘 비판: 혹은 자녀, 부엌, 자본주의』라는 2015년 두 독일 여성에 의해 집필된 책은 성정치(sexual politics) 연구 시리즈 중에 포함되어 출판되었는데, 이 책은 사회민주주의 정당(SPD) 출신의 슈뢰더 전 총리 이후 본격적으로 추진되기 시작한 젠더 주류화(Gender-mainstreaming) 정책을 비판적으로 분석한다. 이 책의 제목에 포함된 3K, "자녀, 부엌, 자본주의"(Kinder, Küche, Kapitalismus)는 3M(Marx, Mao, Marcuse: 막스, 마오, 마르쿠제)를 영웅시 하면서 반자본주의적 문화막시즘을 표방했던 유럽 68운동권이 전복하고자 했던 또 다른 3K(Kinder, Küche, Kirche: 자녀, 부엌, 교회)와 연결된다.[24]

---

21 Adam Soboczynski, "Achtundsechsiger - Pädophiler Antifaschismus," *Die Zeit*, 2013년 10월 10일 기사(https://www.zeit.de/2013/42/paedophiler-antifaschismus-kindesmissbrauch).
22 탑다운 국가페미니즘으로서의 젠더 이데올로기는 사상누각이라는 주장을 다루는 이 장은 2020년 2월 14일 온누리교회에서 개최된 기독교학술원(원장 김영한 박사) 제81회 월례포럼 "지라르의 포스트모더니즘, 젠더주의 비판"에서 발표한 논문 "성혁명적 젠더 이데올로기는 사상누각이다-르네 지라르의 프로이트의 '오이디푸스 콤플렉스 이론' 비판 중심으로-"가 보다 확장되어서 기술된 것이다.
23 Manali Basu, "Angles of Approaching Gender Equality: TopDown vs. Bottom-Up"(2015년 The City College of New York에 제출된 Thesis(학위논문).
24 Lilly Lent/ Andrea Trumann, *Kritik des Staatsfeminismus. Oder: Kinder, Küche, Kapitalismus* (Sexual Politics 6) (Verlag Bertz&Fischer, 2015).

문화막시즘은 네오막시즘을 추구했던 유럽 68문화혁명 세대들과 그 운동권과 깊은 관계를 가지는 독일 프랑크푸르트 학파의 비판 이론(Kritische Theorie)이 추구한 사유였다. 퀴어 이론과 젠더 이데올로기의 가장 주요한 이론가인 주디스 버틀러도 비판 이론을 가르치는 교수직을 가지고 있다. 21세기 프랑스 포스트모더니즘의 종언과 황혼뿐 아니라, 독일 프랑크푸르트 학파의 비판 이론의 종말과 황혼이 공식화되고 있다. 21세기 유럽 정치에서 문화막시즘 전통의 사회민주주의(보다 정확히 민주적 사회주의) 정당들이 최근 드라마틱하게 패배하고 있다.

사회민주주의 정당들의 쇠락뿐 아니라, '민주적 사회주의의 세기'가 종언을 고하고 있다고 말한다. 젠더 이데올로기는 이러한 사회주의(민주적 사회주의)와 문화막시즘 전통에서 탄생한 것이기에, 그 동안 보다 사회주의적인 방식, 곧 탑다운 방식으로 강제되었던 이 이데올로기는 점차 비판적 계몽작업과 문화적 저항으로 인해서 그 황혼기에 접어들었다.

21세기 유럽식 사회주의(민주적 사회주의)도 포용하는 것처럼, 보인 현 정부에서는 젠더 이데올로기도 강한 것처럼, 보이지만, 이미 유럽에서는 그 이데올로기에 대한 비판적 성찰이 점차 강해지고 있다. 이제 20년 전통을 바라보는 젠더 이데올로기는 처음 10년 정도까지는 평등과 인권의 가치 아래서 유엔(UN)이나 유럽연합(EU)과 같은 상위기관으로부터 톱다운 방식으로 정책화되었기에 유럽 시민들이 그 깊은 차원에 대한 이해가 부족했지만, 최근에 와서는 많은 비판적 계몽작업으로 인해서 거센 저항에 직면하고 있다는 사실을 젠더 연구와 정책을 추진하는 전문가들도 잘 알고 있다.

젠더 이데올로기와 퀴어 이론의 가장 주요한 이론가인 주디스 버틀러와 그의 추종자들도 최근 잘 알고 있듯이 21세기 유럽에서는 젠더 이데올로기에 대한 유럽교회의 저항이 거세다. 「뉴스앤조이」와 같은 한국 일부 언론은 반동성애 운동이 개신교의 일부 운동으로 제한된 것처럼, 보도하고 있지만,[25] 21세기 유럽에서는 개신교뿐 아니라 로마 가톨릭교회의 프란치시코 교황은 젠더 이데올로기를 남녀의 생물학적 차이라는 창조 질서에 도전하는 "악마적인 이데올로기"로 비판했는데, 버틀러 자신도 이 교회의 비판을 잘 알고 있다.

프란치스코 교황은 특히 어린아이들을 성적인 실험(소아성애)에 참여시키는 것에 대해서 신랄하게 비판했다. "교조적인 평등주의"(doktrinäre Gleichmachere)인 이 젠더 이데올로기를 비판하면서 2016년 프란치스코 교황은 "결혼제도를 파괴하려는 세계적인 전쟁"에 대해서 엄중하게 경고했다. 그는 이 글로벌 문화 전쟁은 "무기가 아니라 이데올로기적인 식민지화"를 통해서 전개된다고 분석한다. 그는 교회가 "이 거대한 적(Feind)인 젠더 이론에 저항하면서," "결혼제도를 변호할 것"을 주장했다.[26]

2012년 전 교황 베네딕토 16세도 젠더 이론이 "인류학적 혁명"으로서 결코 수용할 수 없다고 비판했다. 2019년 6월 11일 바티칸은 공식 문서를 통해서 "문화적이고 이데올로기적 혁명으로서의 젠더 이데올로기를 비판했다." "'차별금지'(Nichtdiskriminierung)라는 유행하는 개념은 자주 하나의 이데올로기를 은폐하고 있는데, 그 이데올로기는 남자와 여자 사이에 존재하는 차이와 자연적 상호성을 부정하고 있다"라고 이 문서는 선포했다.

바티칸은 이 문서를 통해서 젠더 이데올로기가 학교와 교육기관에 도입되는 것에 대한 명백한 반대를 표명했다. 이 문서는 젠더 이데올로기가 "상대주의에 의해서 추진되는 문화적이고 이데올로기적 혁명"뿐 아니라, "법률적 혁명"(juristischen Revolution)을 통해서 강제되고 있다고 강력하게 경고하고 있다.

---

[25] "아시아 최초 동성 결혼 합법화한 대만 개신교가 가장 극렬히 반대," 「뉴스앤조이」 (http://www.newsnjoy.or.kr/news/articleView.html?idxno=224937).

[26] Raoul Löbbert, "Wider die Geschlechter-Krieger," *Die Zeit*, 2016년 10월 5일(https://www.zeit.de/2016/42/papst-franziskus-ehe-geschlechter-gender).

생물학적 성을 부정하고 남자와 여자 사이의 수많은 젠더를 만들려고 하는 젠더 이데올로기는 창조 질서를 부정할 뿐 아니라, "하나의 추상물로서의 인간"(Menschen als eine Art Abstraktion)을 주장하고 있다. 그래서 바티칸 교육국은 남자와 여자 사이에서 성 정체성이 오고가는 사람들에게 "심리치료적 조치"를 추천하고 있다.[27]

이렇게 젠더 이데올로기와 같은 성정치를 지향하는 문화막시즘은 "제도권으로의 긴 행진"을 통한 문화 헤게모니 확보를 목표로 하고 있으며, 문화예술계, 교육계, 언론과 미디어뿐 아니라 사법부 장악을 통한 법제화를 최종 목표로 하고 있다.

젠더 이데올로기는 유토피아에 대한 혁명적 이념으로, 특히 프로이트막시즘으로부터 점차 파생된 성유토피아를 지향하는 성혁명적 이데올로기이다. 유럽에서는 로마 가톨릭교회가 보다 조직적으로 저항하고 있는 것이 사실이지만, 이 젠더 광기(Gender Wahn)로 평가되는 젠더 이데올로기에 맞서서 개신교와 로마 가톨릭은 C.S. 루이스가 말한 '순전한 기독교'(mere Christianity)라는 범기독교적인 차원에서 연대하기도 한다. 최근 프랑스와 기독교적 헌법을 가진 헝가리에서는 젠더 이데올로기에 대한 문화적 저항이 보다 거세고 성과도 있다.

독일뿐 아니라 유럽 전체에 걸쳐서 젠더 이데올로기에 대한 비판적 계몽 운동과 저항 운동을 하는 가장 대표적인 여성학자 가브리엘 쿠비(Gabriele Kuby)는 유럽 68운동권 출신으로서 불교 명상, 뉴에이지, 에소테리즘 등에 심취했다가 이후에 기독교로 회심하면서 일부 유럽 68운동권들의 소아성애 행위, 근친상간 금기 폐지 시도, 디오니소스적인 성공동체와 성유토피아 환상 등에 대해서 가장 대표적으로 증언하고 분석하고 있다.

---

27 Https://de.catholicnewsagency.com/story/vatikan-verurteilt-gender-ideologie-als-kulturelle-und-ideologische-revolution-4731.

유럽 각국 언어로 번역된 그녀의 베스트셀러 작품으로서 독일의 저명한 철학자 로버트 스페만(Robert Spaemann) 교수가 서문을 적은 『글로벌 성혁명: 자유의 이름으로 이루어진 자유의 파괴』라는 책은 유엔(UN)과 유럽연합(EU)을 글로벌 성혁명의 주동자로 비판한다.

또한, 그녀는 젠더 이데올로기가 "성애화된 젠더-인간을 지향하는 거대한 재교육"(die große Umerziehung zum sexualisierten Gender-Menschen)을 추진하고 있으며, "새로운 옷을 입은 새로운 전체주의"가 추진하는 "언어의 정치적 유린," 독일어권 유치원과 학교에서 이루어지고 있는 조기성애화(Frühesexualisierung)와 과잉성애화(Hypersexualiserung) 성교육의 실태를 고발한다.[28] 그녀는 일부 독일 유치원에서 실행되고 있는 젠더 교육의 차원에서 이루어지는 아이들에게 남성 성기와 여성 성기 모양의 장난감 등을 통한 조기성애화 성교육 실태도 고발한다.

6. 유럽 68 성혁명, 푸코, 소아성애 운동

성혁명, 성해방, 성정치, 젠더 이데올로기의 이론적 계보학에 자리잡은 많은 학자도 디오니소스적인 동성애, 통음난무(집단성교), 소아성애와 관련이 있다. 오스트리아 비엔나의 프로이트 정신분석학을 공부하면서 프로이트의 제자가 되었지만, 프로이트의 사상에 칼 막스의 사회주의와 공산주의 사상을 도입해서 성혁명과 성정치 개념을 주장한 오스트리아 출신의 빌헬름 라이히도 어린 시절부터 집안에서 일하는 하녀와의 성관계를 통해서 성 실험을 시도했다.

---

[28] Gabriele Kuby, *Die globale sexuelle Revolution. Zerstörung der Freiheit im Namen der Freiheit*. Vorwort von Prof. Dr. Robert Spaemann (Fe-Medienverlags GmbH, 2012).

빌헬름 라이히에게 있어서 성혁명과 성정치는 사회주의 혁명 완성을 위한 가장 중요한 것이라고 보았다. 현대 성의학의 창시자로 평가되는 알프레드 킨제이도 소아성애, 동성애, 집단성교 등과 관련된 의혹들이 제기되고 있다.

들뢰즈-가타리의 『안티 오이디푸스』의 서문을 쓰기도 한 프랑스 포스트모던 철학자 미셸 푸코도 독일 녹색당의 주장처럼 합의에 의한 소아성애의 탈범죄화를 주장했다. 푸코는 1977년 강간범죄는 오직 폭력범죄로만 처벌되어야 하며, 성범죄로 처벌되어서는 안 된다고 주장했다. 1978년에는 성인과 어린아이들의 "비강제적인 섹스는 완전히 탈범죄화되어야만 한다"라고 주장했다.

당시 페미니시트들은 강간과 소아성애에 대한 푸코의 이런 입장에 대해서 일관되게 비판적이었다.²⁹ 니체가 말한 디오니소스적 광기(*mania*)와 통음난무(*orgia*)를 다시금 철학적으로 재발견한 푸코는 프랑스 공산당원이었다가 이후 중국의 마오쩌둥을 숭상하는 마오이즘에 빠졌다. 그는 마약 LSD를 사용하기도 했고, 이후 동성애자로서 살았으며, 에이즈로 고통받았다.

유럽 신좌파 68운동권 세대들은 또한 프로이트의 제자 빌헬름 라이히의 성혁명에 대한 책을 함께 읽으면서 성유토피아를 실현하는 디오니소스적-통음난무적 성공동체를 시도하기도 했다. 이 공산주의적 성공동체에는 소아성애도 포함되었다. 2018년 유럽 68문화혁명 50주년을 기념하는 다큐멘터리가 독일의 주요 방송에서 많이 방영되었는데, 이 다큐멘터리에서도 성혁명을 추구했던 유럽 68운동권들이 실험한 원시공산주의적 성공동체(코뮌)에는 소아들도 일부 포함되었기에, 소아성애도 포함되었다는 내용도 비판적으로 분석되었다.

"성의 정치화는 잘못된 길이었다"라는 제목의 저명한 독일 일간지 「디 벨트」(*Die Welt*) 2011년 기사는 소아성애가 유럽 68운동의 전부는 아니었

---

29 Chloe Taylor, *Foucault, Feminism, and Sex Crimes: An Anti-Carceral Analysis* (Routledge 2018); Linda Alcoff, "Dangerous Pleasures: Foucault and the Politics of Pedophilia," in Susan Hekman (ed.), *Feminist Interpretations of Foucault*. Pennsylvania State Press (1996).

지만, 당시에 많이 논의되었고 부분적으로 실제로 이루어졌다는 사실을 인정했다. 68운동은 당시에 하나의 문화 전쟁(Kulturkampf) 운동이었고, 이 68운동은 89년 동유럽 공산주의의 붕괴 이후에 등장한 새로운 세대인 89세대와 경쟁관계에 있다는 내용도 소개되었다.³⁰ 유럽 68문화혁명 중에 전개된 성혁명 운동 중 하나로 소아성애가 실제로 이루어졌다는 내용은 "68세대의 시대정신, 녹색당 그리고 오늘날의 소아성애"라는 제목으로 보도된 언론기사에서도 잘 분석되어 있다.³¹

7. 안티고네의 동성애: 차이소멸적 하마르티아

젠더 이데올로기의 여제사장으로 평가되는 주디스 버틀러는 유대인이지만, 청소년 시절 교육을 맡은 랍비와의 갈등으로 인해서 스스로 문제아였다고 고백하는 학자다.

젠더 이데올로기의 가장 중요한 이론서라 할 수 있는 『젠더 트러블: 페미니즘과 정체성의 전복』에서 버틀러는 프로이트의 정신분석학과 레비-스트로스의 구조주의 인류학 등에 기초해서 사실상 오이디푸스 콤플렉스 이론에 등장하는 어머니를 향한 아이의 근친상간 성 욕망을 긍정하며, 나아가 근친상간 금기에 대한 폐지를 주장한다.³²

"주디스 버틀러, 근친상간 그리고 아이의 사랑에 대한 질문"이라는 2010년 논문도 주디스 버틀러의 프로이트의 오이디푸스 콤플렉스 이론에 등장하는 근친상간 성 욕망을 긍정하며 그렇기에 근친상간 금기를 폐기해

---

30 Thomas Lindemann, "Die Politisierung der Sexualität war ein Irrweg," *Die Welt*, 2011년 1월 25일 기사(https://www.welt.de/kultur/article12341304/Die-Politisierung-der-Sexualitaet-war-ein-Irrweg.html).
31 Https://www.theeuropean.de/juergen-lemke/7010-paedophilie-im-zeitgeist-der-68er-gruenen-und-heute.
32 Judith Butler, *Gender Trouble: Feminism and the Subversion of Identity* (Routledge. 2007).

야 한다는 그녀의 주장을 다루고 있다.[33] 앞에서 언급한 가브리엘 쿠비도 버틀러가 사실상 근친상간 금기의 폐지를 주장한다는 점을 비판한다.

버틀러는 프로이트의 정신분석학과 레비-스트로스의 구조주의 인류학에 등장하는 근친상간 금기와 그녀가 새롭게 주목하는 동성애 금기 등을 성혁명적인 관점에서 해체하고자 한다. 여기서는 버틀러의 이러한 주장을 르네 지라르의 미메시스적 인류학, 지라르의 그리스 비극이해와 지라르의 오이디푸스 콤플렉스 이론에 대한 해명에 근거해서 비판하고자 한다. 버틀러는 이성애 친족 구조, 재생산, 근친상간 금기, 동성애 금지 등 인류 사회의 근간을 이루고 있는 '금기'를 프로이트막시즘에서 파생된 젠더 이데올로기의 이름으로 해체하고 전복하려고 한다.

버틀러는 오이디푸스가 아니라 안티고네를 정신분석학의 새로운 출발점으로 제안하면서 대안적인 친족 형태를 제시하고자 한다. 아버지 오이디푸스의 근친상간의 자식으로 태어난 안티고네는 국가와 법의 대변자인 왕 크레온에 대항하다 결국 죽음에 이른다고 전해지는 소포클레스 비극 속의 인물이다. 버틀러는 동성애 금기를 파계한 안티고네를 이러한 젠더 유토피아주의적인 새로운 대안적 친족 관계를 대표하는 것으로 이해하였다. 버틀러는 이렇게 오이디푸스보다는 안티고네가 상징적 질서의 재편과 재구성을 요구하는 유토피아적 관점을 대변하는 것으로 제시한다.[34]

버틀러는 프로이트막시즘적인 성유토피아주의의 정신 속에서 파생된 급진적인 사회구성주의(Sozialkonstruktivismus)의 이름으로 생물학적 성을 해체하고자 할 뿐 아니라, 그 동안 인류 문화의 기초로 작용했던 금기들 (근친상간 금기와 동성애 금기)도 전복하려고 한다. 하지만 버틀러는 그 금기들의 파계를 보여주는 오이디푸스와 안티고네를 비극적인 주인공으로 보

---

33 JE, Kilby, "Judith Butler, incest, and the question of the child's love," *Feminist Theory*, 11 (3), 2010, 255-265.
34 Judith Butler, *Antigone's Claim: Kinship between Life &Death* (New York: Columbia University Press, 2000).

여주는 그리스 비극 자체가 당시의 그리스 폴리스의 정치적 호국 문학이 었다는 사실을 보지 못하고 있다.

곧 소개될 것이지만, 그리스 비극 작품은 버틀러나 성혁명 이론가들이 기대하는 것과 같은 전복적 혁명 문학이 아니라, 그리스 폴리스의 체제옹호적이고 체제유지적이며 체제갱신적인 카타르시스적인 호국 문학이었다. 버틀러는 자신의 성혁명적이고 성정치적인 프로이트막시즘에 기초해서 문화인류학적 근거가 희박한 젠더유토피아주의를 주장하고 있다.

버틀러는 안티고네는 쉽게 말해 애매모호성(ambiguity)을 대표하는 인물로 보는데, 이 애매모호성은 지라르가 분석하는 차이소멸(L'indifférenciation)로 파악해야 한다. 버틀러는 친족과 국가를 대립시키는 헤겔 등의 해석에 반대한다. 버틀러는 안티고네라는 존재의 모호한 위치를 강조한다. 안티고네는 어머니(이오카스테)와 근친상간한 오이디푸스의 딸이기 때문에, 안티고네에 있어서 폴뤼네이케스는 오빠이면서도 조카이다.

또한, 버틀러는 안티고네가 극 안에서 친족과 젠더의 규범을 교란시킨다는 것을 강조한다. 버틀러에 의하면, 안티고네는 크레온의 법(=남성성)에 저항하면서 남성다워지며, 그러한 반항에 직면해 크레온은 점점 여성다워지기 때문이다. 이러한 안티고네의 정체성의 모호함과 대표 불가능성은 친족의 위기에 대한 알레고리가 될 수 있다고 버틀러는 지적하는 것이다.

안티고네의 성 정체성의 모호함과 그리스 비극 작품에서 묘사되는 친족의 위기 등은 한마디로 사회적 위기를 의미하는 차이소멸로 읽혀야 한다. 친족과 젠더의 규범을 '교란시키는' 자인 안티고네는 지라르가 분석하는 '차이의 파괴자' 곧 희생염소 혹은 파르마코스 역할을 하는 것으로 보아야 한다.

결론부터 말하자면, 안티고네 역시 오이디푸스와 마찬가지로 차이소멸적인 하마르티아(죄)로 인해서 죽임을 당하고, 그녀의 죽음은 그리스 비극을 관람하는 군중들에게 카타르시스를 주게 된다. 오이디푸스와 마찬가지로 안티고네 역시 일종의 카타르시스를 선물하는 카타르마(인간 희생양), 파르마코스(인간 희생양), 희생염소(scapegoat) 역할을 하고 있다. 버틀러는 오이디푸스뿐 아니라 안티고네 역시 프로이트막시즘적인 관점에서 오독하고 있다.

지라르에 따르면, 그리스 비극은 한마디로 폭력적 차이소멸(L'indifférenciation violente)[35]을 반영한다. 안티고네의 성 정체성의 애매호성은 성 정체성의 "폭력적 차이소멸" 혹은 "차이들의 붕괴"로 해석되어야 한다.[36] 그리스 비극은 축제를 상호적 폭력이라는 폭력의 기원으로 끌고간다. 처음에는 평화롭던 디오니소스적인 차이소멸이 곧 폭력적인 차이소멸로 변하게 된다.[37]

그렇기에 근친상간과 부친살해라는 인류문화의 가장 근본되는 차이와 질서를 차이소멸적으로 붕괴시키고 파괴하는 비극적인 하마르티아(비극적 결함, 죄악)를 범한 오이디푸스가 '차이의 파괴자'로서 희생염소 역할을 하는 것처럼, 정체성이 애매모호한 안티고네도 '차이의 파괴자'로서 파르마코스 역할을 하고 있다. 오이디푸스의 근친상간과 버틀러가 새롭게 부각시키는 안티고네의 동성애도 모두 파르마코스 역할을 하는 그리스 비극의 비극적 주인공들의 차이소멸적인 하마르티아로 파악해야 한다.

근친상간 금기를 파계(transgression)한 오이디푸스와 마찬가지로 동성애 금기를 파계한 안티고네는 희생염소 역할을 할 뿐이다.[38] 안티고네는 사실 근친상간 금기를 파계함으로 동성애 금기도 파계했다고 버틀러는 본다. 친족과 젠더의 규범을 교란시키는 차이소멸적인 차이의 파괴자 안티고네는 오이디푸스와 마찬가지로 희생염소 역할을 하고 있으며, 그녀의 죽음을 카타르시스를 관중에게 선물한다.

---

[35] R. Girard, *Das Heilige und die Gewalt* (Zürich: Benzinger, 1987), 110.
[36] R. Girard, *Ich sah den Satan vom Himmel fallen wie einen Blitz* (München Carl Hanser Verlag, 2002), 47-8.
[37] 르네 지라르, 『폭력과 성스러움』(서울: 민음사, 1992), 191-3.
[38] 르네 지라르의 이론의 안티고네를 분석한 연구들은 다음을 참고하라: Wm. Blake Tyrrell, Larry J. Bennett, "Sophocles's Enemy Sisters: Antigone and Ismene," Contagion: Journal of Violence, Mimesis, and Culture (Michigan State University Press), Volume 15/16, 2008-2009, 1-18.

그리스 비극에 등장하는 안티고네에 대한 주디스 버틀러의 프로이트막시즘적이고 젠더 이론적 오독은 '그리스 비극 깊이 읽기'로 교정되어야 한다. 2018년 최근『그리스 비극 깊이 읽기』[39]를 출간한 전남대학교 최혜영 교수는 그리스 비극이 포스트모던적 급진페미니즘이 주장하는 것처럼, 그렇게 전복적이고 혁명적인 텍스트가 아니라 정치적 호국 문학이었다고 주장한다. 즉 그리스 비극에 대한 페미니즘적인 독법을 하는 사람은 그리스 비극 속 여성은 능동적이고 당당하며 주체적이며 그로 인해 고대 아테네의 여성들에겐 비록 참정권이 허락되지 않았지만 여성 인권이 강했으며, 여성이 하나의 인격체로 인정받기 시작했다는 증거라고 주장한다.

하지만 이는 억측에 불과하다고 최 교수는 주장한다. 그리스 비극의 배경이 되는 나라가 아테네의 대척점에 선 폴리스였다는 점을 상기해 보면 '여성이 남성 역할을 대신하는 나라 = 망조가 든 나라'임을 부각하기 위한 극작술의 일환에 불과했기 때문이라는 것이다.

그리스 비극에 나타나는 적극적인 여성상은 여권의 상징이라는 긍정적 측면이라기보다 오히려 상대 국가를 폄훼하는 수단으로 이용되고 있다고 봐야 한다고 최 교수는 지적한다. 소포클레스는 '안티고네'에서 테베를 남녀의 역할이 뒤바뀐 사회, 즉 안티고네 같은 여자가 남자같이 용감하고 크레온 같은 남자가 여자같이 비겁한 사회, 시체 매장이라는 신들의 불문율이 지켜지지 않는 사회, 명예로운 행동이 짓밟히는 사회, 왕실의 혈통이 끊긴 사회, 폭군이 지배하는 사회로 그려내고자 한 것이었다는 것이다. 이와 대조적으로 아테네가 등장할 때는 어김없이 민주정의 나라, 신들을 경외하는 나라, 남성이 남성다운 사회, 자손이 번성하는 사회로 그려진다.[40]

---

[39] 최혜영,『그리스 비극 깊이 읽기』(서울: 푸른역사, 2018).
[40] 권재현, "정치와 종교를 빼고 그리스 비극을 논하지 말라. 아테네에서 창작된 비극의 주요 무대가 왜 테베인 걸까?"「주간동아」, 2018년 6월 12일 기사(https://weekly.donga.com/3/all/11/1347221/1).

이렇게 주디스 버틀러는 그리스 비극 주인공인 안티고네의 전복성을 너무 순진하게 액면 그대로 받아들이면서, 당시 그리스 비극을 필요로 했던 당시 사회정치적 메커니즘(희생양 메커니즘)의 코드를 읽어내지 못했다. 그리스 비극의 비극적이고 파계적인(transgressive) 주인공/희생염소인 안티고네를 프로이트막시즘적이고 포스트모던적인 급진페미니즘과 젠더 이데올로기를 지지하는 근거로 삼을 수 없다. 왜냐하면, 안티고네 이야기를 담은 그리스 비극 자체가 그렇게 혁명적이고 전복적인 텍스트가 아니라, 그리스 폴리스의 번영과 안정에 기여하는 일종의 정치적 호국 문학이었기 때문이다.

최혜영 교수는 그리스 비극을 당시 그리스의 정치적이고 종교제의적 맥락으로부터 이탈해서 순수문학 작품으로서 심미적이고 미학적으로 읽어내는 것과는 달리(물론 그것도 하나의 가능한 독법일 수도 있지만), 그리스 비극이 아테네 시민들의 대동단결을 이끌어내기 위한 정치적 프로파간다라고 해석했다. 그리스 비극은 정치적 문학이요 호국 신앙의 산물이라는 것이다.

최 교수의 『그리스 비극 깊이 읽기』는 그리스 비극에 대한 미학적-심미적 해석에 강력한 망치질을 가한다. 고대 그리스 비극이 순수문학이 아니라 정치적 문학이었다는 것이다. 그리스 비극들은 기원전 5세기 전후 일종의 아테네 우선주의에 기초해 당시 그리스 내 적대국 내지 경쟁국이던 도시국가(폴리스)들을 깎아내리는 한편 아테네 시민의 대동단결을 끌어내기 위한 '정치적 프로파간다'에 가까웠다는 것이다. 이런 해석은 지라르가 그리스 비극을 새롭게 읽으면서 자신의 희생양 메커니즘, 보다 정확히 번역하자면 희생염소 메커니즘(scapegoat mechanism) 속에서 해석한 것과 맥을 같이한다.[41]

---

[41] 최혜영 교수에 따르면, 그리스 비극경연 자체가 사회내부의 대동단결을 이루고자 하는 희생제의로부터 파생되었다는 것이다. 최 교수는 오이디푸스 신화에 왜 테베가 자주 등장하는지에 질문하면서, 그것이 테베가 아테네의 대척점에 서 있는 일종의 적국이었다는 점과 관련된다고 말한다. 또한, 그리스 비극에 여성들이 전면에 부각되는 것을 비록 당시에 여성참정권은 없었지만 능동적이고 당당한 주체로서의 여성을 보여준다는 일부 해석과는 정반대로 그리스 비극의 배경이 테베와 같은 아테네의 대척점에 있는 도시

즉 지라르가 해석하듯이 희생제의와 마찬가지로 그리스 비극도 정상적 사회질서의 전복과 차이소멸을 보여주기에 버틀러가 주장하는 안티고네처럼 그리스 비극에 여성들이 전면에 등장하는 것을 나이브하게 액면 그대로 현대 페미니즘적으로 읽는 것은 낭만적이라는 것이다. 일견 전복적이고 혁명적이고 파계적인(transgressive) 전사처럼 보이는 안티고네는 오이디푸스처럼 인류 문화의 가장 기본적인 금기를 파계하는 하마르티아를 범해서 군중에게 카타르시스를 선물하는 일종의 파르마코스(인간 희생양)로 읽어야 한다.

버틀러에 의하면, 동성애 금기는 프로이트의 오이디푸스 콤플렉스론과 프로이트뿐만 아니라 구조주의 인류학이 말한 근친상간 금기에 보이지 않게 전제되어 있다. 그녀에 따르면, 근친상간의 금지는 동성애의 금지를 이미 전제하고 있다고 할 수 있다. 그 이유는 그것이 욕망의 이성애화(heterosexualization)를 가정하고 있기 때문이다.

그녀에 의하면, 근친상간 금기는 욕망을 이성애적인 것이라고만 보는 것이다. 그녀에 따르면, 근친상간 금기는 이성애 결혼제도를 영속화시키는 장치다. 레비-스트로스는 근친상간 금기가 자연 상태와 문명상태를 구별하는 핵심적인 기준이라고 보았다. 즉 레비-스트로스에 따르면, 친족 구조의 핵심은 근친상간 금기다.

버틀러는 레비-스트로스의 근친상간 금지의 규칙이 보편규칙이 아니라 이성애 결혼제도를 영속화시키는 장치라고 보았다. 버틀러는 프로이트의 정신분석과 인류학은 중요한 금기로 '근친상간 금기'를 들지만, 이 '근친상간 금기'라는 설명방식은 그 이전에 선행하는 '동성애 금기'를 은폐하면서 '이성애'를 생산하는 역할을 하고 있다고 비판한다.

라는 사실을 기억한다면 여성이 남성 역할을 하는 망조가 든 나라라는 것을 보여준다고 바르게 최 교수는 해석했다." '권재현의 심중일언.' "그리스 비극에 테베가 주요 무대로 등장하는 이유를 아시나요?: 『그리스 비극 깊이 읽기』를 펴낸 최혜영 교수"「주간동아」, 2018년 6월 9일 기사(https://m.post.naver.com/viewer/postView.nhn?volumeNo=15992000&memberNo=39087579).

레비-스트로스에 따르면, 친족 구조에는 인간 사회에서 한 남자는 딸이나 누이의 이름으로 이루어지든 간에 자기 여자를 다른 남자에게 양보하는 그 남자로부터만 여자를 취할 수 있다는 것을 의미하는 근친혼의 금지라는 보편적 법칙이 존재한다. 안티고네의 비극은 이 법칙에서 벗어난 그의 친족에서 비롯되었다. 그런데 버틀러는 여기에서 근친상간의 금기 이전에 이미 배제되어 있는 동성애를 문제시한다.

버틀러는 레비-스트로스의 구조주의 인류학과 프로이트 정신분석학의 기초에 있는 근친상간 금기 자체도 비판하지만, 르네 지라르는 자신의 주저 『폭력과 성스러움』(*La Violence et le Sacré*)[42] 제3장 "오이디푸스와 희생양," 제7장 "프로이트와 오이디푸스 콤플렉스," 제8장 "<토템과 터부> 그리고 근친상간의 금기" 그리고 제9장 "레비-스트로스, 구조주의와 결혼 관습"에서 버틀러가 주장하는 것과는 전혀 다른 해석과 분석을 제시했다.

르네 지라르는 레비-스트로스의 구조주의 인류학의 성과를 계승하면서도 '폭력과 섹슈얼리티'의 깊은 관련성과 '폭력적인 상호성'의 관점에서 다른 관점을 다음과 같이 제시한다.

인간 문화의 기본은 본질적으로 자연발생적인 상호성에 그대로 내맡겨두면 돌이킬 수 없는 폭력에 빠져버릴지도 모르는 개인과 공공 영역의 모든 양상을 구분하고 또 '차별화'함으로써 폭력이 발발하는 것을 막는 데 있다. 결혼 규칙들은 모두 그들이 소유하고 있는 핵심 가족, 특히 누구보다도 그들 사이의 파괴적인 경쟁 상태가 촉발될 위험이 있는 처음부터 같이 살던 그들의 딸과 누이들을 포기한다는 단 하나의 규칙으로 모아질 수 있다.

그들은 딸과 누이들을 이웃에게 넘겨서 그들과 결혼하게 한다. 그러고는 이웃에게서 딸과 누이들을 일종의 반대급부로 받아서 이들과 결혼한다. 금기란 항상 가장 손쉽게 접근할 수 있기에 그 소유자들에게는 가장

---

[42] René Girard, *La Violence et le Sacré* (Paris: Grasset, 1972).

위험스러운 갈등을 유발할 수 있는, 가장 가까이 있는 사람들의 소유를 대상으로 과해진다. 인류 문화는 가까운 관계들 간의 폭력을 두려워하기에 모든 것을 교환하지 않을 수 없다.

몇몇 언어에서는 기증이나 선물을 의미하는 단어가 동시에 '성가심'을 뜻하고 있다. 자기 가족의 여자와 같이 사는 것보다는 다른 집단의 여자와 같이 사는 것이 훨씬 더 쉽다. 지라르는 이것을 교환의 기원이라고 주장한다. 『증여론』의 저자인 마셀 모스(M. Mauss)를 비롯한 수많은 사람이 평화로운 교환에 왜 첨예한 갈등에서 비롯되는 처절한 살육이 나타나는 등 항상 폭력적인 면이 동반되는 가에 대해서 질문을 제기했지만, 해답을 찾지 못했다고 말하면서, 지라르는 그것을 '폭력적인 상호성' 개념으로 해명했다.[43]

버틀러는 안티고네의 금기 파괴 혹은 파계(transgression)의 카타르시스적인 코드를 이해하지 못한 채 그것을 자신의 젠더유토피아주의를 지지하는 근거로 삼고자 한다. 근친상간으로 얼룩진 안티고네의 집안 자체가 그렇게 도덕적인 집안이 아니다. 안티고네의 모든 비극은 근친상간으로 이루어진 친족 관계에서 비롯되어 반복된 것이다.

버틀러에 따르면, 안티고네는 아버지와 오빠를 사랑한 근친상간자, 더이상 여자가 아닌 남자, 그러므로 동성애자 등의 복잡한 정체성을 띤다. 안티고네의 혼란스러운 죄는 혼란스러운 친족 관계에서 비롯된 것이다. 그러므로 안티고네는 친족 관계의 그 무엇에 대해 암시하는 것이 틀림없다고 버틀러는 이해한다.

이러한 혼란스러운 안티고네의 정체성은 그의 혼란한 친족 구조에서 비롯된다. 근친상간자이자 동성애자로서 안티고네는 친족 관계의 기본적인 질서와 차이를 붕괴시키고 소멸시키는 '차이의 파괴자'로서 죽임을 당하

---

[43] 르네 지라르, 『그를 통해 스캔들이 왔다: 모방적 욕망과 르네 지라르 철학』 (서울: 문학과지성사, 2007), 30-31.

는 파르마코스다. 그녀의 혼란스러운 성적 정체성의 교란은 성적 정체성의 차이소멸로 읽어야 한다.

레비-스트로스에 따르면, 인간 사회는 근친혼의 금지라는 보편적인 법 위에서 성립하는데, 버틀러는 이에서 한 걸음 더 나아가 근친상간의 금기가 동성애의 금지를 이미 전제하고 있다고 주장한다. 안티고네의 혼잡한 죄는 이 두 가지 금기를 동시에 어긴 것에서 기인한다. 버틀러는 안티고네가 이미 오이디푸스의 딸이자 누이라는 점에서 친척관계의 상징계는 허물어지는 것이며, 오빠에 대한 그녀의 사랑은 상징계의 시발점인 근친상간 금기를 무너뜨림과 더불어 친족 관계의 치명적 일탈을 보여주기 때문에 그녀의 이런 일탈행위를 금기와 더불어 국가 자체에 대항하는 모범적인 페미니스트 행위로 제시한다.

하지만 근친상간 금기를 파계하고 친족 관계의 치명적 일탈을 보여주는 안티고네는 국가 체제에 저항하는 모범적인 페미니스트가 아니라, 정치적 호국 문학이었던 그리스 비극 작품의 파르마코스 역할을 감당하는 비극적인 주인공에 불과했다.

도시국가 유지에 필요한 재생산 역할을 맡아주면서 동시에 공동체 이익에 반하는 존재이기도 한 여성 안티고네는 헤겔에게 있어서는 '공동체의 영원한 아이러니'였는데, 폴리스의 영원한 아이러니는 야누스적이고, 모순적이고 그리고 차이소멸적인 존재인 희생염소 안티고네로 이해될 수 있다.

버틀러에게 있어서 근친상간의 자식인 안티고네는 규범적 친족의 경계를 허물어내는 존재다. 또한, 왕 크레온에게 호통치는 안티고네의 언어는 남성의 것을 모방한다. 버틀러의 해석에 따르면, 안티고네는 남성적 언어와 남성적 코드를 수행함으로써 젠더의 경계마저 흐리고, 아울러 공적·정치적 영역과 오이코스 영역을 교란하는 존재이다. 버틀러는 이 성 정체성을 교란시키고 혼란시키는 존재인 안티고네를 수많은 젠더를 말하는 자신의 젠더 이데올로기의 근거로서 제시하지만, 우리는 이 성적인 정체성의 모호성, 교란성 그리고 파계로 특징지어지는 안티고네를 차이소멸적인 파르마코스로 읽어낼 수 있다.

버틀러는 안티고네가 섹슈얼리티도 교란하고 있다면서, 성 정체성을 전복하고 해체하고 교란하는 자신의 젠더 이데올로기의 이론적 기초로 만들고 있다. 안티고네는 오이디푸스의 저주를 완성하면서 동시에 배반함으로써 아버지의 명령에 난잡하게(promiscuously) 복종했다. 뿐만 아니라 아들들은 근친살인을 저질렀고, 딸 안티고네는 남성젠더를 획득할 뿐만 아니라 근친상간에 빠지게 되어버렸다는 점에서 오이디푸스 자신의 운명 역시 반복되었다.

버틀러는 안티고네의 파계적 일탈성과 성적인 문란함을 자신의 젠더 이데올로기의 성혁명적이고 성정치적 전복과 혁명의 근거로 삼고 있지만, 이는 그리스 비극에 대한 포스트모던적 오독이다. 이렇게 근친상간으로 얼룩진 오이디푸스와 안티고네 이야기는 젠더 이데올로기에서 말하는 성 정체성의 전복과 해체가 아니라, 그리스 비극의 존재이유인 카타르시스를 위한 비극적 주인공/영웅/희생염소 들의 차이소멸적인 하마르티아와 그 카타르시스적인 호국 문학의 관점에서 이해되어야 한다.

이렇게 버틀러는 그리스 비극에 대한 오독에 기초해서 인류의 오래된 금기인 근친상간 금기와 동성애 금기를 전복적으로 해체하려고 한다. 하지만 근친상간 금기 파계와 동성애 금기 파계는 하마르티아(죄, 비극적 결함)로 읽어야 한다. 지라르에 따르면, 그리스 비극은 한마디로 차이소멸을 말한다. 지라르에게 있어서 세계 신화와 인류 제의를 한마디로 요약하면 차이소멸이다. 애매모호성을 대표하는 안티고네는 지라르가 말하는 차이소멸을 의미한다.

지라르에 따르면, 문화체계는 차이의 체계요 세계 신화와 (희생)제의는 차이소멸로 요약할 수 있다. 세계 신화에서 형제살해의 이야기가 많고 쌍둥이의 메타포가 많이 등장하는 이유가 바로 위기적, 갈등적, 폭력적 그리고 경쟁적 차이소멸을 신화와 제의가 보여주기 때문이라는 것이다. 지라르는 문화를 차이의 체계로 파악한 레비-스트로스의 입장을 받아들여서 세계 신화와 제의를 한마디로 차이소멸로 파악했다. 지라르는 자신의 논문 "레비-스트로스와 현대 비판적 이론에서의 차이화와 차이소멸"에서 이를 잘 주장하고 있다.[44]

많은 현대인은 차이소멸을 의미하는 안티고네의 동성애와 오이디푸스의 근친상간과 부친살해가 오늘날 친일파, 빨갱이와 같은 당시 그리스 폴리스의 정치적 마녀사냥이라는 사실을 깨닫지 못하고 있다. 그들의 동성애 금기 파계와 근친상간 금기 파계를 사회주의적이거나 프로이트막시즘적인 혁명과 전복의 상징으로 찬양할 것이 아니라, 그 금기 파계를 둘러싼 보다 깊은 메커니즘과 코드를 해독하는 것이 더 중요할 것이다.

빌헬름 라이히의 프로이트막시즘적인 성혁명과 성정치 운동에서부터 주디스 버틀러에 이르기까지 프로이트의 정신분석에 기초에 있는 오이디푸스 콤플렉스 이론의 근친상간을 오독했기에, 어린아이들의 억압된 근친상간적 성 욕망을 긍정하고 해방시켜야 한다는 독법이 나왔고, 이 독법으로 인해서 라이히 이후 유럽 68문화혁명 세대들과 독일 녹색당 그리고 미셀 푸코 등에 이르기까지 소아성애를 탈범죄화해서 합법화시켜야 한다는 주장이 나온 것이다.

하지만 지금까지 지라르의 독법을 통해서 살펴본 것처럼, 오이디푸스의 근친상간은 현대인이 긍정하고 해방시켜야 할 억압된 어린이들의 근친상간적 성 욕망 아니라, 파르마코스 역할을 했던 오이디푸스의 하르마티아(죄)였다.

---

44 René Girard, "Differentiation and Undifferentiation in Lévi-Strauss and Current Critical Theory," *Contemporary Literature* Vol. 17, NO. 3 (1976): 111-136.

8. 파르마코스 오이디푸스: 지라르의 오이디푸스 콤플렉스 이론 비판

　문화막시즘적인 성혁명, 성해방, 성정치 운동으로부터 나온 동성애, 퀴어 이론, 젠더 이데올로기는 프로이트의 정신분석학으로부터 탄생했는데, 프로이트의 정신분석학은 오이디푸스 콤플렉스 이론이라는 초석에 세워져 있다. 여기서는 이 프로이트 이론의 초석이자 동시에 아킬레스건인 오이디푸스 콤플렉스 이론은 르네 지라르가 오래전부터 비판한 것처럼, 그리스 비극 작품 소포클레스의 『오이디푸스 왕』에 대한 범성욕주의적 오독으로부터 나온 잘못된 이론이라고 주장할 것이다. 그리스 문명을 다루는 서양고전학 분야에서도 지라르의 이론은 수용되고 있다.

　2014년 서울대학교 서양고전학연구소 콜로키움에서 발표된 이성원 명예교수의 논문 "소포클레스의 오이디푸스와 프로이트의 오이디푸스"는 "프로이트의 오이디푸스 콤플렉스 이론은 근본적으로 재검토되어야 한다는 생각에서 출발한다"라고 주장한다. 이 논문은 오이디푸스가 일종의 희생양, 보다 정확하게 번역하자면 희생염소(scapegoat) 역할을 하고 있다는 지라르의 해석을 언급하며 소개하고 있다. 이 논문은 지라르의 이론을 소개하면서 오이디푸스의 추방은 당시의 인간 희생양(human scapegoat) 파르마코스 추방과 연관된다고 분석하고 있다.

　이성원 교수는 르네 지라르(René Girard)라든가 고전학자 장-삐에르 베르낭(Jean-Pierre Vernant) 같은 학자는 소포클레스의 『오이디푸스 왕』이 파르마코스의 추방과 밀접하게 관련을 맺고 있다고 본다는 사실을 소개한다. 파르마코스(pharmakos)란 범죄자, 병자, 불구자 등을 수용하는 수용소를 지칭하면서 동시에 그곳으로부터 선정되어 희생물이 되는 존재를 의미하기도 했다.

　아테네에서는 매년 새해가 되면 이곳에서 무작위로 한 사람을 선정하여 골목골목을 끌고 다니고는 돌팔매질을 하여 공동체 밖으로 추방하는 풍습이 있었다. 이렇게 하면 지난해에 쌓인 모든 더러운 것, 나쁜 것이 이

들에 묻어 씻겨져 나가고 공동체는 다시금 정화된다는 믿음에서였다.[45]

『폭력과 성스러움』에서 프로이트의 오이디푸스 콤플렉스 이론을 비판하고 오이디푸스를 일종의 인간 제물 파르마코스 혹은 인간 희생염소(human scapegoat)로 새롭게 해석한 지라르의 입장을 수용해서 이성원 교수는 결론 부분에서 다음과 주장한다.

> 그러나 가령 코린토스 지방에서는 새해를 맞으면 한 사람을 선정해 말 뒤에 묶어 놓는 말을 채찍질하여 마을 밖으로 질주하게 하는 풍습이 있었으며, 파에톤의 이야기는 이 풍습과 관련되어 이야기되었다면, 우리는 이를 어떻게 보아야 할까?
> 질주하는 말에 매달려 끌려가는 사람은 필경 죽게 될 것인데, 이것이 매년 이행되는 풍습이라면 이는 필경 파르마코스(*pharmakos*)의 추방과 관련된 것이라 생각해 볼 수 있다.[46]

이성원 교수가 적고 있듯이, 프로이트는 오이디푸스 콤플렉스가 모든 인간의 보편 현상이라고 단언하였고, 소포클레스의 『오이디푸스 왕』에서 이 콤플렉스가 명백히 표출되고 있음을 확인한다. 오이디푸스는 그리스 신화에 나오는 인물 중에서 가장 널리 알려진 존재일 것이다.

독일 철학자 마틴 하이데거는 그리스 비극 작품 중에서 소포클레스의 『오이디푸스 왕』을 최고의 예술작품으로 평가하기도 했다. 그러나 오이디푸스 하면 현대인들이 우선 떠올리는 것은 소포클레스의 비극 또는 오이디푸스 신화라기보다는 프로이트 이후 널리 알려진 저 오이디푸스 콤

---

[45] 이성원, "소포클레스의 오이디푸스와 프로이트의 오이디푸스," 「서양고전학연구」 제55권 제1호. 르네 지라르의 프로이트 오이디푸스 콤플렉스 이론 비판에 대한 보다 상세한 논의를 위해서는 다음을 참고하라: 정일권, 『질투사회: 르네 지라르와 정치경제학』 (서울: CLC, 2019).
[46] 이성원, "소포클레스의 오이디푸스와 프로이트의 오이디푸스," 42.

플렉스 그리고 정신분석일 것이다. 근친상간과 부친살해의 하마르티아 (비극적 결함 혹은 죄악)를 범한 오이디푸스의 이름을 빌어서 프로이트는 자신의 정신분석의 현장에서 마주치게 된 복합심리를 명명했고, 나아가서 아버지를 제거하고 어머니를 차지하고자 하는 것이 모든 사람의 무의식적 욕망이라고 일반화함으로써 20세기 최대의 논쟁을 불러일으켰다.

프로이트 이후 오이디푸스는 일종의 코드로서 이후 포스트모던 철학자들인 자크 라캉의 정신분석이나 들뢰즈/가타리의 정신분석에까지 작용해 왔다. 하지만 정신분석학의 아버지인 프로이트의 오이디푸스 콤플렉스 이론 자체가 소포클레스의 그리스 비극 작품 『오이디푸스 왕』에 대한 범성욕주의적 오독과 오해에서 나온 것이기에 이제는 전면적으로 검토되거나 폐기되어야 할 이론이고, 또한 실제로 주류 심리학에서 이 이론은 실제로 지금은 큰 영향력을 행사하지 못하고 있다.

한국 프로이트학회에서도 오이디푸스 콤플렉스 이론에 대한 지라르의 비판이 옳다고 수용하고 있는 것으로 안다. 프로이트를 따라서 여전히 오이디푸스와 오이디푸스적인 것에 대해서 논하는 자크 라캉이나 들뢰즈와 가타리의 정신분석도 그다지 큰 설명력을 가지지 못하고 있다. 자크 라캉의 정신분석은 "무의식은 언어에 의해서 구조화되어 있다"라는 말로 요약할 수 있는데, 프로이트가 연구했던 무의식의 세계를 소쉬르의 언어학과 레비-스트로의 구조주의에서 말하는 언어구조주의적 관점에서 이해하려고 하다보니 애매모호하고 난해한 해석만을 생산했을 뿐이다.

이 책 다른 곳에서 주장한 것처럼, 이론물리학자 앨런 소칼은 포스트모더니즘 철학의 지적사기를 비판하면서, 특히 자크 라캉을 비판하고 있다. 최근의 심리학의 주류는 범성욕주의적인 오이디푸스 담론이 아니라, 뇌과학이나 인지심리학이다.

이성원 교수는 지금은 신빙성을 많이 상실하여 그 동력이 떨어진 프로이트의 오이디푸스 콤플렉스 이론에 근본적인 의문을 다음과 같이 바르게 제기했다.

20세기 전반부에는 수많은 인류학자가 오이디푸스 이야기 유형의 민담을 발굴하고 경우에 따라서는 무리한 해석을 가하면서 오이디푸스 콤플렉스가 인간 사회에 보편적임을 입증하려고 애썼다. 지금은 신빙성을 많이 상실하여 그 동력은 떨어졌지만, 그럼에도 원래 '강한 이론'은 어떻게든 그것이 옳았음을 입증해내는 방향으로 관철되는 법인지라(가령 자크 라캉이 프로이트 식의 오이디푸스 개념에는 동의하지 않으면서도 '거세 콤플렉스'라는 프로이트적 용어를 계속 사용하고 있음을 생각해 보라), 오이디푸스 콤플렉스 이론은 계속 반복, 재생산되고 있다고 말할 수 있다.

프로이트는 오이디푸스 콤플렉스의 발견이야말로 자신이 이룬 최대의 성과로 보았고 이는 고금을 막론하고 모든 사회에서 발견되는 인간 현실이요 '사실'이라고 단언하였다. 또 이를 인정하면 그것은 정신분석이고 이를 인정하지 않으면 그것은 정신분석으로 간주할 수 없다고까지 하였다. 그러나 한 세기가 지난 지금까지도 우리는 오이디푸스 콤플렉스의 실재함을 경험적으로 검증할 수 있는 아무런 수단을 갖고 있지 못하다.[47]

이성원 교수에 따르면, 프로이트가 단순히 『오이디푸스 왕』을 정신분석학적으로 읽어내려 한 것이 아니다. 오히려 『오이디푸스 왕』에서 일어나는 일들이 정신분석을 이론화하는 기틀이 되었다는 사실을 그는 바르게 지적했다.

> 19세기에 이르러 서양고전문학 중에서도 가장 높이 평가되기에 이른 소포클레스의 이 작품에서 자신이 수행할 작업의 근거와 출발점을 찾음으로써, 프로이트는 거의 필마단기(匹馬單騎)로 개척해 나간 정신분석에 오랜 서양문학 전통의 권위와 아우라를 부여할 수 있었던 것이다.[48]

---

[47] 이성원, "소포클레스의 오이디푸스와 프로이트의 오이디푸스," 37.
[48] 이성원, "소포클레스의 오이디푸스와 프로이트의 오이디푸스," 40.

이성원 교수는 소포클레스의 『오이디푸스 왕』에 대한 잘못된 독법과 해석에 기초한 프로이트의 정신분석이 가지고 있는 일반화의 오류에 근본적인 의문을 제기했다.

> 프로이트는 자신이 '오이디푸스 콤플렉스'라고 명명할 무의식적 욕망이 자신에게 있었음을 자기분석을 통해 '발견'하고 소포클레스의 비극에서 그러한 콤플렉스가 명백히 표출되고 있음을 '확인'한다. 이제 프로이트에 의해 오이디푸스 콤플렉스는 모든 시대 모든 사회에서 작용하고 있는 것으로 일반화되고, 심지어는 이를 받아들이는 것만이 정신분석이고 이를 받아들이지 않으면 가짜 정신분석이라고까지 단언하기에 이른다.
> 그러나 과연 그러할까?[49]

프로이트는 자신의 표현처럼 "우리의 도덕률에 비추어 혐오스럽기 짝이 없는 이 소망" 곧 오이디푸스의 근친상간과 부친살해라는 최악의 하마르티아를 희생염소나 파르마코스를 향한 당시 그리스 폴리스의 사회적 비난이나 마녀사냥이라는 것을 알아채지 못한 채 과도하게 일반화시켜서 오이디푸스의 운명이 우리 모두의 운명이라고 생각했다. 이성원 교수는 프로이트를 비판하면서 다음과 같이 이를 잘 분석하고 있다.

> 프로이트는 『오이디푸스 왕』에서 유아기의 판타지(parricide[존속살해] + incest[근친상간])가 드러나고 성취되고 있는 것으로 본다. 그에게 신탁은 무의식적 욕망을 대변한다. 신탁의 내용이 너무도 끔찍하여 이를 벗어나려는 오이디푸스의 필사적 노력은 의식에서 작용하는 '억압'을 의미하고, 그러는 가운데에도 예언은 어김없이 관철되어 라이오스를 죽이고 이오카스테와 결혼하게 되는데, 이것이 바로 오이디푸스의 운명이다. 이러한 운명

---

[49] 이성원, "소포클레스의 오이디푸스와 프로이트의 오이디푸스," 41.

은 우리 모두가 '무의식'으로부터 자유롭지 못함을 말해준다. '오이디푸스의 운명은 우리를 감동시킨다. 그것은 신탁이 그에게 내린 저주를 우리에게도 내렸기에 오이디푸스의 운명이 우리들의 운명일 수도 있었기 때문이다. 그것이 우리 모두의 운명이다.' '오이디푸스처럼 우리도 우리의 도덕률에 비추어 혐오스럽기 짝이 없는 이 소망을 모른 채 살아가고 있다. 그러나 그 소망은 자연이 우리에게 부과한것이다.' 이 '모름'이 바로 무의식을 대변하고 있다.[50]

프로이트는 오이디푸스의 근친상간과 부친살해를 "우리의 도덕률에 비추어 혐오스럽기 짝이 없는 소망"이라고 표현했는데, 그는 이것을 모든 인류가 보편적으로 가지고 있는 "무의식적 욕망"이라고 부당하게 일반화시켰다.

하지만 지라르의 주장처럼 오이디푸스의 혐오스럽기 짝이 없는 반도덕적 근친상간과 부친살해는 무의식적 성 욕망이 아니라, 파르마코스 역할을 하는 오이디푸스에 대한 마녀사냥으로 보아야 한다. 소포클레스의 『오이디푸스 왕』에 대한 잘못된 이해로부터 탄생한 프로이트의 오이디푸스 콤플렉스 이론과 그의 정신분석에 대한 지라르의 비판과 그의 새로운 해석은 프로이트 정신분석학에서 파생된 이후의 포스트모던적 정신분석(라캉, 크리스테바, 들뢰즈-가타리)이 천착하고 있는 오이디푸스적인 것에 대한 근본적인 재검토를 의미한다.[51]

근친상간과 부친살해라는 오이디푸스의 최악의 치명적이고 비극적인 결함과 죄악인 하마르티아를 지라르는 프로이트처럼 무의식적이고 억압된 성 욕망이 아니라, 희생염소로 몰아가기 위한 그리스 폴리스의 사회적 비난 혹은 사회적 마녀사냥으로 새롭게 해석했다.

---

50 이성원, "소포클레스의 오이디푸스와 프로이트의 오이디푸스," 34.
51 이 부분에 대해서는 필자의 저서 『르네 지라르와 현대사상가들의 대화: 미메시스 이론, 후기구조주의 그리고 해체주의 철학』(서울: 동연, 2017) 제8장 "들뢰즈: 안티 오이디푸스와 희생양 오이디푸스"를 참고하라.

아리스토텔레스가 『시학』에서 그 용어를 사용한 이래 '하마르티아' (*hamartia*, 과오, 잘못)라는 용어는 비극의 중심개념으로 다루어졌는데, 그것은 "성격이 곧 운명"이라는 명제와 결합하여 비극의 주인공의 "성격적 결함"을 의미했다. 아리스토텔레스는 하마르티아의 대표적인 예로 오이디푸스의 근친상간과 부친살해를 언급하는데, 지라르는 이것을 희생염소에게 전가하는 차이소멸적 죄로 해석했다. 오이디푸스는 그리스 폴리스의 인간 희생양들이었던 파르마코스(*pharmakos*)였다.

9. 『안티 오이디푸스』와 파르마코스 오이디푸스

지금까지 본 것처럼, 오이디푸스는 성혁명과 성해방의 상징으로 오해되었다. 반자본주의적이고 프로이트막시즘의 관점에서 쓰인 들뢰즈와 가타리의 책에서도 오이디푸스는 성혁명의 상징으로 오해되고 있다.

독일 헌법학자 칼 슈미트에게 있어서 정치적인 것은 '친구와 적의 구분'이었다면, 빌헬름 라이히에게 있어서 정치적인 것은 바로 성억압으로부터 해방과 혁명이었다. 소포클레스의 그리스 비극 작품 『오이디푸스 왕』에 대한 프로이트막시즘의 오독과 오해는 프랑스 포스트모더니즘 철학에도 지속되는데, 여기서는 들뢰즈와 가타리의 『안티 오이디푸스: 자본주의와 정신분열』를 비판적으로 분석하고자 한다. 프로이트막시즘에 기초해서 자본주의가 정신분열증을 양산한다고 주장하는 포스트모던 철학자 들뢰즈와 가타리를 비판적으로 논의하고자 한다.

빌헬름 라이히의 성혁명 개념이 계승되고 푸코가 서문을 쓰기도 한 들뢰즈와 가타리의 『안티 오이디푸스: 자본주의와 정신분열증』[52]은 서구의

---

52 Gilles Deleuze; Felix Guattari; Michel Foucault, *Anti-Oedipus: capitalism and schizophrenia* (Minneapolis : University of Minnesota Press, 1983).

존재 방식을 유지시켜 왔던 "환상들에 대한 해체" 시도라고 주장한다.[53] 하지만 들뢰즈와 가타리의 『안티 오이디푸스』도 은폐된 희생양 오이디푸스에 대한 그리스 폴리스의 환상을 해체하지 못하고 있다. 앞에서 본 것처럼, 빌헬름 라이히도 주디스 버틀러도 파르마코스 역할을 하는 오이디푸스에 대한 비판적 인식을 하지 못하고 있다. 희생양 메커니즘이 완벽하게 작동하기 위한 전제조건은 그 메커니즘에 대한 인지불능(méconnaissance)이라고 지라르는 말한다.[54]

들뢰즈와 가타리는 『자본주의와 정신분열증』이란 제목으로 두 권의 책을 냈다. 첫 번째가 『안티 오이디푸스: 자본주의와 정신분열증』(*L'Anti-oedipe : capitalisme et schizophrnie*)이고, 두 번째는 『천개의 고원』(*Mille Plateaux: Capitalisme et Schizophrnie*)이다.

『안티 오이디푸스』는 1968년 문화혁명을 중심으로 하는 당시 프랑스 정치학의 급진적인 전환의 관점에서 쓰였다. 이 책은 모든 종류의 구조들과 위계질서들에 대한 강한 공격을 포함하고 있다. 들뢰즈의 사유에는 니체적이고 디오니소스적인 것이 흐른다.

들뢰즈는 프랑스에서 처음으로 니체에 대한 첫 번째 책을 출판했다. 그의 『니체와 철학』은 1962년에 프랑스에서 출판되었다.[55] 들뢰즈의 책으로 인해 니체는 다양성과 차이의 철학자가 되었다. 즉 '새로운 니체'가 프랑스에서 "리메이크"(remake)된 것이다. 니체가 철학에 도입한 새로운 이미지는 운동이라는 것이다.[56]

들뢰즈는 니체를 전혀 새롭게 해석했다. 그는 "노마드 사유"라는 자신의 논문을 『새로운 니체』(*The New Nietzsche*)라는 책에서 게재했다. 니체를

---

[53] Geoffrey Samuel, *Tantric Revisionings. New Understandings of Tibetan Buddhism and Indian Religion* (Delhi: Motilal Banarsidass, 2005), 335.
[54] Girard, *Das Heilige und die Gewalt* (Zürich: Benzinger, 1987), 154, 37, 175f.
[55] Gilles Deleuze, *Nietzsche et la philosophie* (Paris: Presses Universitaires de France, 1962).
[56] Fleming and John O'Carroll, "Nietzsche, the Last Atheist," 232-233.

따라서 들뢰즈는 일종의 "반-철학"(counter-philosophy)을[57] 제시했다. 니체가 말한 디오니소스적이고 즐거운 긍정을 들뢰즈의 사유에서도 발견할 수 있다. 들뢰즈는 노마드, 다양성, 카오스모스(chaosmos, chaos와 cosmos의 합성어), 정신분열증, 넌센스의 센스, 정신착란(delirium), 그리고 다원주의를 강조한다.

들뢰즈는 이렇게 "디오니소스적 사유"를 대변한다.[58] 이 디오니소스적 사유는 사고하는 주체에 갇힌 "명료하고 구분된 개념들"에 대한 데카르트적인 견해를 "가로지르는"(transverse) 것을 약속한다.[59] 들뢰즈는 유럽 68문화혁명을 개념적 언어로 철학적 사유에 포함시킨 첫 학자 중에 하나다. 그의 디오니소스적 반철학(counter-philosophy)은 유럽 68문화혁명의 반문화(counter-culture) 운동과 연결되어 있다.

이렇게 니체에 대한 새로운 독법을 시도한 들뢰즈가 프랑스 후기구조주의의 분위기를 지배했고 또 강하게 영향을 주었다는 사실에는 이견이 없다.[60] 데리다도 들뢰즈와 유사한 입장을 펼쳤다. 데리다는 "니체적인 긍정," 곧 "적극적인 해석에 내맡겨진, 진리 없고 기원 없는 세계에 대한 자유로운 놀이에 대한 즐거운 긍정"을 지지한다.[61]

『니체와 철학』(*Nietzsche et la philosophie*)에서 들뢰즈는 니체의 『도덕의 계보』 어디에서도 니체가 칸트의 『순수 이성 비판』을 언급하지 않았을 뿐 아니라, 그 도덕적 주제들이 칸트 저작의 인식론적 초점과는 전혀 다름에도 불구하고 니체의 이 저작이 칸트의 저작을 재구성하려는 시도였다고

---

[57] Gilles Deleuze, "Nomad Thought," trans. D. B. Allison, in *The New Nietzsche*, ed. David Allison (New York: Dell, 1977), 149.
[58] Gilles Deleuze, Difference et repetition (Paris: PUF, 1968), 3.
[59] Petra Perry, "Deleuze's Nietzsche," *boundary* 2, Vol. 20, No. 1 (Spring, 1993), 181-183.
[60] Perry, "Deleuze's Nietzsche," 175.
[61] Jacques Derrida, "Structure, Sign, and Play in the Discourses of the Human Sciences," in *The Languages of Criticism and the Sciences of Man*, ed. Richard Macksey and Eugenio Donato (Baltimore: Johns Hopkins University Press, 1970), 264.

주장한다. 들뢰즈가 자신의 철학자 해석 방법을 '항문 성교'(enculage)라고 불렀는데, 이는 작가의 뒤를 파고들어가 자기 것 같을 뿐 아니라 기이하고 색다른 '새끼'를 낳는다는 의미다.

들뢰즈와 가타리는 자신들의 작업을 정신분석(psycho-analyse)에 대한 안티 테제를 담고 있는 분열분석(schizo-analyse)이라고 부른다. 그들의 분열분석은 오이디푸스 테제를 반대한다. 『안티 오이디푸스』는 프로이트가 말한 '오이디푸스 콤플렉스'를 겨냥한 것이다. 들뢰즈와 가타리는 욕망을 우주 진화와 역사적 과정의 근본동인으로 본다. 그러나 프로이트는 욕망을 '부모아'(父母我)의 삼각형(오이디푸스 삼각형)에 가둬버림으로써 욕망을 가족 드라마 안에 가둬버렸다. 들뢰즈와 가타리는 이러한 프로이트의 생각을 비판하고, 욕망을 오이디푸스 삼각형 안에서 끄집어 내 자연과 역사에 집어넣는다.

다시 말해 욕망이란 가족이라는 울타리 안에서의 '오이디푸스 콤플렉스'에 의해 설명될 수 있는 것이 아니라, 우주와 역사를 이끄는 근본동력으로 이해되어야 한다는 것이다. 이후 논의하겠지만, 지라르는 이 점에서 가족 드라마로 한정되는 프로이트의 오이디푸스 콤플렉스를 비판하는 들뢰즈와 가타리의 욕망 이론에 어느 정도 동의한다. 지라르에게 있어서 욕망은 오이디푸스 삼각형이 아니라, 모방적 욕망의 삼각형(Le désir triangulaire) 속에서 이해된다.

하지만 가족 드라마로 축소해서 파악하는 프로이트의 오이디푸스 콤플렉스를 비판하는 『안티 오이디푸스』도 오이디푸스 신화에 대한 인류학적 이해가 없어서 그것을 그리스 폴리스의 사회적 드라마 속에서 제대로 파악하지 못하고 있다. 지라르는 근친상간과 부친살해의 비난을 받는 오이디푸스는 그리스 폴리스의 사회적 드라마의 희생양이라고 주장한다. 들뢰즈와 가타리에 의하면, 사회는 욕망통제의 체계이다. 역사에도 어떤 이유나 목적이 없으며, 그저 역사의 근본 동인은 욕망을 따라 움직인다고 본다.

들뢰즈와 가타리는 욕망이 매우 긍정적인 에너지를 갖고 있지만 자본주의는 욕망의 혁명성 때문에 그것을 억제하기에 억제된 욕망은 정신질환을 낳는다고 주장한다. 욕망의 흐름이 막히자 '욕망하는 기계들'인 인간은 정신분열자가 되어 이상한 망상에 사로잡히거나 파라노이아(편집병) 환자가 된다는 것이다. 결국 들뢰즈와 가타리는 디오니소스적 욕망의 분출을 지지한다. 이러한 유사한 주장을 성혁명의 아버지 빌헬름 라이히도 전개했었다.

지라르는 들뢰즈와 가타리의 『안티 오이디푸스』에 대해서 비판적인 평론을 썼다. 지라르는 이 책이 신화와 그리스 비극의 중요성을 간과하고 있다고 본다. 하지만 지라르는 사회적 병리학의 원인을 유아기에서만 발견하려고 해서는 안 된다는 들뢰즈와 가타리의 입장에 어느 정도 동의한다.[62] 앞에서 본 것처럼, 지라르는 레비-스트로스가 신화와 제의를 바르게 이해하지 못하고 있다고 비판했는데,[63] 이 비판은 오이디푸스 신화에 대해서 제대로 이해하지 못하고 있는 『안티 오이디푸스』에게도 해당된다는 것이다.

지라르는 들뢰즈와 가타리가 어떤 사회적 망상(social delusion)을 설명하려는 것에는 동의하지만 그 정신착란(delirium)을 모든 표현과 모든 특정한 대상의 기저에 흐르는 모방적 욕망의 렌즈로 읽어낸다.[64] 들뢰즈와 가타리의 『안티 오이디푸스』에 대한 논평은 『시스템으로서의 망상』(*Delirium as System*)이란 제목으로 다시 작성되어 출판되었다.[65] 들뢰즈가 말하는 정신분열증 망상을 지라르는 희생양 메커니즘이라는 시스템 속에서 이해했다.

---

62 René Girard, "Système du délire. Review of 'L'anti-Oedipe,' by Gilles Deleuze," *Critique* 28, no. 306 (1972), 961.
63 René Girard, "Levi-Strauss and Contemporary Theory," *To Double Business Bound: Essays on Literature, Art and Mimesis* (Johns Hopkins University Press, 1978).
64 René Girard, *Mensonge romantique et vérité romanesque* (Paris: Grasset, 1961). 영어 번역본은 다음과 같다: René Girard, *Deceit, Desire, and the Novel: Self and Other in Literary Structure* (Baltimore: The Johns Hopkins University Press, 1965).
65 René Girard, "Delirium as System," trans. P. Livingston and T. Siebers, in *To Double Business Bound: Essays on Literature, Art and Mimesis* (Johns Hopkins University Press, 1978), 84–120.

모방적 욕망이라는 모델을 사용함으로써 지라르는 욕망을 생리학이나 정신이나 범성욕주의에 정초하고자 하는 모든 시도를 거부한다. 지라르에게 있어서 모방적 욕망은 오직 "대화적 관계"와 "상호적 됨"(becoming) 속에 존재한다. 이 점에서 지라르는 들뢰즈와 가타리 사유의 니체적 지평에 접근한다.

"아버지들과 어머니들에게만 집착했던 프로이트와는 달리 니체는 욕망을 어떤 대상으로부터 분리시켜서 파악한 첫 학자"라고 말한다.[66] 지라르는 들뢰즈와 가타리가 오이디푸스 콤플렉스의 중요성을 과장했다고 평가한다. 『안티 오이디푸스』는 "확실하게 그 핵심에 있어서 '오이디푸스적'(Oedipal)인데, 왜냐하면 정신분석학의 이론가들과의 삼각형의 경쟁으로 완전히 구조화되어 있기 때문이다"라고 지적한다.[67]

지라르는 이 『안티 오이디푸스』가 정신분석학적인 개념으로부터의 출구를 찾고자 하는 이 학문 분야들이 결국 죽은 종말로 귀결되는 것을 보여준다고 평가한다. 이 책은 결정적인 해결책보다는 이전의 문화적 형식을 요약하고 또 증폭시키고 있을 뿐이라고 지라르는 지적한다.

지라르는 그리스 고전주의로부터 시작해서 현대에 이르기까지, 곧 그리스 비극작가 소포클레스로부터 프로이트에 이르기까지 그리고 들뢰즈와 가타리의 『안티 오이디푸스』에 이르기까지 "오이디푸스 (신화)"에 대한 해석에 있어서 "이상한 취약성"을 보인다고 말한다. 소포클레스도 자신의 "파르마코스-영웅"(pharmakos-hero)인 오이디푸스를 끝내 추방했다.[68] 앞에서 분석한 것처럼, 지라르는 들뢰즈와 가타리의 『안티 오이디푸스』에 대한 자신의 서평에서 결국 은폐된 희생양 오이디푸스를 보지 못하고 있다고 비판한다.[69]

66　Girard, "Système du délire. Review of 'L'anti-Oedipe,' by Gilles Deleuze," 965.
67　Girard, "Système du délire. Review of 'L'anti-Oedipe,' by Gilles Deleuze," 976-977.
68　Philippe Lacoue-Labarthe, "Mimesis and Truth," in *Diacritics*, Vol. 8, No. 1, Special Issue on the Work of René Girard (Spring, 1978), 15.
69　Girard, "Système du délire. Review of 'L'anti-Oedipe,' by Gilles Deleuze."

프로이트막시즘으로 요약되는 문화막시즘에 대한 문화인류학적 비판을 시도하는 이 책의 가장 중요한 테제 중 하나는 바로 빌헬름 라이히로부터 들뢰즈와 가타리, 푸코 그리고 주디스 버틀러에 이르기까지 모두 소포클레스의 그리스 비극 작품 『오이디푸스 왕』을 오독하고 있다는 것이다. 그렇기에 필자는 지라르의 분석에 근거해서 오이디푸스를 성혁명, 성해방 그리고 성정치의 상징처럼 제시하는 현대 프로이트막시즘적이고 문화막시즘적인 이론들이 근거 없는 사상누각이라고 주장하는 것이다.

지라르는 자신의 책 『폭력과 성스러움』 제7장 "프로이트와 오이디푸스 콤플렉스"에서 프로이트가 그리스 폴리스의 희생양 오이디푸스를 보지 못하고 있다고 비판했다. 진정한 '안티 오이디푸스'는 향락주의적이고 디오니소스적으로 욕망의 고삐를 푸는 것이 아니라 근친상간과 부친살해라는 가장 '더러운' 범죄를 범했다고 비난받아서 자신을 두 눈을 스스로 찔러 피를 흘리며 왕위를 버리고 죽음을 향해 방랑하고 추방되는 은폐된 희생양으로서의 오이디푸스에 대한 비판적 에피스테메일 것이다.

문화막시즘에 대한 비판적 분석을 시도하는 이 책에서는 21세기 성혁명적 퀴어 이론이나 젠더 이데올로기의 이론적 취약성과 희생양 메커니즘에 대한 인지불능을 지적하고자 한다.

10. 오이디푸스와 안티고네는 성혁명의 상징인가?

앞에서 지라르의 논문 "시스템으로서의 망상"(Delirium as System)을 언급하면서, 인문학에서의 카오스의 문제를 주제로 다룬 저널에 기고한 논문 "고독한 광인과 광기에 사로잡힌 군중: 사회적 유대의 대칭적인 형태발생"(The Solitary Madman and the Madding Crowd: Symmetrical Morphogenesis of the Social Bond)에서 지라르 학파의 어느 학자는 '마이너스 원'(minus one)을 초점으로 하는 만장일치에서 볼 수 있는 "형태발생적 능력"(morphogenetic power)에 대해서 지적했다.[70]

은폐된 희생양인 고독한 광인을 가운데 두고 광분에 휩싸인 차이소멸된 군중은 점차적으로 질서를 회복해 간다. 인류 문화의 기원에 대한 연구에 있어서, 지라르는 사회적 제도의 무한한 다양성 뒤에서 차이소멸화된 군중(the undifferentiated crowd)을 본다.

지라르는 이 집단광기의 정신착란과 망상을 희생양 메커니즘 속에서 파악한다. 그래서 "통속적 무신론자들"은 이 고독한 광인에게 보이는 신에 대한 집단살해를 제대로 파악하지 못하고 있다고 지적한다. 현대에는 "희생양들에 대한 낭만화"보다 "광기의 신비주의"가 더 많이 존재한다고 말한다. 광인에게 예지력을 투영시키는 것은 단지 현대적인 현상만이 아니다. 광인은 보통사람들로부터 "은폐된 어떤 것," 곧 상상하기 힘든 사건인 신들의 탄생에 대해서 증언하고 있다.[71] 이러한 현대의 '광기의 신비주의'를 우리는 디오니소스의 철학자가 되고자 했던 니체와 니체적인 푸코에게서도 발견할 수 있다.

들뢰즈가 『안티 오이디푸스』에서 노마드, 다양성, 카오스모스, 정신분열증, 넌센스의 센스, 정신착란 등을 말하지만 은폐된 희생양인 오이디푸스의 고독한 광기를 둘러싸고 있는 차이소멸된 군중의 정신착란(delirium)을 보지 못하고 있다. 지라르는 레비-스트로스에게서 발견되는 "인식론적 허무주의"가 들뢰즈에게도 발견된다고 말한다. 『안티 오이디푸스』에서 나타난 모든 차이의 유동성은 "유동의 차이화라는 전형적인 구조주의적 제스처에 대한 풍자적 흉내내기와 혼동"이라고 그는 말한다.

지라르는 레비-스트로스와 들뢰즈의 기획이 결국은 "현재의 언어학적 구조에 대한 유아론적(唯我論的, solipsistic)인 이상주의"로 끝나고 만다고 지

---

[70] Mark Rogin Anspach, "The Solitary Madman and the Madding Crowd: Symmetrical Morphogenesis of the Social Bond," in *Synthesis. An interdisciplinary journal.* Chaos in the Humanities. Volume 1 Number 1. Spring 1995, 143.

[71] Anspach, "The Solitary Madman and the Madding Crowd: Symmetrical Morphogenesis of the Social Bond," 142-143.

적한다.⁷² 지라르는 니체로부터 포스트모던 철학에까지 흐르는 "부정의 정신"에 동의하지 않는다.

지라르는 『창세로부터 감추어져 온 것들』⁷³에서 "허무주의의 광범위한 진영"에 대해서 지적한다. 후기구조주의자들이나 스스로 포스트모더니스트들이라고 주장하는 학자들은 푸코와 같이 인간의 임박한 실종을 선언하지만 지라르는 인간의 회복을 주장한다. 해체주의 철학은 의미에 대해서 절망하거나 혹은 쉽게 그것으로부터 회피하려고 하지만 지라르는 그의 근본인류학의 입장에서 신비화로부터 의미를 구조하기 위해서 문화의 기원적 순간과 직면한다.⁷⁴

우리는 이 책에서 지금까지 독일 프랑크푸르트 학파의 비판 이론에 흐르는 강한 "부정의 정신," "부정변증법," 부정주의(Negativismus)를 비판적으로 분석했는데, 이러한 부정주의는 유토피아주의적 현실 부정이라는 문화막시즘 정신으로부터 나온 것이다. 정치신학적으로 보면 이러한 문화막시즘은 정치철학자 푀겔린이 분석한 것처럼, 영지주의적 위험을 안고 있다.

반철학적이고 디오니소스적 사유를 대변하는 들뢰즈의 『안티 오이디푸스』는 시대적으로 유럽 68세대의 디오니소스적인 반문화(counter-culture) 문화와 얽혀 있다. 오이디푸스 콤플렉스를 사라져야 하는 것으로 보는 것, 이것이 『안티 오이디푸스』의 가장 간명한 정의이다. 하지만 들뢰즈와 그에 동조하는 사람들은 오이디푸스 콤플렉스의 근친상간과 부친살해에 숨겨진 군중의 심리학을 알아채지 못하고 있다. 근친상간과 부친살해는 희

---

72 René Girard, "Differentiation and Undifferrentiation in Lévi Strauss and Current Critical Theory," in *Directions for Criticism: Structuralism and Its Alternatives*, ed. Murray Krieger and L.S. Dembo (The University of Wisconsin Press, 1977), 133.
73 Girard, *Things Hidden since the Foundation of the World*.
74 Thomas F. Bertonneau, "The Logic of the Undecidable: An Interview with René Girard," in *Paroles gelées*, 5(1). http://escholarship.org/uc/item/7444f0z3, 1987, 1-2.

생양인 인도의 신 시바의 브라만 살해나 붓다들의 살불살조(殺佛殺祖)와 같이 최악의 죄악행위로서, 군중이 희생양 사냥과 마녀사냥을 위해서 사용하는 사회적 비난이다.[75]

오이디푸스 콤플렉스를 욕망의 기본 틀로 삼는 프로이트의 정신분석은 진리를 왜곡해서가 아니라 오이디푸스적 욕망이 생산하는 사회체제를 지탱시키는 제도의 일부분이라는 점에서 비판되어야 한다고 들뢰즈와 가타리는 주장한다. 하지만 『안티 오이디푸스』도 희생양으로서의 오이디푸스를 폭력적으로 추방하는 당시의 그리스 폴리스의 사회체제를 '반대'(안티)하거나 해체하지 못하고, 그 폴리스의 전체성과 사회체제를 지탱하는 은폐된 희생양 메커니즘을 바로 인식하지 못하고 있다.

『안티 오이디푸스』는 디오니소스적 욕망의 해방과 분출에 관한 책으로 필연적인 충동으로서의 욕망에 대한 디오니소스적 긍정을 주장한다. 그들은 욕망을 디오니소스적으로 긍정하고 욕망을 윤리적 실천의 근거와 혁명의 동력으로 삼을 것을 제안한다. 오이디푸스적 욕망을 디오니소스적으로 긍정해서 사회혁명의 동력을 삼을 것을 제안하는 것이다.

빌헬름 라이히도 어린아이 오이디푸스의 근친상간적 성 욕망을 디오니소스적으로 긍정해서 아이들과 청소년들의 성혁명과 성해방 운동을 주장했고, 이러한 이론들은 이후 실제로 일부 유럽 68운동권들과 독일 녹색당 등에 의해서 실제로 실행되었다는 사실을 앞에서 보았다.

하지만 욕망에 대한 과도한 억압도 문제이겠지만, 욕망의 고삐를 풀어놓고 디오니소스적으로 분출시키는 것도 대안은 아니다. 진정한 사회혁명은 우선적으로 자기로부터의 혁명에서 시작되어야 한다. 그것은 먼저 모방적 욕망이 생산하는 형이상학적 인정투쟁의 무상성에 대한 진정한 깨달음에서부터 시작되어야 한다.

---

[75] 붓다들의 하마르티아에 대해서는 다음을 참고하라: 정일권, 『붓다와 희생양: 르네 지라르와 불교문화의 기원』(서울: SFC, 2013).

최근 후기자본주의적 시대정신 속에서 유럽 철학과 인문학 그리고 경제학에서도 정치적, 사회적, 경제적 구조분석 못지않게, 인간의 욕망의 모방적 구조에 대한 분석을 심도 있게 논의한다. 독일 철학자 슬로터다이크는 지라르의 모방적 욕망 이론에 도움을 받으면서 현대의 해방적 운동들이 성공 가운데서 실패했다고 보았다. 인정 자체가 모방적 욕망의 대상이 되었기 때문에, 시민들이 지속적으로 자신들이 장애를 가진 주체들로 스스로를 경험하기 때문이라는 것이다.[76] 앞에서 독일 프랑크푸르트 학파의 3세대 학자인 악셀 호네트에 대한 논의에서 인정투쟁(Anerkennungskampf)에 대해서 이미 다룬 바 있다.

11. 근친상간과 부친살해는 문화혁명의 상징인가?

2020년 초 JTBC '차이나는 클라스'에서 그리스-로마 신화와 정치를 강의한 서양 고전학자 김헌 교수는 그리스-로마 신화는 한마디로 친부살해의 전통이라고 주장했고, 이 주장은 언론보도의 제목으로 채택되기도 했다. 앞에서 본 것처럼, 유럽 68운동, 사회주의자들, 좌파 진영에서는 그리스 비극과 신화에 자주 등장하는 근친상간과 친부살해를 각종 금기에 대한 창조적 파괴와 파계로 적극적으로 오독하고 오해해 왔다. 하지만 친부살해는 인도 법전에 최악의 범죄로 규정된 브라만 살해와 마찬가지로 최악의 하마르티아로 읽어야 하지, 혁명적이고 전복적인 어떤 것으로 적극적으로 오독될 수 없는 것이다.

김헌 교수는 그리스 신화가 어떻게 권력을 만들었는가 중심으로 강의했는데, 근친상간과 부친살해라는 하마르티아를 중심으로 전개되는 그리스

---

[76] Peter Sloterdijk, "Erwachen im Reich der Eifersucht. Notiz zu René Girards anthropologischer Sendung," in R. Girard. *Ich sah den Satan vom Himmel fallen wie ein Blitz. Eine kritische Anthropologie des Christentums* (München: Hanser, 2002).

신화와 그리스 비극 배후에 작동하는 정치적 메커니즘과 권력 메커니즘을 제대로 파악하지 못하고 있다. 오이디푸스의 부친살해에서 볼 수 있는 것처럼, 부친살해 이야기는 정치적 호국 문학 속의 한 풍경일 뿐이다. 근친상간과 부친살해 이야기는 그리스 신화뿐 아니라, 세계 신화 속에서 전형적으로 발견되는 신화적 주인공들의 하마르티아이다.

해체되어야 하고 비판받아야 할 것은 오이디푸스 신화에 은폐된 코드, 메커니즘 그리고 매트릭스로서의 희생양 사냥이다. 프로이트의 오이디푸스 콤플렉스와 들뢰즈와 가타리의 『안티 오이디푸스』는 모두 당시 그리스 폴리스의 희생제의적 사회체제를 제대로 파악하지 못하고 있다. 프로이트의 오이디푸스 콤플렉스에 대한 정신분석적 이론이 오이디푸스적 욕망이 생산하는 사회체제를 지탱시키는 제도의 일부분에 머물고 있다고 비판하는 『안티 오이디푸스』도 모방적 욕망으로 인한 불타는 갈등을 희생양에게 전가시킴으로 사회체제를 지탱하는 사회적 시스템을 이해하지 못하고 있다.

지라르가 말하는 '안티 희생양 오디이푸스' 이론이 대안이 될 것이다. 『안티 오이디푸스』가 진정한 사회적 혁명의 동력이 되기 위해서는 '안티 희생양'이 되어야 할 것이다. 오이디푸스 신화에 은폐된 박해의 논리와 마녀사냥의 논리에 대한 반대와 비판이 참된 의미에서 반파시스트적인 작업이 될 것이다.

푸코는 『안티 오이디푸스』 서문에서 이 책을 '비-파시스트적 삶으로의 입문서'라고 평가했다. 거대한 파시즘에서부터 사소한 파시즘에 이르기까지 이 책은 모든 형태에 파시즘에 저항할 것을 말한다. 파시즘의 요소를 철학 속에 품고 있는 니체를 '새로운 니체'로 리메이크한 들뢰즈는 『안티 오이디푸스』를 통해서 파시즘에 저항할 것을 제안한다. 하지만 참된 의미에서 반-파시트적인 것은 희생양 오이디푸스를 추방하는 그리스 폴리스의 전체성과 그 마녀사냥을 비판하는 것일 것이다.

문화막시즘 전통에 서 있는 많은 학자는 레닌과 스탈린의 소련 공산주의를 파시즘으로 비판하지 않았다. 그들이 말하는 파시즘은 언제나 독일 민족사회주의(나치)와 자본주의를 의미하는 것이었다. 그들 좌파 사회주의자들은 독일 나치를 사회주의 운동이 아니라, 자본주의와 파시즘으로 불렀다.

하지만 히틀러의 독일 나치(민족사회주의)는 이름 그대로 자본주의가 아니라 게르만 민족주의와 결합된 사회주의 운동이었다. 물론 나치즘의 사회주의는 사유재산을 폐지한 국제사회주의(공산주의)와는 다른 사회주의 유형이었다. 많은 프로이트막시즘 전통의 포스트모던 철학자처럼 들뢰즈와 가타리에게는 자본주의는 정신분열을 생산하는 파시즘으로 이해된다. 문화막시즘, 프로이트막시즘, 유럽 68문화혁명, 프로이트막시즘적인 포스트모던적 급진페미니즘에게 있어서 자본주의, 가부장제, 독일 민족사회주의(나치즘), 기독교, 부르주아 가정제도와 결혼제도, 일부일처제, 기독교 성도덕 등이 비판대상이 된다.

들뢰즈와 가타리는 인간 심리학에 오이디푸스 콤플렉스가 중심적이라는 프로이트의 주장을 비판한다. 그들에게 오이디푸스는 후기자본주의 사회에서의 권력 구조들에 대한 무비판적인 참여로 인해 우리가 수용하고 있는 수 없이 많은 형태의 '미시-파시즘'(micro-fascism)의 상징이라 할 수 있다고 한다. 하지만 그들은 신화와 제의에 대한 인류학적 이해가 부족하기에, 희생양 오이디푸스를 중심으로 전개되는 사회 드라마 속에 은폐된 전체주의적이고 파시즘적인 희생양 메커니즘에 대해서 이해하지 못하고 있다.

오이디푸스 신화에서 가장 '더러운' 죄악으로 이해되는 근친상간과 부친살해를 니체적-디오니소스적으로 긍정한다는 것은 당시 사회체제의 전체주의적인 폭력을 긍정한다는 것이다. 지라르가 비판했듯이, 유럽 68문화혁명의 전통에 서 있는 학자들은 인류 문명에 대한 신화와 제의 그리고 타부 등에 대한 인류학적 이해가 부족해서 근친상간과 부친살해 등을 일종의 문화혁명이고 또한 문화 전쟁적 구호로 만들었다. 니체를 따라서 서구의 형이상학적, 로고스 중심적이고 또한 기독교적 철학전통에 대한 해체주의적 '부친살해'를 시도했던 데리다의 사유도 그러하다.

근친상간과 같은 오이디푸스적 욕망을 화두로 해서 한때 유행했던 포스트모던 향락주의적 담론도 인류의 신화와 제의 그리고 문명에 대한 보다 깊은 이해를 가지지 못한데서 나온 것이다. 근친상간은 오이디푸스적 욕망이 아니라, 폴리스의 희생양 오이디푸스의 죄악으로 파악해야 옳다.

독일 철학자 슬로터다이크는 "질투의 제국에서 잠을 깨다. 르네 지라르의 인류학적 메시지에 대한 메모"에서 지라르가 유대교의 십계명에 대한 "인류학적 새로운 해석"을 통해서 인간 욕망의 미메시스적인 구조를 밝히고 있다고 소개한다. 특히 그는 십계명의 마지막 계명에서 볼 수 있는 섹슈얼리티와 소유에 대한 모방적 욕망과 경쟁, 질투의 문제를 언급한다.

하지만 슬로터다이크는 지라르가 유대-기독교적 도덕과 십계명에 근거해서 니체의 '신이교주의'(Neopaganismus)에 대한 "신학적-문화 전쟁적인 표현"을 했다고 비판했다.[77] 하지만 그는 지라르의 이론이 현대의 "신이교주의"에 대항한 문화 전쟁적 측면이 있다고 비판한다.[78] 그러나 유럽 도덕과 기독교 전통에 대항해서 먼저 문화 전쟁을 선포한 것은 니체이고 그 이후 니체의 계보학과 지식의 고고학의 전통에 서 있는 학자들이다.

앞에서 보았듯이 빌헬름 라이히의 『성혁명』이라는 책의 원제도 『문화 전쟁 속의 성』(*Die Sexualität im Kulturkampf*)이다. 빌헬름 라이히의 문화막시즘적인 성혁명은 유대-기독교적 성도덕에 대한 문화 전쟁의 의미를 지닌다. 성혁명 운동에서 파생된 퀴어 이론과 젠더 이데올로기 등에도 기독교 도덕과 가치에 대항하는 문화 전쟁적인 차원이 분명 존재한다.

어린아이의 근친상간적 성 욕망을 포함하는 오이디푸스적인 성 욕망의 디오니소스적 분출을 대안으로 제시하는 『안티 오이디푸스』는 지라르가 말하는 현대 사회의 새로운 이교의 담론으로 볼 수 있다. 지라르는 "오늘

---

[77] Sloterdijk, "Erwachen im Reich der Eifersucht. Notiz zu René Girards anthropologischer Sendung," 251.

[78] Peter Sloterdijk, "Erwachen im Reich der Eifersucht. Notiz zu René Girards anthropologischer Sendung," 251.

날의 풍조가 가져다준 것은 사실상 낙태, 안락사, 유니섹스와 같은 이교도의 온갖 풍습으로의 회귀"라고 말한다.

이 "새로운 이교"는 십계명을 비롯한 유대-기독교의 모든 모럴을 참을 수 없는 폭력으로 추정하고, 이런 계명을 완전히 없애는 것을 제일 목표로 삼는다. 이들은 또 도덕률을 충실히 지키는 것은 본질적으로 종교적인 박해의 세력과 같다고 간주한다. 이 "새로운 이교"는 무한한 욕망을 만족시키는 것, 그러므로 이 만족을 가로막는 모든 금기를 없애는 것을 행복이라고 생각한다고 지라르는 지적한다.[79]

지금까지 우리는 프로이트막시즘이 오이디푸스의 근친상간과 부친살해라는 금기 파괴를 문화막시즘적 의미에서의 문화혁명과 성혁명의 문화 전쟁적인 구호와 상징으로 왜곡시켜 버렸다는 점을 비판했다. 이 디오니소스적 새로운 이교는 십계명을 비롯한 유대-기독교의 모든 도덕을 참을 수 없는 폭력으로 추정하고 이를 철폐하려고 한다. 그래서 오이디푸스적인 무한 욕망을 만족시키고, 그 만족을 가로막는 모든 금기를 없애는 것을 행복과 사회해방의 길로 잘못 이해하고 있다.

하지만 이러한 인류 문화, 신화와 제의, 금기 등에 대한 문화인류학적으로 깊은 이해에 기초하지 않은 디오니소스적인 반문화 운동은 결국 68 운동으로 잠시 뜨겁게 분출되었다가 21세기에 접어들면서 점차 사라지고 있다.

21세기 유럽에서는 다시금 십계명에 대한 사유적 재발견이 일어나고 있다. 슬라보예 지젝도 십계명을 범할 수 있는 권리 등과 자유주의적-허용주의적 사회의 과도한 권리문화에 대항해서 트라우마틱하게 부관된 신적인 명령인 십계명과 그것의 현대 '인권'의 상호관계를 상기시키면서 십계명을 재발견하고자 한다. "후기정치적인 자유주의적-허용적 사회"에서

---

[79] 르네 지라르, 『나는 사탄이 번개처럼 떨어지는 것을 본다』 (서울: 문학과 지성사, 2004), 226-7.

인권이 결국에는 그 핵심에 있어서 "십계명을 범할 수 있는 권리"임을 지적한다. 프라이버시에 대한 권리, "간음할 수 있는 권리," 언론의 자유와 표현의 자유의 이름으로 주장되는 "거짓말 할 수 있는 권리" 등의 복잡한 문제를 그는 지적한다.[80]

---

[80] Slavoj Žižek, *The Fragile Absolute or, Why is the Christian Legacy Worth Fighting For?* (London and New York: Verso, 1999), 110.

제4장

생물학을 부정하는 젠더 이데올로기는 학문인가?

1. 젠더 이데올로기: 생물학에 대한 전쟁 선포 (노베르트 볼츠)

유럽교회뿐 아니라 젠더 이데올로기에 대해서 강한 의문과 비판을 제기하는 학자들은 바로 자연과학자들, 특히 생물학자들이다. 독일 카셀대학교 진화생물학 교수 울리히 쿠체라(Ulrich Kutschera)는 가장 대표적으로 생물학 자체를 부정하는 젠더 연구는 학문과 과학이 아니라 급진평등주의적 이데올로기(Frau-gleich-Mann-Ideologie)에 불과하다고 비판한다.[1]

젠더 이데올로기를 비판하는 독일과 오스트리아의 많은 국회의원도 생물학을 부정하는 젠더 연구는 학문이 아니라, 문화막시즘이 만들어 낸 정치 이데올로기에 불과하기에, 정부 예산을 삭감해야 한다고 주장한다. 그리고 젠더 이데올로기에 있어서 가장 앞서나간 북유럽의 노르웨이의 경우도 최근 비판적 계몽작업으로 인해서 정부 예산이 대폭적으로 삭감되었다.

독일의 각종 방송과 언론을 통해 잘 알려진 저명한 학자 노베르트 볼츠(Nobert Bolz) 교수는 독일 프랑크푸르트 학파의 아드르노 전공자로서 이후

---

[1] Ulrich Kutschera, *Das Gender-Paradoxon. Mann und Frau als evolvierte Menschentypen* (= Science and Religion. 13) (LIT, Berlin 2016).

에 점차적으로 비판 이론의 좌파적 관점을 벗어나서 보수주의적 사유를 대변하고 있는데, 그는 광적인 페미니즘이 남녀의 사회적 역할들을 성역할들로 바꾸고 있다고 비판한다. 남성과 여성이라는 것은 결코 사회적 구성물(soziales Konstrukt)이 아니라고 그는 주장한다.

볼츠는 광적인 페미니즘이 무엇보다도 생물학적인 성(Sex)을 젠더(Gender)라는 개념으로 몰아내는 언어정치(Wortpolitik)를 시도하고 있다고 분석한다. 그래서 젠더 연구가 활발하게 이루어지는 곳에서는 무엇보다도 남녀의 생물학적 차이를 말하는 "진화생물학에 반대하는 선전포고"가 이루어지고 있다고 분석한다.[2]

노베르트 볼츠는 19세기 중반에는 남녀 모두에게 동일한 가치를 부여하고 도덕과 정치와 학문에서의 여성 해방이 하나의 한계, 곧 여성성을 해치는 것을 하지는 말아야 한다는 한계를 가지는 "계몽된 페미니즘"이 존재했다고 말한다. 즉 여성은 열등한 것이 아니라 다를 뿐이다. 그렇기에 성평등은 여성을 남성처럼 대우하는 것을 의미하지는 않는다. 볼츠에 따르면, 계몽된 페미니즘과 달리 "광적인 페미니즘"(der fanatische Feminismus)은 오늘날 자유나 기회평등을 목적하지 않고, 성과평등 혹은 결과평등(Ergebnisgleichheit)을 목적으로 하고 있다.

모든 사람이 사회 지도층의 고위직을 차지하는 여성 비율만 바라보고 있다. 독일 대학에서의 여성 교수들의 숫자가 얼마나 높은지만 바라보고 있다고 볼츠 교수는 비판적으로 분석한다. 즉 볼츠에 따르면, 오늘날 "광적인 페미니즘"은 자유 대신에 평등을 그리고 기회평등 대신에 결과평등(Ergebnisgleichheit)을 쟁취하려고 한다. 더 나아가 광적인 페미니즘은 그 결과평등마저도 여성 개개인을 위한 결과평등이 아니라 전체로서의 여성 집단을 위한 결과평

---

2 Nobert Bolz, *Diskurs über die Ungleichheit: Ein Anti-Rousseau* (Fink 2009), 52-3. 노베르트 볼츠 교수의 광적인 페미니즘, 젠더 이데올로기 그리고 동성에 대한 입장에 대한 보다 상세한 논의는 다음을 참고하라: 정일권, 『질투사회: 르네 지라르와 정치경제학』 (서울: CLC, 2019).

등을 원하고 있다고 볼츠는 비판한다. 볼츠는 광적인 페미니스트들이 "실제로는 평등보다는 권력을" 쟁취하려고 한다고 분석한다.[3]

독일 철학자 노베르트 볼츠는 원형적인 페미니즘으로서의 계몽된 페미니즘은 지지하지만 보다 광적이고 전투적인 페미니즘을 비판한다. 그는 다시금 신보수주의적 관점에서 가정의 가치를 회복하고자 한다. 그는 전통적이고 보수적인 로마 가톨릭 교인인 아내와 결혼해서 슬하에 4명의 자녀를 두고 있다. 볼츠에 대한 독일 위키피디아(Wikipedia)의 소개처럼 그는 자본주의 시장경제의 개방성에 대해서 근본적으로 긍정적인 입장을 가지고 있으며 정치적 올바름(PC) 현상으로 인한 보수적 견해들의 "터부화"(Tabuisierung)를 비판하면서 개개인들의 높은 책임성을 요구하고 있다.

또한, 사회적 불평등에 대해서 반-루소(Anti-Rousseau)의 입장을 가진 볼츠는[4] 독일 사회에서의 가정해체 현상을 비판적으로 분석하면서 자신의 저서 『가정의 영웅』(*Die Helden der Familie*)에서 "자기실현이라는 새로운 향락주의(Hedonismus)를 비판하고 정치적 올바름(PC)으로서 위장된 자녀 적대성(Kinderfeindlichkeit)을 비판한다. 또한, 볼츠는 정치적 올바름의 터부화로 인해서 저지할 수 없게 되고 있는 "동성애화라는 사회적 트랜드"(gesellschaftlichen Trend der Homosexualisierung)를 비판적으로 분석하고 있다.

2. '해체와 재구성': 문화막시즘과 사회구성주의

포스트모던적-후기구조주의적 퀴어 이론이 목표하는 것도 무엇보다도 전통적인 의미에서의 남녀의 생물학적 성별 구별을 폐지하는 것이다. 퀴어 이론은 포스트모더니즘이라는 매우 특정한 사유와 사조로부터 파생되

---

3   Bolz, *Diskurs über die Ungleichheit: ein Anti-Rousseau*, 48-49.
4   Nobert Bolz, *Diskurs über die Ungleichheit: Ein Anti-Rousseau*, Fink 2009.

었고 그것에 기초하고 있다. 퀴어 이론은 포스트모던적 급진 사회구성주의(social constructionism)와 반실재주의(anti-realism) 등에 기초하고 있다. 즉 남녀의 구분과 차이는 사회적으로 구성된 것이고 실재하지 않는 것이라는 주장이다.

이러한 퀴어 이론에서 볼 수 있는 급진적 사회구성주의는 반자연과학적인 의미가 있다. 즉 진화생물학적 연구나 남녀 유전자의 생물학적 차이까지도 부정하고 해체하려는 급진적인 주장을 퀴어 이론은 주장한다. 이러한 급진적 사회구성주의와 연결된 포스트모더니즘은 그 성격에서 있어서 기본적으로 반자연과학적이다. 포스트모더니즘의 족보에 있는 하이데거도 데카르트를 비판하며 반자연과학적인 입장을 가진다. 하이데거의 형이상학 파괴와 해체로부터 데리다의 해체주의 철학이 세워져 있다.

하이데거에게 있어서 수학과 자연과학은 계산성으로 특징지어지는 유대인의 산물이다. 니체와 바타유, 데리다 그리고 푸코 등의 강한 영향을 받은 퀴어 이론가 버틀러(Judith Butler)는 자연과학적이고 생물학적인 의미에서의 남녀의 차이를 차별로 파악해서 급진 사회구성주의(social constructionism)의 이름으로 남녀의 차이를 '해체'(deconstruct)하려는 일종의 해체주의 철학이다. 기독교적 사유를 반영하는 비판적 실재론(critical realism)의 입장에 서서 포스트모던적 급진 사회구성주의(social constructionism)와 해체주의(deconstructionism) 철학을 비판적으로 성찰되어야 한다.

퀴어 이론은 이렇게 포스트모던적 급진적 사회구성주의(social constructionism) 관점에서 전통적인 의미에서의 남녀의 성별 차이 그리고 생물학적-자연과학적 의미에서의 남녀의 성적 차이를 '해체'하려는 시도로 요약할 수 있다.

우리가 동성애자 개개인은 동료인간으로서 존중하고 관용할 수 있다. 그러나 20세기 후반 유럽 68문화혁명 세대와 깊이 관련된 포스트모더니즘이라는 특정사조에 기초해서 동성애를 이론적으로 정당화하는 퀴어 이론에 대해서는 자유로운 학문적 비판과 논의가 허용되어야 한다.

하지만 포스트모던적 퀴어 이론에 대한 이론논쟁적이고 학문적인 비판마저도 동성애자들을 향한 차별, 혐오 그리고 폭력으로 몰고 가거나 혹은 정치적 올바름이라는 새로운 언어정치의 이름과 논리로 비판하는 것은 극좌의 전체주의 혹은 동성애자들의 새로운 전체주의라는 위험에 노출되어 있다.

국내에서 차별금지법에 대한 논의가 뜨겁다. 특히 차별금지법과 동성애 문제에 대해서 그렇다. 한국 기독교계는 차별금지법이 동성애를 감싸고 있고 동성애자들은 차별금지법으로 비판을 봉쇄하려고 한다고 본다. 동성애자들은 자신들의 인권을 지키고 혐오·차별을 막기 위해 차별금지법을 반드시 제정해야 한다고 주장한다. 하지만 기독교계는 차별금지법이 제정되면 동성애자들에 대한 건전한 비판마저 할 수 없는 전체주의적 사회가 될 것이라고 우려한다.

동성애는 고정된 성적 정체성이라기보다는 개인의 성적 취향이며 사회적 성적 유행과 트랜드에 해당하며 개인의 선택에 따라 얼마든지 바뀔 수 있다. 동성애자가 성적 취향이나 성적 유행이 바뀌어서 다시금 이성애자가 될 수 있는 것이다. 이는 동성애 담론인 퀴어 이론의 창시자라 할 수 있는 버틀러(Judith Butler)의 주장에서도 확인된다. 버틀러가 주장한 퀴어 이론을 한마디로 정의한다면 그것은 다음과 같이 표현될 수 있다.

"당신의 성적인 행위가 당신의 젠더를 창조한다"(Your Behavior Creates Your Gender).

동성애라는 성적 행위가 게이와 레즈비언이라는 젠더를 창조한다는 것이다. 반대로 동성애라는 성적 행위를 중단하고 이성애라는 행위를 하게 되면 게이와 레즈비언은 다시금 이성애자가 될 수 있는 것이다.

동성애를 변호하는 자들은 그것이 성적 취향 때문이라고 말한다. 모든 것을 개인 취향의 문제(Geschmackssache)로 파악한 것은 최초의 반도덕주의자라고 스스로 말한 미학주의자 니체였다. 동성애를 개인의 성적 취향의 문제로 정의하는 것에는 이렇게 니체 철학의 영향이 존재한다.

하지만 취향은 지라르적인 의미에서 미메시스적이다. 개인 취향은 모방적, 경쟁적이며 또한 유행적이다. 그렇기에 개인 취향은 지극히 가변적인 것이다. 급진 사회구성주의와 반실재주의라는 인식론에 기초한 포스트모던적 퀴어 이론 자체가 고정된 성 정체성을 인정하지 않는다. 동성애자들도 버틀러의 주장대로라면 동성애라는 성적 '행위'를 중단하면 이성애자가 되는 것이다. 이렇게 지극히 가변적, 유동적 그리고 유행적인 성적 취향으로서의 동성애를 변호하는 포스트모던적 퀴어 이론에 대한 비판까지도 차별과 혐오로 모는 것은 포스트모더니즘 자체처럼 너무 '가볍다.'

퀴어 이론은 전통적, 기독교적, 생물학적 성 정체성에 대한 이론적 전복을 의도했지만, 그 전복을 위한 이론적 기초로서 성적 수행성(performativity)과 지극히 유행적이고 모방적인 개인의 성적 취향을 주장함으로써 그 전복 시도가 다시금 전복될 수 있는 길을 열어놓았다. 포스트모더니즘 철학 자체와 마찬가지로 동성애 담론, 퀴어 이론도 물리학이나 진화생물학과 같은 자연과학적 의미에서의 하드사이언스(hard science)보다는 소프트사이언스(soft science) 중에서도 극단적인 소프트사이언스라 할 수 있는 포스트모던적 허무주의적 해석학과 철학에 기초하고 있기에, 그 학문적 근거가 너무 유동적이며, 유행적이고, 가볍고, 유체적이며, 단단하지 못하며 또한 불안하다.

학문의 대통합인 통섭을 주장하는 에드워드 윌슨은 물리학과 생물학을 하드사이언스(hard science)로 파악하고, 정치학, 경제학, 인류학 등을 소프트사이언스(soft science)로 불렀는데, 포스트모더니즘 철학은 가장 극단적인 소프트 사이언스라 할 수 있다. 포스트모더니즘 철학, 퀴어 이론 등은 급진 사회구성주의, 반실재주의, 허무주의와 냉소주의, 루소주의적 낭만주의 등에 기초하기 있기에 그 철학은 극단적으로 소프트하고, 가볍고, 유동적이고, 유체적이고, 낭만적이고, 허무주의적이다. 퀴어 이론 등은 그 학문적 근거가 견고하지 못하며, 너무 소프트해서 가볍고 얕다.

사회생물학의 창시자이자 학문 통합의 길을 줄곧 제시해 온 미국 하버드대학교 생물학과 석좌교수) 에드워드 윌슨은 자신의 역작 『통섭: 지식의 대통합』[5]에서 기본적으로 반과학적 정신을 가진 포스트모더니즘을 이런 대통합 흐름의 상극으로 지목하고 비판한 바 있다. 윌슨은 프랑스 포스트모더니즘에 흐르는 장 자크 루소의 낭만주의도 비판하고 있다.

윌슨에 따르면, 포스트모더니즘은 후속 탐구를 원천적으로 차단하고 있다. 그는 하나의 세상을 설명하는 방식이 자연과학과 인문과학에서 다르고 인문과학과 사회과학에서 다르다면, 진리는 여럿이 될 수 있느냐고 반문한다. 그의 대답은 진리는 '통일성'을 지니므로 당연히 "지식의 대통합"도 가능하며 그래야 한다는 것이 이 책의 일관된 주장이다.

버틀러는 페미니즘과 성 정체성의 전복을 의도하면서 젠더 수행성(gender performativity) 이론을 발전시킨 저작인 『젠더 트러블』(*Gender Trouble: Feminism and the Subversion of Identity*)을 출간했다. 버틀러의 이 이론은 현재 여성, 퀴어 연구와 퀴어 운동에서 중심적인 역할을 하고 있다. 버틀러는 자신의 책『젠더 트러블』에서는 수행(Performance)으로 쓰던 것을 다른 저서 『의미를 체현하는 육체』에서부터는 수행성(Performativity)이라는 용어를 사용하고 있다. 버틀러의 핵심 개념은 "젠더는 수행적으로 구성된다"로 요약할 수 있다.

더 나아가 버틀러에게 있어서 "젠더는 퍼포먼스(수행)이다"(Gender is a performance). 즉 남성이 여성적인 행동을 수행하면 여성이 된다는 것이고, 여성이 남성적인 행동을 수행하면 남성이 된다는 것이다. 버틀러는 외부 성기의 유무 및 염색체적 특성이 남/여를 명확히 구분할 수 없는 기준임을 『젠더 트러블』에서 논증한다. 레즈비언인 버틀러는 실상 모든 정체성이란 허구적으로 구성된 것이고 사회가 이상화하고 내재화한 규범이 반복적으로 수행되어서 몸에 각인되는 행위에 불과하기에, 섹스나 섹슈얼리티도 그런 의미에서 결국에는 젠더라고 말한다.

---

5 에드워드 윌슨,『통섭: 지식의 대통합』, 최재천, 장대익 역 (서울: 사이언스북스, 2005).

여기서 버틀러의 급진 사회구성주의와 비본질주의를 보게 된다. 보통 섹스와 젠더를 구분할 때 섹스는 생물학적인 성이고 젠더는 사회학적인 성으로 이해된다. 섹스란 일종의 실재로서 변할 수 없는 것인 반면, 젠더는 획득된 문화적 구성으로 여긴 것이다. 하지만 버틀러는 젠더뿐만 아니라 섹스마저도 사회적으로 구성된 산물이며 그것을 당연하게 주어진 것으로 간주함으로 이분법적 성적 체계를 공고히 해 왔다고 주장했는데, 이러한 그녀의 급진적인 해체주의적 주장은 페미니즘 내부 논쟁을 불러일으켰다.

버틀러는 보다 급진적 사회구성주의(social constructionism)의 관점에서 생물학적 남녀의 이분법적 차이를 데리다식으로 '해체'(deconstruct)하려고 했다. 앞에서 분석한 것처럼, 포스트모던적 퀴어 이론 속에 담긴 급진 사회구성주의와 반실재주의는 생물학적 차이를 말하는 현대 진화생물학에 선전포고를 하고 있는 것이다. 버틀러의 이론도 반자연과학적 경향을 지닌 포스트모던 이론으로서 기본적으로 생물학적 차이까지도 사회적 구성물로 파악하는 반실재주의적 경향을 보인다.

그래서 버틀러의 이러한 보다 급진적인 주장은 페미니즘 내부에서도 논쟁과 비판을 가져왔는데, 만약 사회적 젠더뿐만 아니라 생물학적 섹스의 이분법적 구분까지도 강제적인 이성애 담론 체계의 결과로 버틀러가 주장하는 것처럼 거부한다면, 과연 여성 없는 페미니즘이 무슨 의미가 있느냐는 것이다. 또한, 버틀러는 젠더를 언어와 담론으로 축소시켰다고 비판받고 있다.

이렇게 퀴어 이론의 창시자 버틀러는 생물학적 성의 이분법을 해체하고 전복하려고 한다. 그녀에게 있어서 동성애는 일종의 전복적 실행이다. 그렇기에 동성애자들은 보호받아야 할 성소수자와 약자로만 주장하는 것은 일면적이다.

분명히 포스트모던적 퀴어 이론에는 그 이론의 창시자 버틀러의 주장처럼 유대-기독교적 성도덕에 대한 반문화적, 반대철학적, 혁명적, 유토피아적 전복적이고 문화 전쟁적인 실행의지가 존재하고 있다. 즉 기독교 도덕과 윤리(특히 성윤리)적 관점에서 향락주의적-디오니소스적 성혁명을 추구하는 동성애, 퀴어, 젠더 이데올로기를 정당하게 비판하는 기독교를 혐오집단과 차별집단으로 몰아가지만, 동성애 담론, 퀴어 이론 그리고 젠더 이데올로기 속에 사유적으로 내재된 기독교 혐오와 차별에 대해서도 지적되어야 한다.

버틀러는 포스트모던적 급진 사회구성주의와 반실재주의적 관점에서 생물학적 의미에서의 남/여의 이분법적 구분과 정체성은 픽션이며, 젠더는 수행성에 의해 결정된다고 주장했다. 모든 것은 픽션과 스토리에 불과하다는 이런 식의 주장은 동성애자로서 불교 명상에 심취하고 있는 유발 하라리의 주장에서도 발견된다. 버틀러의 이론에는 니체 철학과 니체주의자로서 인간제사도 긍정했던 프랑스 철학자 바타유의 영향도 존재한다.

차별금지법과 동성애 논쟁에 대해서 이 책에서 우선적으로 의도하는 것은 동성애자들 개인의 인권과 차별에 대한 것보다는 동성애를 정당화하는 포스트모던적 퀴어 이론(예를 들어 버틀러의 이론)이 가지는 급진 사회구성주의와 반실재주의에 대한 이론적 비판이며 논쟁이다. 동성애자들과 그 옹호론자들이 차별금지법에 대해서 반대하는 국내 기독교를 반인권적 혐오단체라고 비난하기도 하지만, 이 책에서 반복해서 주장한 것처럼 기독교가 차별을 금지하는 평등주의적인 민주주의와 보편주의를 점차적으로 이룩해 나갔다.

인권과 성소수자 논리에 기초한 포스트모더니즘 철학 자체와 퀴어 이론 자체가 앞에서 본 것처럼, 반휴머니즘을 의미하기에 어느 의미에서 '반인권적'이라 할 수 있다. 퀴어 이론에 결정적인 영향을 준 포스트모던 철학자 미셸 푸코는 '주체의 죽음'을 선언하고 반휴머니즘적인 철학을 전개했다.

유대-기독교적 성도덕에 대한 니체적-디오니소스적 전복과 혁명을 목표한다고 스스로 말하는 포스트모던적 퀴어 이론을 기독교가 이론적으로 비판한다고 해서 기독교를 반인권적 혐오단체라고 비난하는 것은 정치철학, 사회철학 그리고 법철학에서 쉽게 확인할 수 있는 인권 개념의 기독교적-신학적 기원에 대한 무지로부터 나온 것이다. 반기독교적 정서를 가진 포스트모던적 퀴어 이론이 내세우는 인권 가치 자체가 불교적 기원이나 그리스적 기원이 아니라, 유대-기독교적 기원으로부터 점차 확립되어 나갔다는 사실을 기억해야 한다.

이 책 다른 곳에서 소개한 것처럼, 21세기에 접어들면서 독일 프랑크푸르트 학파의 3세대 학자로서 비판 이론을 점차적으로 비판적으로 성찰하고 있는 위르겐 하버마스는 최근 르네 지라르에 대한 관심을 보이면서 유대교의 정의의 윤리와 기독교의 사랑의 윤리가 인권을 비롯해서 자유, 평등, 민주주의, 보편주의 그리고 평등주의의 직접적인 기원이라고 주장했으며, 이와는 다르게 주장하는 것은 "포스트모던적 잡담"이라고 주장한 바 있다.

3. 젠더 이데올로기는 『지적 사기』(소칼)인가?

앞에서 우리는 젠더 이데올로기가 소포클레스의 『오이디푸스 왕』에 대한 오독에서 나온 사상누각이라는 사실을 보았다. 여기서는 포스트모던적이고 후기구조주의 철학으로부터 나온 젠더 이데올로기가 포스트모더니즘에 대한 냉철한 비판을 시도한 이론물리학자 소칼의 책 『지적 사기』의 영어판 제목처럼 '유행하는 넌센스'(fashionable nonsense)라고 주장할 것이다. 즉 문화막시즘을 지향하면서 '제도권으로 긴 행진'을 통해서 문화 헤게모니를 장악했던 유럽 68문화혁명과 성혁명 세대들이 한 시대 동안 유행시켜서 유행했지만, 알고 보면 넌센스임을 주장하고자 한다.

선문답도 역설적이고 고차원적인 어떤 것처럼 보이지만 알고 보면 '헛소리'인 것처럼, 포스트모던적 젠더 이데올로기도 사상누각이요, 유행된 넌센스 그리고 '지적 사기'라 할 수 있다. 젠더 이데올로기는 보편적이고 과학적인 학문이라기보다는, 문화막시즘이 생산한 극좌평등주의가 생산한 정치 이데올로기이다.

버틀러의 젠더 이론은 그 이전의 프랑스 프로이트막시즘에서 파생된 급진적 페미니즘 학자 뤼스 이리가레이(Luce Irigaray)와 크리스테바(Julia Kristeva)의 사유와 관련되어 있다. 이리가레이도 급진적으로 반자연과학적 태도를 보인다. 포스트모더니즘이 기본적으로 철학 속의 막시즘이라는 사실은 최근 공산정권의 스파이였다는 사실이 밝혀진 크리스테바의 경우에서도 볼 수 있다.

프랑스의 대표적인 포스트모던 철학자 크리스테바가 불가리아 공산정권 비밀 정보원이었다는 사실이 2018년 3월 국내 언론에도 크게 보도되었다. 「한겨레신문」도 "세계적 철학자 크리스테바, 공산정권 비밀 정보원이었다"라는 제목 아래 프랑스 후기구조주의를 대표하는 정신분석학자 크리스테바가 공산당 스파이였다는 사실을 '공산주의 시대에 첩보기관을 위해 일한 사람들을 확인하는 불가리아 위원회'가 조사해 밝혔다고 보도했다.

크리스테바는 자크 데리다, 자크 라캉, 롤랑 바르트 등 프랑스 후기구조주의를 대표하는 철학자들과 함께 연구했고, 30권이 넘는 저서를 펴냈다. 여성의 자유와 정체성 문제를 다뤄온 대표적 페미니즘 학자로도 분류된다.[6] 이리가레이, 크리스테바 그리고 버틀러의 급진 페미니즘은 문화막시즘과 프로이트막시즘으로부터 파생된 사유다.

'소칼 사건'(Sokal affair, Sokal's hoax)은 프랑스 포스트모더니즘 철학에 대한 전면적인 비판으로 커다란 논쟁을 불러일으켰다. 뉴욕대학교 이론물리학자 앨런 소칼(Alan Sokal)은 포스터모던 철학자들의 학문적 엄밀성을 시험한 후 인식론적 상대주의의 흐름을 비판했다. 혹자는 이 사건을 포스트모더니즘 철학계를 붕괴 직전까지 몰아넣은 것으로 이해하기도 한다.

---

6 "세계적 철학자 크리스테바, 공산정권 비밀 정보원이었다," 「한겨레신문」, 2018년 3월 29일 기사(http://www.hani.co.kr/arti/international/europe/838258.html#csidx-c6ddd5760edfda1a81d77c38f4caa36).

소칼은 포스트모더니즘 저널의 하나인 「소셜 텍스트」(*Social Text*)의 1996년 특집기획호 "Science Wars"에 양자중력이 언어적이고 사회적 구성물(Construct)이라는 것을 제안한 "경계를 넘어서: 양자중력의 변형적 해석학을 위하여"라는 제목의 논문을 게재한 뒤 곧 이어 자신의 논문이 포스트모더니즘의 학문적 비엄밀성을 고발하기 위한 사기 논문임을 밝힌다. 많은 프랑스 포스트모더니즘 철학자가 양자역학을 비롯한 현대 자연과학 이론들을 엄밀하게 논의하지 않은 채 너무 쉽게 연결하는 일종의 지적 사기에 대한 비판인 것이다.

이 사건은 포스트모더니즘 계열 프랑스 철학계를 발칵 뒤집었으며, 포스트모더니즘 철학에 대한 논쟁을 불러왔다. 이 논문은 양자중력이 큰 정치적 함의를 가진다고 보았고, 심지어는 물리적 현실에 대한 우리의 관념 이외에도 물리적 현실조차도 밑바탕은 사회적, 언어적 구성물이라는 주장했다. 그리고 양자중력에 대한 대안적 이론으로 뉴에이지적 개념인 형태형성장(Morphogenetic Field)을 제시하였다.

이 사건이 끝난 뒤에, 소칼은 『유행할 수 있는 넌센스: 과학에 대한 포스트모던 지식인들의 오용』라는 책을 출판해서 포스트모더니스트의 비판을 반박함과 동시에, 포스트모더니스트에 대한 비판을 계속했다. 즉 그동안 미메시스적인 유행이었던 포스트모던 철학의 넌센스를 지적한 것이다.[7] 이 책이 한국에서는 『지적 사기』로 번역되었다.[8]

소칼은 『지적 사기』에서 소위 다음과 같은 프랑스 이론(French theory)의 지식인들이 범한 과학적 남용을 비판적으로 분석한다. 자크 라캉(Jacques Lacan), 크리스테바(Julia Kristeva), 뤼스 이리가레이(Luce Irigaray), 브루노 라투르(Bruno Latour), 장 보드리야르((Jean Baudrillard), 질 들뢰즈(Gilles Deleuze), 펠릭스 가타리(Félix Guattari), 폴 비릴리오(Paul Virilio) 등을 비판한다. 과학

---

7   Alan Sokal and Jean Bricmont, *Fashionable Nonsense: Postmodern Intellectuals' Abuse of Science* (New York: Picador, 1998).
8   앨런 소칼·장 브리크몽, 『지적 사기』 이희재 역 (서울: 민음사, 2000).

의 객관성을 과도하게 부정하는 상대주의를 비판한 것이다.

이 책은 포스트모던적 "인식론적 상대주의"를 비판한다. 이것은 프랑스보다 미국에서 유행했었는데, 근대 과학은 "신화, 내레이션, 혹은 사회적 구성물"에 지나지 않는다고 간주하는 입장이다. 소위 "포스트모던 과학"에서의 "신비화, 의도적인 모호한 언어, 혼돈된 사고, 그리고 과학적 개념들에 대한 오용"의 문제를 다룬다.[9] 버틀러의 젠더 이론도 기본적으로 급진적인 사회구성주의(Sozialkonstruktivismus)에서 나온 것이다.

소칼은 미국 대학들의 인문학 학과들에 만연한 반지성적 풍토를 비판하고, 이 흐름들이 과학적 객관성에 대한 불신을 퍼뜨린다고 주장했다. 이를 주도하는 해체주의적 포스트모더니스트들의 과학에 대한 무지와 적대성, 그리고 정치성을 비판한 것이다. 이 책은 포스트모던적 "지적인 혼동"에 대항하는 것이라고 밝힌다.[10] 포스트모더니즘이라 불리는 "흐릿한 시대정신"을 비판하면서, 포스트모던적 사유 전체보다는 상대적으로 잘 알려지지 않은 "수학과 물리학적인 개념과 용어들에 대한 반복적인 오용"의 문제와 "사고의 혼동"의 문제를 다룬다.[11]

라캉과 크리스테바의 경우에는 수학을 이용해서 과학성을 부여하고자 하는 "모호한 담론"을 제시한다고 분석하며 보드리야르, 들뢰즈와 가타리의 경우는 점차 "비이성주의 혹은 허무주의"로 기울어지고 있다고 분석한다.[12] 들뢰즈와 가타리의 "유사학문적 창안들"도 비판적으로 분석하였다.[13]

소칼의 책은 포스트모던적 시대정신과 유행 속에서 풍미했던 과학 철학에서의 인식론적 상대주의, 안이한 반지성주의, 사회구성주의, 흐리멍덩한 사고와 난해한 담론을 비판한다. 소칼의 책은 포스트모더니즘의 지

---

9 Sokal and Bricmont, *Fashionable Nonsense: Postmodern Intellectuals' Abuse of Science*, x-xi.
10 Sokal and Bricmont, *Fashionable Nonsense: Postmodern Intellectuals' Abuse of Science*, xiii.
11 Sokal and Bricmont, *Fashionable Nonsense: Postmodern Intellectuals' Abuse of Science*, 4.
12 Sokal and Bricmont, *Fashionable Nonsense: Postmodern Intellectuals' Abuse of Science*, 13.
13 Sokal and Bricmont, *Fashionable Nonsense: Postmodern Intellectuals' Abuse of Science*, 10.

적 난해주의를 비판한다. 포스트모더니즘은 계몽주의 시대 이후의 합리주의 전통을 거의 전면적으로 부정함으로 경험적 검증과는 동떨어진 허무주의적 이론적 담론을 생산했다. 과학을 수많은 이야기나 신화 또는 사회적 구성물 가운데 하나로 간주하는 인식론적이고 문화적 상대주의를 포스트모더니즘이 대변했다고 비판한다. 이 책의 저자들은 특정한 텍스트들이 유달리 난해한 것은 그 안에 심오한 사상이 담겨 있기 때문이라는 신화를 "해체"하려고 한다.[14]

『지적 사기』의 결론에서는 "모호한 것은 결코 심오한 것은 아니다"라고 바르게 지적했다. "과학은 어떤 '텍스트'가 아니다"라고 주장한다. 자연과학은 인문학에서 사용될 수 있는 메타포를 저장하고 있는 저수지와 같은 것이 아니다. 이 책은 불확정성, 불연속성, 카오스, 비선형성 등이 본래 상황으로부터 이탈되어 포스트모던 철학에서 "순전히 언어적인 방식"으로 사용되고 있음을 비판한다. 이런 방식으로 만약 자연과학의 개념들을 단지 메타포로만 사용하게 되면, 그것은 "터무니 없는 결론들"에 이르게 된다.

소칼은 "속임수로서의 애매모호성"이라는 제목에서는 많은 경우에 포스트모더니즘 철학에서 "이 애매모호성들이 의도적"이었음을 보여준다. 유럽 68문화혁명 이후 구조주의와 막시즘의 교조적 형태의 과학주의에 대한 반작용으로 등장한 것이 포스트모더니즘이라는 사실을 말한다.[15] 이 책은 또한 포스트모더니즘 이후로 발생한 "신비주의"(예를 들어 뉴에이지 운동) 혹은 종교적 근본주의와 같은 반발(backlash), "이성의 죽음" 그리고 "극도의 비이성주의"의 위험을 경고한다.[16]

이론물리학자 앨런 소칼의 『지적 사기』가 잘 비판한 것처럼, 프랑스 일부 사상가들이 생산한 포스트모더니즘 철학은 자연과학을 오용하고 있을

---

[14] Sokal and Bricmont, *Fashionable Nonsense: Postmodern Intellectuals' Abuse of Science*, 5-6.
[15] Sokal and Bricmont, *Fashionable Nonsense: Postmodern Intellectuals' Abuse of Science*, 187-191.
[16] Sokal and Bricmont, *Fashionable Nonsense: Postmodern Intellectuals' Abuse of Science*, 211.

뿐 아니라, 탈근대주의와 반근대주의(Antimodernismus)의 의미를 지닌 포스트모더니즘 철학은 그 본질에 있어서 반자연과학적 철학이다. 그래서 진화생물학자이자 선교적 무신론자인 도킨스도 포스트모더니즘에 대해서 비판적이다.

'포스트모더니즘 비판'에 대한 한국 '위키백과' 사전에서도 다음과 같이 특히 많은 자연과학자로부터 반자연과학적 혹은 반과학적인 담론으로 비판받는 포스트모더니즘에 대해서 비판적으로 분석하고 있다.

> 포스트모더니즘 비판 중 가장 대표적인 것은 포스트모더니즘은 "무의미하고 몽매주의를 양산시킨다는 것, 과학의 엄밀성을 침해한다는 것," 실질적 사회 발전에 도움을 주지 못한다는 것 등이 있다. "포스트모더니즘의 막연성"을 비판하면서 철학자 노암 촘스키는 "포스트모더니즘은 분석과 경험에 기초한 실증적 지식에 기여하는 것이 아무것도 없기 때문에 무의미한 학문"이라고 비판했다.
>
> 학계 내 좌파였던 뉴욕대학교 물리학과 교수인 앨런 소칼은 학자의 입장에서 "포스트모더니즘은 말장난에 지나지 않는다"라고 생각했고, 또 정치적인 입장에서 사상누각 같은 포스트모더니즘 '신좌파'가 중도나 우파 세력에 의해 공격받아 자신을 포함해 정통 좌파 진영에까지 피해가 돌아올 것을 우려했다. 이론물리학자 소칼은 포스트모더니스트들의 "과학 지식 오용과 그 사상의 막연성, 몽매주의"와 애매주의에 대해 포화를 퍼부었다.[17]

---

[17] Https://ko.wikipedia.org/wiki/%ED%8F%AC%EC%8A%A4%ED%8A%B8%EB%AA%A8%EB%8D%94%EB%8B%88%EC%A6%98_%EB%B9%84%ED%8C%90. 포스트모더니즘 철학에 대한 필자의 비판에 대해서는 필자의 책 『르네 지라르와 현대사상가들의 대화: 미메시스 이론, 후기구조주의 그리고 해체주의 철학』(서울: 동연, 2017)을 보라.

4. 아인슈타인의 E = mc²는 성차별적인가? (뤼스 이리가레이)

버틀러가 자신의 책에서 주로 인용하는 학자들은 포스트모던 철학자들인데, 미셸 푸코, 자크 라캉, 자크 데리다, 앞에서 소개한 것처럼 극단적인 반자연과학적 정서를 보였던 포스트모던 페미니즘 철학자 뤼스 이리가레이, 구조주의 인류학자 레비-스트로스, 정신분석가 프로이트, 막시즘 철학자 루이 알튀셰르, 언어학자 오스틴 등이다.

급진적인 페미니즘 학자 산드라 하딩(Sandra Harding)은 1987년 자신의 저서에서 "뉴턴의 프린키피아(Philosophiæ Naturalis Principia Mathematica, 자연철학의 수학적 원리)와 뉴턴의 법칙을 '뉴턴의 강간 매뉴얼'(Newton's rape manual)로 주장해서 큰 논란을 일으킨 바 있다.[18] 포스트모더니즘의 근본적인 자연과학에 대한 적대적인 정서가 극단적으로 표현된 예이지만, 자연과학인 생물학과 물리학, 수학 등에 대한 포스트모던적 거부와 부정은 쉽게 찾아볼 수 있다.

포스트모더니즘 비판에 관한 한국 '위키백과' 사전도 다음과 같이 도킨스의 비판을 잘 소개하고 있다.

> 도킨스도 「네이처」(Nature)에 게재한 "발가벗겨진 포스트모더니즘"(Postmodernism disrobed)이라는 글에서 포스트모더니즘을 비판했다.[19] 도킨스는 후기구조주의 정신분석학자 자크 라캉이 사기꾼이라는 것을 납득시키기 위해서 굳이 수학 전문가의 의견을 들이댈 필요가 없을 정도라고 비판한다.
> 또한, 아인슈타인의 "질량-에너지 동등성 공식(E = mc²)이 빛의 속도에 '특권을 주기' 때문에 성욕의 의미를 담고 있다"라고 말한 포스트모던 여성주

---

[18] Sandra Harding, *The Science Question in Feminism* (Cornell University Press, 1987), 113: "Why is it not as illuminating and honest to refer to Newton's laws as 'Newton's rape manual' as it is to call them 'Newton's mechanics.'"

[19] Richard Dawkins, "Postmodernism disrobed," *Nature*, 9 July 1998, vol. 394, 141-143.

의 철학자, 정신분석학자 그리고 문화 이론가 뤼스 이리가레이(Luce Irigaray)를 도킨스는 비판한다.

또한, 도킨스는 "남성의 음경이 딱딱하게 발기하기 때문에 고체역학은 남성 중심적이고 여성의 음순에서는 생리혈과 질액이 나오기 때문에 유체역학은 여성 중심적이므로 고체역학이 유체역학보다 '특권을 가지고 있다'"라고 쓴 이리가레이에 해설가 캐서린 헤일스의 주장 역시 터무니없을 뿐이라고 잘라 말한다.[20]

이렇게 포스트모더니즘과 포스트모던적 급진 페미니즘과 동성애 담론 퀴어 이론 등은 그 근본정신에 있어서 반자연과학적이다. 포스트모더니즘은 급진 사회구성주의와 얽혀 있는데, 이들은 실재를 지나치게 사회적으로만 파악하고 기본적인 자연과학적 사실 조차도 사회적으로 구성된 것으로 급진적으로 주장하고 있다. 반실재주의적인 함의를 지닌 포스트모던적 급진 사회구성주의는 실증주의를 비판하면서 세계 자체는 존재하지 않고 세계에 대한 해석만이 존재한다는 니체의 사유와도 맥을 같이하고 실제로 계보학적으로 그러한 니체적 인식으로부터 파생되었다.

이러한 반실재주의적인 사유는 반실재주의적인 불교철학과도 맥을 같이한다. 그래서 유럽 68세대의 문화혁명의 반문화, 반대철학 운동은 불교의 반대철학과 반문화와도 연결되었다. 실제로 많은 포스트모던적 철학자가 불교를 수행하거나 불교철학에 동정적이거나 반실재주의적인 불교철학적인 방향으로 기울어졌다.

또한, 이러한 포스트모던적-문화막시즘적인 성혁명 젠더 이데올로기는 철학적으로 반자연과학적, 반실재주의적이기에 신학적으로는 영지주의적이라고 비판을 받는다. 생물학이라는 실재를 해체하고 부정하는 젠더 이

---

[20] Https://ko.wikipedia.org/wiki/%ED%8F%AC%EC%8A%A4%ED%8A%B8%EB%AA%A8%EB%8D%94%EB%8B%88%EC%A6%98_%EB%B9%84%ED%8C%90.

데올로기는 현대철학의 언어학적 전환과 포스트모더니즘의 기호학적 전환 이후에 급진적으로 이루어진 기호학적 유희와 놀이가 생산한 반실체주의와 반실재주의를 지향하는 기호학적 영지주의라 할 수 있다.

버틀러는 사회적 담론에 의해서 생산된 (생물학적) 섹스에 대한 비판이 없이는 이분법적이고 비대칭적인 젠더와 강압적인 이성애에 대한 사회적 구성(construction)에 도전하기 위한 페미니스트들의 전략으로서의 섹스/젠더의 구분은 효과가 없을 것이라고 주장한다.[21]

버틀러의 주장처럼 과연 남자와 여자라는 생물학적 성의 차이까지도 사회적 담론이 생산한 것인가?

이런 버틀러의 주장에서 포스트모더니즘 철학에서 공통적으로 발견되는 반자연과학적인 함의를 가지는 극단성의 철학을 발견하게 된다. 이제는 전면적으로 재검토되거나 폐기되어야 할 '오이디푸스 콤플렉스' 이론에 기초한 프로이트의 정신분석은 범성욕주의적 일반화의 오류를 범하고 있는데, 프로이트의 정신분석의 계보에서 나온 이러한 포스트모던적 성해방 담론들도, 앞에서 본 것처럼 뉴톤의 만유인력 법칙이나 아인슈타인의 위대하고 아름다운 방정식 '$E = mc^2$'까지도 범페미니즘적인 관점에서 성차별적인 주장들이고 가부장적인 법칙들이라고 주장한다.

과연 뉴톤의 만유인력의 법칙이 성차별적이고 가부장적인가?

이는 포스트모던적 헛소리다. 이론물리학자 앨런 소칼은 포스트모더니즘을 유행하는 헛소리(『지적 사기』[Fashionable Nonsense])로 비판한 적이 있는데, 이런 류의 범성욕주의적이고 범페미니즘적인 주장들은 반자연과학적인 포스트모더니즘의 헛소리(nonsense)에 불과하기에, 보다 온건하고 계몽된 페미니즘 학자들에게서조차 비판을 받고 있는 것이다. 생물학적 의미에서 여성이 존재하지 않는다면, '여성 없는 페미니즘이 도대체 무슨 의미가 있느냐'라고 보다 온건하고 합리적인 페미니스트들은 반론을 제기하는 것이다.

---

21 Butler, *Gender Trouble: Feminism and the Subversion of Identity*, 9–11, 45–9.

5. 퀴어 이론과 젠더 이데올로기: 새로운 영지주의

최근 포스트모던적 퀴어 이론과 젠더 이데올로기를 새로운 영지주의로 파악하는 학자들이 많이 있다. 앞에서 본 것처럼, 포스트모더니즘 자체가 새로운 영지주의로 파악된다. 포스트모더니즘의 주요 연구가인 이합 핫산(Ihab Hassan)은 "새로운 영지주의: 포스트모던적 지성의 양상 대한 사색들"에서 포스트모더니즘을 새로운 영지주의라 주장했다.[22] 영지주의의 그노시스(gnosis)는 쉽게 말해 그리스어로 퓌시스(φύσις, physis, 자연)에 대한 반대개념으로 자연의 선함을 부정하고 그 악함을 말한다.

젠더 이데올로기는 일종의 현대 영지주의로서 진화생물학이라는 퓌시스를 부정하고 젠더라는 새로운 모호호한 그노시스(영지)를 만들어 냈다. 퀴어 이론과 젠더 이데올로기는 그 포스트모던적 반자연과학적 근본 정신으로 인해서 생물학을 부정하고 '젠더'라는 새로운 기호학적이고 언어철학적인 그노시스를 만들어 냈다는 점에서 영지주의적 위험을 가지고 있다.

앞에서 우리는 독일 철학자 노베르트 볼츠의 분석처럼 문화막시즘을 추구한 독일 프랑크푸르트 학파의 부정주의적이고 유토피아주의적인 비판 이론에도 영지주의적 위험이 있다는 사실을 보았다. 또한, 오스트리아의 정치철학자 푀겔린의 분석처럼 막시즘과 사회주의 운동에도 영지주의적 차원이 존재한다는 사실을 보았다.

현대 영지주의 연구의 대가인 한스 요나스(Hans Jonas)의 학문 전통을 계승하면서 히브리대학교에서 영지주의 연구로 박사학위를 받은 조나단 차하나(Jonathan Cahana) 교수는 고대 영지주의와 현대 퀴어 이론과 젠더 이론 사이의 깊은 관련성 연구에 있어서 전문가다. "문화 비판 이론으로서의

---

[22] Ihab Hassan. "New Gnosticism: Speculations on an Aspect of the Postmodern Mind," *Boundary* 2. Spring 1973, 547-59.

영지주의"²³라는 제목을 가진 2018년 그의 연구서에는 이 깊은 관련성에 대해서 다음과 같이 분석하고 있다.

> 고대 영지주의는 신화적 옷을 입은 문화비평(cultural criticism)의 고대적 형식이었다. 고대 영지주의는 비판 이론(critical theory)의 현대적 형태들과 마찬가지로 주류 담론들과 문화적 전제들을 해체하는 것을 지향했다. 즉 고대 영지주의와 독일 프랑크푸르트 학파, 퀴어 이론 그리고 후기구조주의 철학 사이에는 이런한 점에서 유사성이 존재한다.
> 고대 영지주의와 현대 프랑크푸르트 학파의 비판 이론, 퀴어 이론, 후기구조주의 철학은 모두 각자 역사적 상황 속에서 존재하는 자연적인 것과 주어진 것을 해체하려고 한다. 현대 문화 비판 이론처럼 고대 영지주의는 의문시할 수 없는 것을 의문시하고 각자 문화에 주어진 것들을 해체하고 있다. 한스 요나스는 몇 년 전에 영지주의 속의 어떤 것이 우리의 존재와 특히 20세기 우리의 존재의 문 앞에서 문두드리고 있다고 한 바 있는데, 21세기 글로벌 세계에서는 영지주의의 이러한 어떤 것이 이미 우리 안에 들어와 있으며 우리와 함께 살고 있다.

영지주의 연구의 권위자인 한스 요나스(Hans Jonas)는 영지주의에 대한 연구로 하이데거와 불트만의 지도 아래 박사학위를 받았는데, 이는 이후 영지주의 연구의 고전이 된 『그노시스와 후기고대의 정신』(*Gnosis und spätantiker Geist*)으로 출판되었다. 이 책의 제1권의 제목은 『신화적 그노시스』(*Die mythologische Gnosis*)이고, 제2권의 제목은 『신화로부터 신비철학으로』(*Von der Mythologie zur mystischen Philosophie*)이다.²⁴ 즉 한스 요나스에 따르

---

23 Jonathan Cahana-Blum, *Wrestling with Archons: Gnosticism as a Critical Theory of Culture* (Lanham, MD: Lexington Books, 2018).
24 Hans Jonas, *Gnosis und spätantiker Geist, Ln*, Bd. 1, *Die mythologische Gnosis* (Forschungen zur Religion und Literatur des Alten und Neuen Testaments)(Göttingen : Vandenhoeck &

면, 그노시스(영지)는 본질적으로 신화적이라는 것이다.

또한, 신비철학은 본래 신화로부터 점차 철학화되면서 나온 것이다. 하이데거의 제자였던 요나스는 니체와 그 허무주의를 새로운 영지주의로 파악해서 극복하고자 했다. 요나스는 하이데거의 영지주의에 대해서도 지적한다. 요나스는 니체와 하이데거의 허무주의와 실존주의와 고대 후기의 영지주의 사이에 존재하는 유사성을 분석했다. 한스 요나스는 실존주의를 낳은 현대의 정신적 상황과 영지주의를 낳은 고대 후기의 정신적 상황과의 유사성을 보여주었다.[25]

독일 사회주의(민족사회주의, 나치)를 대표하는 두 철학자 니체와 하이데거의 철학적 계보학으로부터 발전된 프랑스 포스트모더니즘에도 영지주의의 문제는 지속된다. 요나스는 영지주의와 유대교 사이의 종교사적 관련성을 어느 정도 인정하지만 영지주의가 근본적으로 반유대교적이라는 사실을 강조한다. 영지주의는 창조세계의 선함을 말하는 유대교의 유일신론적 입장에 대한 반항이요 복수다. 영지주의는 반신화적인 유대교에 대한 신화의 복수다. 영지주의는 반유대교적이다.

그렇기에 반신화적 유대-기독교 전통을 전복해서 복수하고자 하는 니체와 하이데거 이후의 디오니소스적 새로운 신화학(neue Mythologie) 운동, 새로운 이교주의(Neueheidentum) 그리고 현대 사회주의 운동(민족사회주의인 독일 나치와 국제사회주의인 레닌-스탈린의 공산주의), 문화막시즘과 포스트모더니즘 그리고 현대의 새로운 영지주의 운동은 모두 복잡하게 얽혀 있다.

퀴어 이론과 영지주의와 관련되는 이유 중 하나는 퀴어라는 개념 자체가 니체가 말한 디오니소스적인 신화(광기와 통음난무)와 어느 정도 관련이

Ruprecht, 1993); Hans Jonas, *Gnosis und spätantiker Geist*, Vol. II, Part 1: *Von der Mythologie zur mystischen Philosophie* (Göttingen : Vandenhoeck & Ruprecht, 1993).

[25] 니체, 하이데거 철학과 영지주의의 문제 등 현대사상에서의 새로운 영지주의의 등장에 대해서는 필자의 다음의 책을 참고하라: 정일권, 『예수는 반신화다: 르네 지라르와 비교신화학』(서울: 새물결플러스, 2017).

있기 때문이기도 하다. 퀴어 이론과 퀴어 신학이란 기독교 정통신학과 기독교적 도덕에 기초한 유럽 도덕에서 볼 때 퀴어(queer)라는 말 자체가 의미하듯이 낯설고 이상한 것, 괴기하고 비정상적인 것으로 간주되는 테마를 이론의 중심에 내세우는 포스트모던적 사조이다. '낯설고 이상하고 괴기하고 비정상적 것'으로 간주되어 온 동성애를 이론적으로 정당화하고 동성혼을 정상화하는 것을 목적으로 하고 있다.

퀴어 이론의 기원에 있는 버틀러가 니체와 니체적인 바타유의 사상에 크게 영향을 받은 것처럼, '퀴어'라는 개념 자체에 니체적이고 디오니소스적인 것이 분명 존재한다. 디오니소스의 철학자가 되기를 원했던 니체가 말한 디오니소스적인 것에는 집단광기와 집단폭력뿐 아니라, 성적인 통음난무(orgy)도 존재한다는 것은 주지의 사실이다.[26] 퀴어 개념 자체가 디오니소스적이고 신화적이기에 영지주의적 유혹과 위험이 있다.

영국의 저명한 신학자 N. T. 라이트(N. T. Wright)는 고대 영지주의가 오늘 "우리 시대를 통제하는 신화"('controlling myth' of our age)가 되었다고 주장한다. 영지주의는 기본적으로 실재에 대한 혁명(The revolution against reality)을 의미한다.[27] 실재와 현실에 대한 유토피아주의적 부정으로 인해서 사회주의 담론에는 부정주의, 초현실주의 그리고 여기서 논하고 있는 영지주의적 성격이 강하게 드러나게 된다.

2017년 톰 라이트는 「런던타임즈」(*the London Times*) 편집자에게 다음과 같은 편지를 보내었는데, 이는 이후 크게 공론화되었다. 톰 라이트에 따르면, 젠더 정체성에 대한 혼란은 일종의 현대판 영지주의라는 것이다.

---

26 디오니소스와 디오니소스적인 것에 대해서는 필자의 책 『우상의 황혼과 그리스도: 르네 지라르와 현대사상』을 보라.
27 Glynn Harrison, *A Better Story—God, Sex & Human Flourishing* (London: IVP, 2017), 16-17.

젠더 정체성에 대한 혼란은 영지주의라는 고대 철학의 어떤 현대적이고 인터넷에 의해 연료를 공급하는 형태다. 아는 자인 영지주의자는 기만적인 외형 뒤에 있는 자신이 참으로 누구인지에 대한 비밀을 발견한다…이는 자연세계의 선함(goodness), 혹은 그 궁극적 실체를 부인하는 것을 내포한다.

트랜스젠더나 젠더 정체성의 혼란을 일종의 현대 영지주의라고 보는 신학자들은 많다. "트랜스섹슈얼리즘와 기독교적 결혼"(Transsexualism and Christian Marriage)이라는 논문[28]도 자기 육체의 성과 전쟁을 벌이면서 '진짜 성'(real sex)을 가지게 되었다고 주장하는 사람들은 "물질적인 창조세계로부터 영지주의적 철수"(a kind of Gnostic withdrawal from material creation)를 하고 있다고 주장한다.

이 연구논문은 20003년 영국 성공회 「주교회의 리포트」(House of Bishops report)에도 인용되었다. [29] 여기서도 트랜스젠더 혹은 트랜스섹슈얼리즘(transsexualism)은 영지주의적 이원론을 의미한다고 주장되었고, 육체의 성을 변화시키려는 의학적 개입을 일종의 영지주의로 주장했다. 복음주의 저명한 신학자 케빈 벤후저(Kevin Vanhoozer)도 2009년 자신의 저서에서 트랜스젠더 혹은 트랜스섹슈얼리티(transsexuality)란 개념은 육체적 실재에 대한 영지주의적, 심지어 가현설적인 무시를 의미한다고 주장했다. 그는 트랜스젠더에서 말하는 자기결정권은 영지주의적 이단이라고 주장했다.[30]

현대 트랜스젠더, 퀴어 이론과 젠더 이데올로기를 고대 영지주의 관련시키는 것은 기독교신학자들만이 아니다. 보다 중립적인 종교학자들도

---

[28] Oliver O'Donovan, "Transsexualism and Christian Marriage," *The Journal of Religious Ethics* Vol. 11, No. 1 (Spring, 1983), 135-162.

[29] "Some Issues in Human Sexuality: A Guide to the Debate," *The 2003 House of Bishops report*, Church House Publishing, 2003.

[30] Walter C. Kaiser, Daniel M. Doriani, *Kevin J. Vanhoozer*, and William J. Webb, *Four Views on Moving Beyond the Bible to Theology* (Zondervan, 2009).

이 깊은 연관성을 분석하고 있다. 앞에서 언급한 조나단 차하나(Jonathan Cahana) 교수는 저명한 종교학 저널 「누멘」(Numen: International Review for the History of Religions)에 기고한 논문 "안드로진 혹은 언드로진? 영지주의 신화를 퀴어하기"(Androgyne or Undrogyne? Queering the Gnostic Myth)에서 안드로진이, 그것이 상징이든 개념이든 혹은 육체적 실재이든지 간에 영지주의적 이야기에 서로 다른 방식으로 그리고 때로는 명백하게 상호모순적인 방식으로 사용되고 있는 것처럼 보인다고 주장한다.

안드로진(Androgyne)은 그리스어 단어에서 유래한, 남성을 의미하는 접두사 안드로(Andro-)와 여성을 의미하는 진(Gyne)이 합쳐진 용어로서 남성과 여성이 합쳐진 성별로서의 성별 정체성, 또는 그러한 성별 정체성을 가진 사람을 의미한다. 남성과 여성이 섞인 성을 가지고 있으며, 자신을 양성이나 중성으로 본다.

이 논문은 "영지주의 신화 속의 퀴어화된 젠더"(the queered gender in gnostic myth) 개념을 주 연구대상으로 삼고 있다. 차하나 교수는 "영지주의적 안드로진"(gnostic androgyny)은 종종 제안된 것처럼, 그리스-로마 담론의 승인(ratification of Greco-Roman discourse)이 아니라, 반대로 그리스-로마 담론의 "전복"(subversion)이며, 이는 주요한 그리스-로마의 문화적 전제에 대한 "영지주의적 반감"을 구체화하고 있다고 주장한다.[31]

앞에서 살펴본 『오이디푸스 왕』에 등장하는 성 정체성이 차이소멸된 안티고네의 경우처럼, 이 영지주의 문서 속의 안드로진도 성 정체성의 차이가 붕괴된 존재로 이해될 수 있다. 지라르에 따르면, 한마디로 차이소멸을 의미하는 세계 신화와 (희생)제의의 주인공들은 차이소멸을 대표하고 차이소멸적인 하마르티아로 인한 그들의 파국과 죽음은 군중에게 카타르시스를 선물한다.

---

31 Jonathan Cahana-Blum, "Androgyne or Undrogyne? Queering the Gnostic Myth." *Numen* 61 (2014): 509-524. Received the Paul Rehak 2015 Award from the Lambda Classical Caucus.

"고대 영지주의 제의와 현대 퀴어 BDSM" 사이의 관련성과 유사성을 연구한 논문에서도 차하나 교수는 영지주의와 퀴어 운동이 모두 "젠더는 억압적이다"라는 공통된 인식을 가지고 있기에 그 유사성이 크다고 지적했다. 퀴어 이론과 퀴어 축제문화에 등장하는 BDSM은 거친 가학적 성관계를 의미한다. BDSM이란 속박(Bondage), 훈육(Discipline), 사디즘(Sadism), 마조히즘(Masochism) 등 뒤틀린 성애를 뜻한다.[32]

이렇게 영지주의적이고 신화적이고 디오니소스적인 현대 퀴어 이론과 퀴어 문화축제에는 젠더는 규범적 억압이라고 주장하면서 각종 거칠고, 폭력적이고, 뒤틀리고, 가학적인 성관계 등이 이론적으로 양성화되고 있다. 들뢰즈와 가타리는 『안티 오이디푸스』에서 소위 억압된 오이디푸스적인 성 욕망에 대한 디오니소스적 분출을 주장했는데, 현대 퀴어 축제와 젠더 이데올로기 등을 통해서 이러한 디오니소스적인 통음난무(orgia)와 광기(mania)가 분출되고 있는 것이다.

이는 또한 현대의 새로운 이교주의(Neuheidentum) 운동과도 연관된다. 한스 요나스의 주장대로 영지주의가 유대-기독교에 대한 신화의 복수라고 한다면, 현대 영지주의적인 퀴어 운동과 젠더 이데올로기도 유대-기독교적인 성도덕에 대한 디오니소스적인 복수로 이해될 수 있다.

앞에서 버틀러의 젠더 이론은 영지주의적 차원이 존재한다고 비판했는데, 차하나 교수도 "영지주의적으로 퀴어: 영지주의 속의 젠더 트러블"(Gnostically Queer: Gender Trouble in Gnosticism)이라는 논문을 통해서 고대 영지주의 속에서 분명히 밝혀진 젠더와 섹슈얼리티에 대한 독특하고 도전적인 "퀴어" 견해들을 분석하고 있다.

차하나는 고대 영지주의 속의 퀴어를 분석하기 위해서 버틀러의 『젠더 트러블』 등에 등장하는 사유를 사용하고 있다. 젠더를 "전복하고자 하

---

32 Jonathan Cahana, "Dismantling Gender: Between Ancient Gnostic Ritual and Modern Queer BDSM," *Theology & Sexuality* 18 (2012): 60-75.

제4장 생물학을 부정하는 젠더 이데올로기는 학문인가? 193

는 영지주의적 시도"를 보여주는 증거들을 제시하면서 또한 이러한 영지주의 시도 뒤에 있는 근거와 동기도 분석한다. 그리하여 그는 "퀴어 자아들"(queer selves)과 "퀴어 '성경들'"(queer 'Bibles')을 새롭게 창조하고자 하는 현대의 몇몇 시도들과 고대 영지주의 사이의 관련성을 분석했다.[33] 그는 "영지주의와 급진적 페미니즘" 사이의 연관성에 대해서도 분석했다.[34]

---

[33] Jonathan Cahana, "Gnostically Queer: Gender Trouble in Gnosticism." *Biblical Theology Bulletin* 41(2011): 24-35.

[34] Jonathan Cahana, "Gnosticism and Radical Feminism: From Pathologizing Submersion to SalvagingRe-emergence" in *Submerged Literature in Ancient Greek Culture: TheComparative Perspective* (eds. Andrea Ercolani and Manuela Giordano;Berlin and Boston: De Gruyter, 2016), 183-200.

제5장

'독일 사회주의'와 오스트리아 학파

1. 좌우 독일 사회주의: 민족사회주의(나치즘)와 국제사회주의(막시즘)

여기서부터 독일 프랑크푸르트 학파의 비판 이론과 프랑스 포스트모더니즘 속에 공통적으로 흐르는 프로이트막시즘으로 불리는 문화막시즘의 기초가 되는 독일 사회주의의 문제를 오스트리아 학파(Österreichische Schule), 특히 프리드르히 하이에크의 사회주의 비판에 기초해서 분석하고자 한다. 독일 민족사회주의(나치즘), 소련의 국제사회주의(공산주의), 문화막시즘을 추구한 독일 프랑크푸르트 학파 모두 사회주의 운동이었다. 히틀러와 스탈린의 투쟁은 독일 민족사회주의와 스탈린 국제사회주의(공산주의) 사이의 적과 같은 쌍둥이의 투쟁이었다.

독일 민족사회주의자들(나치)에 의해서 독일 나치 시대의 공식적인 철학자로 부상한 니체와 하이데거 모두 철학적 사회주의자로 볼 수 있다. 군중의 신 디오니소스의 철학자가 되고자 했던 니체와 독일 게르만 민족의 '땅과 피의 이데올로기'의 철학을 제시한 하이데거도 사회주의 사상가였다. 그렇기에 사회주의 사상가들이었던 니체와 하이데거 철학에 기초하고 있는 포스트모더니즘도 독일식의 민족사회주의는 아니지만, 문화막시즘이라는 국제사회주의적인 사유로부터 영향을 받았다.

이러한 독일 사회주의 전통은 독일 고전주의와 낭만주의 이후로 내려온 독일만의 "독특한 길"(Sonderweg)인데, 이는 독일 이교(Deutscher-Heidentum) 현상에 연관이 된다. 독일 이교, 독일 사회주의, 독일 민족사회주의 시대의 대표적 사회주의 철학자 니체와 하이데거는 모두 연관되어 있다.

하이에크는 독일 민족사회주의(나치즘)를 우파 사회주의로 그리고 공산주의를 좌파 사회주의로 표현했다. 독일어권에서는 종종 이 독일 민족사회주의(나치즘)를 갈색 사회주의(Brauner Sozialismus)로, 막시즘과 공산주의를 적색 사회주의(Roter Sozialismus)로 표현한다.[1] 20세기에 폭력과 야만을 일으켰던 두 전체주의 운동은 좌우의 사회주의 운동(Sozialismus von links und rechts)으로서 모두 자유주의와 자유민주주의 전통을 거부한 집단주의 운동이었다. 독일 나치즘은 민족사회주의(Nationalsozialismus)였다면 막시즘과 공산주의는 엥겔스의 표현처럼 "국제적 사회주의"(internationaler Sozialismus)[2] 운동이었다.

히틀러는 처음에는 독일 뮌헨의 작은 규모의 정치집단인 독일노동자당(Deutsche Arbeiterpartei, DAP)에 입당한 이후 독일노동자당의 당기를 디자인했으며, 당명도 독일민족사회주의노동자당(Nationalsozialistische Deutsche Arbeiterpartei, NSDAP)으로 바꾸었다. 이렇게 공식적인 당명을 보아도 히틀러는 사회주의 노동자정당을 통해서 집권한 것을 쉽게 알 수 있다. 민족사회주의라는 이름 그대로 독일 나치즘이 일종의 사회주의 운동이라는 사실을 쉽게 알 수 있지만, 20세기 후반 독일 사회를 지배한 문화막시즘을 지향한 유럽 68문화

---

1 Roland Baader, *Totgedacht: Warum Intellektuelle unsere Welt zerstören* (Resch Verlag, Gräfelfing 2002), 211. 프리드리히 하이에크의 제자이기도 한 저자는 21세기 독일 정치계에서 자유주의 전통의 르네상스에 크게 기여하는 학자로서, 그는 이 책의 표지사진에 우리의 세계를 파괴하는 사회주의 사상가 3명 (장 자크 루소, 칼 막스, 마오쩌둥)의 얼굴을 표현했다.

2 Friedrich Engels, "Der internationale Sozialismus und der italienische Sozialismus," Karl Marx/Friedrich Engels - Werke. (Karl) Dietz Verlag, Berlin. Band 22, 3. Auflage 1972, unveränderter Nachdruck der 1. Auflage 1963, Berlin/DDR, 478-479.

혁명 세대들과 사회주의자들(민주적 사회주의자들)은 나치즘을 파시즘으로 대체해서 명명해 왔기에, 나치즘이 사회주의 운동이라는 쉽고도 상식적인 사실이 그다지 넓게 보편화되지 못했던 것이 사실이다.

하지만 21세기 유럽 68세대들의 황혼, 1989년 동유럽 사회주의의 몰락 이후에 등장한 유럽의 새로운 89세대 그리고 사회민주주의(보다 정확히 민주적 사회주의) 정당들과 그 시대의 종말과 황혼으로 인해서 21세기 독일에서도 독일 나치즘도 일종의 사회주의 운동이었다는 '사회주의 과거사 청산'(Sozialismus-Bewältigung) 작업이 증가하고 있다.

독일 나치즘이 사회주의 운동의 일종이었다는 사실을 가장 설득력 있게 제시한 학자는 오스트리아 학파의 프리드리히 하이에크다. 오스트리아 비엔나대학교에서 경제학을 강의한 그는 1931년 영국으로 옮겨서 강의하게 되었다. 그는 독일의 나치즘의 전체주의에 환멸을 느껴 영국으로 왔지만, 영국에서도 사회주의가 점차 확산되자 충격을 받는다.

세계적인 베스트셀러『노예의 길』[3]의 서문에서 그는 영국의 사회민주주의적(사회주의적 혹은 민주적 사회주의적) 지식인들을 주된 대상으로 이 책을 집필하게 되었다고 밝히고 있다. 하이에크는 사회민주주의, 보다 정확히 말하면 민주적 사회주의는 매우 불안정한 개념이라고 보면서, 그것을 사회주의의 일종으로 파악한다.

제2차 세계대전 승전을 앞둔 영국에서조차 사회주의 바람이 거셌다. 수많은 지식인이 사회주의 노선의 정당성을 외쳤고, 사회주의를 거스를 수 없는 시대정신으로 여겼다. 하이에크는 이런 현상을 영국의 독일화 과정이라고 분석했다. 하이에크는 사회주의는 프랑스에서 시작되었지만, 19세기 말과 20세기 초에 독일에 와서 완벽하게 되었다고 분석한다. 영국에서 벌어지던 사회보장 논쟁이나 공기업화 추진은 이미 독일의 나치당이 정치를 장악하는 과정에서 이용했던 수단이었다.

---

3   Friedrich Hayek, *The Road to Serfdom* (Chicago: University of Chicago Press. 1944).

하이에크는 나치즘은 민주적 사회주의가 실패한 결과가 아니라 그 논리적 귀결이라고 했다. 그때 영국 학계의 일반적인 견해는 '파시즘은 사회주의에 대한 자본주의의 반응'이라는 것이었다. 하지만 하이에크는 나치즘 또한 사회주의의 일종이었다고 주장했다.

하이에크는 독일 나치즘은 프로이센 이후 독일이 갖고 있던 사회주의가 화려하게 꽃피운 결과였다고 주장한다. 독일 민족사회주의는 상당한 일관성을 가지고 이어져 왔고, 거기에는 수많은 사회주의 사상가가 논리를 제공했다. 독일 민족사회주의를 지지하는 사상가는 독일에서 150년 동안 반복적으로 나왔다. 이후에 우리는 '독일 사회주의'의 대표적 학자로서 좀바르트(Werner Sombart)를 소개할 것이다.

하이에크는 민족사회주의(나치즘)의 뿌리가 사회주의임을 설득력 있게 보여준다. 당시에는 많은 사람이 민족사회주의를 '우파'로 여겼다. 불행하게도 이런 오류는 아직도 널리 퍼져 있다. 이런 심각한 오류는 이탈리아의 파시즘과 독일의 나치즘이 집권하는 과정에서 독일 민족사회주의자들이 자신을 공산주의의 위협을 막는 보루라고 선전한 데서 비롯됐고, 제2차 세계대전 뒤 소련의 국제사회주의(공산주의)의 선전에 의해 조장되었다.

소련에서는 같은 사회주의 운동의 일종이었던 독일 민족사회주의를 파시즘으로 대체해서 명명하도록 했다. 그래서 앞에서 본 것처럼, 네오막시즘과 문화막시즘을 추구했던 유럽과 독일의 민주적 사회주의자들과 유럽 68세대들은 독일 민족사회주의를 주된 공격대상으로 삼았지만, 나치즘이 사회주의의 일종이었다는 사실이 부각되지 못하도록 파시즘으로 불렀다.

독일 민족사회주의는 사회주의에서 나왔지만, 공산주의와 민족사회주의 사이에는 이념과 정책 모두 별다른 차이가 없다고 하이에크는 본다. 둘 다 자유주의 이념과 자본주의 체제를 전체주의 이념과 계획경제 체제로 바꾸는 것을 목표로 삼는다. 원래 독일 민족사회주의 지도자와 추종자들은 극렬한 사회주의자였다. 하이에크는 영국이 나치즘을 혐오하면서도 사회주의 정책을 확대할 경우 나치처럼 공동 목표 달성을 위해 개인의 자유를 통제하는 독재의 길을 선택할 수밖에 없다고 지적했다.

하이에크에 의하면, 사회주의는 전체주의와 똑같아서 집단주의에 대한 모든 진실은 항상 사회주의에도 적용된다. 사회주의를 추구하는 국가들은 완벽한 세상을 만들겠다는 유토피아주의적 유혹에 빠져 종국에는 수많은 사람의 자유를 희생시키는 길로 나가게 된다고 하이에크는 경고했다.

하이에크는 독일 민족사회주의 운동이 프로이센 이후로 오랫동안 축적된 독특한 '독일 사회주의'(Deutscher Sozialismus)의 한 극단적인 산물로 파악하면서, 독일 사회주의의 대표적 사상가로서 좀바르트를 비판적으로 논의한다. 1934년 베르너 좀바르트(Werner Sombart)가 출간한 책 『독일 사회주의』(Deutscher Sozialismus)[4]는 독일 민족사회주의에 대한 학문적 기초를 제공한 매우 중요한 책이었다. 나치즘은 일종의 '독일 사회주의' 운동이었다. 하이에크는 『노예의 길』에서 독일 나치 시대의 가장 중요한 학자 중 한 명인 좀바르트에 대해서 분석했다.

좀바르트는, 그에 대한 독일어권 위키피디아에 소개된 것처럼, 막시즘에 대한 긍정적 수용으로 인해서 사회주의자로서 명성을 날렸다. 하지만 이후에 그는 "비관주의적 문화철학자"로서 "민족적-보수적"(national-konservative) 관점을 대변하게 된다. 그래서 좀바르트는 독일 민족사회주의(나치즘)의 사회보수주의적(sozialkonservative) 선구자로 간주되게 되었다.[5]

좀바르트는 당시에 가장 잘 알려진 경제학자요 사회학자였다. 1896년에 출간된 그의 책 "사회주의와 사회 운동"은 인상적인 성공을 거두어서 막시즘이 독일 지성계에 유행하도록 만들었다. 이렇게 보통 좀바르트를 독일에서의 사회주의 운동의 결정적인 예언자와 지지자로 평가한다. 프리드리히 엥겔스

4　Werner Sombart, *Deutscher Sozialismus* (Berlin-Charlottenburg: Buchholz und Weisswange. 1934).

5　Ernst Klee, *Das Personenlexikon zum Dritten Reich* (Fischer Verlag, 2005), S. 586; Vgl. Bernhard vom Brocke: *Werner Sombart*. In: Hans-Ulrich Wehler (Hrsg.): *Deutsche Historiker*(Vandenhoeck & Ruprecht, Göttingen 1972), 144.

는 이 좀바르트의 사회주의 연구를 적극적으로 인정하고 지지하면서 처음으로 이 독일 대학 교수가 칼 막스의 사상을 수용했다고 주장했다.

당시 한 세대 동안의 러시아 학생들도 좀바르트의 사회주의 연구서들을 읽고 "사회주의적으로 교육받게 되었다"라고 한다. 하지만 좀바르트는 이후 "막시즘에 대한 초기의 변호"를 점차 시간이 지나감에 따라 다르게 표현하기 시작했다. 좀바르트는 막시즘을 "프롤레타리아 사회주의"(Der proletarische Sozialismus)로 부르면서 점차 비판적 자세로 돌아섰고 이후에는 막시즘에 대한 비판자가 되었다.[6]

2. '상인과 영웅': 영국 자유주의와 독일 사회주의

좀바르트는 독일 민족사회주의(나치즘)의 선구자로서 독일 사회주의(Deutscher Sozialismus)와 독일 반자유주의(Deutscher Antiliberalismus)를 대표하는 학자인데, 이러한 독일 특유의 사회주의, 민족주의, 반자유주의, 반자본주의, 반유대주의, 국가주의, 전사적 영웅주의, 반영국주의 그리고 반상업주의 사상 등은 독일 낭만주의 이후로부터 니체와 하이데거에 이르기까지, 그리고 칼 슈미트, 마틴 하이데거 그리고 에른스트 윰어로 대변되는 독일 민족사회주의 당시의 보수혁명(Konservative Revolution)의 이론가들에 이르기까지 오랫동안 깊게 내려온 독일 특유의 사상이다.

이러한 독일 사회주의(Deutscher Sozialismus)는 독일 낭만주의 이후로 전개된 니체 이후의 독일 철학에서 발견되는 새로운 신화학(Neue Mythologie) 운동, 독일 이교(Deutsche-Heidentum) 그리고 독일 특유의 길(Deutsche-Sonderweg)과 관련되어 있다.

---

6 Christoph H. Werth, Werner Sombar, *Deutscher Sozialismus und konservative Kulturkritik* (Westdeutscher Verlag GmbH, Opladen, 1996), 192-3.

독일 민족사회주의의 공식 철학자로서 민족적 사회주의를 대변했던 하이데거는 "영도자"(Führer) 히틀러의 철학적 "영도자"(Führer)가 되기를 원했는데, 2014년부터 출판되기 시작한 그의 철학적 일기장인 『블랙 노트』(*Schwarze Hefte*) 출판 이후로 하이데거 철학의 신이교적, 독일 민족사회주의적(나치적), 디오니소스적 그리고 영지주의적 차원에 대한 깊은 분석이 하이데거 연구자들에 의해서 깊게 진행되고 있다.

하이데거의 이러한 독일 사회주의적 사상은 그의 개인적 입장이 아니라, 독일 낭만주의 이후의 니체를 비롯한 많은 독일 지성인에 의해서 공유된 관점이었다.[7] 이렇게 니체와 하이데거도 '독일 사회주의'(Deutscher Sozialismus)를 대변하는 철학자들이다.

히틀러의 독일 민족사회주의(나치즘) 운동이라는 독일 사회주의는 결코 갑자기 등장한 현상이 아니다. 독일 사회주의는 독일 낭만주의 이후로부터 오랫동안 여러 주요 학자가 대변한 독일 특유의 관점이다. 좀바르트의 『상인과 영웅: 애국주의적 성찰』(*Händler und Helden*)[8]이라는 책은 바로 좀바르트뿐 아니라 당시 독일 지식인들의 반영국적인 반상업주의, 반자본주의 그리고 영웅적 전사주의 등이 잘 반영된 책이다.

좀바르트는 상인으로 대표되는 영국의 자본주의적 상업주의를 거부하고 영웅으로 대표되는 독일 특유의 전사적 영웅주의를 주장하고 있다. 영웅적 전사주의 등은 독일 민족사회주의 시대의 공식 철학자로 부상한 니체 철학에도 흐르고 있다. 좀바르트는 독일 게르만 민족은 전사(Krieger)이며, 영국인은 소상인(Krämer)이라고 비난한다. 그리고 영국 자유민주주의, 자유로운 시장경제 그리고 상업주의 전통에서 발전된 자유와 권리는 "소

---

7 니체와 하이데거 철학에 대한 보다 상세한 논의를 위해서는 다음을 참고하라: 정일권, 『예수는 반신화다: 르네 지라르와 비교신화학』(서울: 새물결플러스, 2017).

8 Werner Sombart, *Händler und Helden; patriotische besinnungen* (München, Leipzig : Duncker &Humblot, 1915.

상인의 철학"(Recht und Freiheit als „Krämerphilosophie)이라고 비난했다.[9] 독일 낭만주의 운동과 연관된 독일 사회주의 운동은 영국적인 자유주의와 민주주의를 반대하는 독일 특유의 사회주의적 반자유주의와 반자본주의를 지향했다. 독일 사회주의 운동은 게르만 민족의 "민족정신"(Volksgeist)과 프로이센 "국가찬양주의"(Staatsverherrlichung)로 특징지어졌다.[10]

하지만 독일 낭만주의 이후로부터 히틀러의 민족사회주의 운동에까지 지속되는 독일 사회주의(Deutscher Sozialismus)의 전사적 영웅주의를 따르는 1933년의 나치 학생 운동권의 전사적 영웅은 히틀러였고, 문화막시즘이라는 좌파 사회주의를 지향했던 독일 68문화혁명 당시의 학생 운동권의 전사적이고 투쟁적 영웅은 마오쩌둥, 베트남의 호치민, 캄보디아의 '킬링필드'라는 야만적 학살사건의 주범 폴 포트(Pol Pot) 그리고 체게바라였다. 이는 이후 보다 상세하게 논의할 것이다. 독일 특유의 국가주의, 집단주의, 민족주의 그리고 사회주의 전통에서는 영미권의 자유주의나 자유민주주의 전통에서 점진적으로 발전된 개인의 자유와 권리라는 개념이 충분히 발전되지 못했다.

독일 나치즘이 게르만 민족주의와 융합된 독일 사회주의(Deutscher Sozialismus) 운동이었다는 사실을 영국의 사회민주주의자들을 향해서 보여주고자 했던 오스트리아 학파의 프리드리히 하이에크와 마찬가지로 칼 포퍼는 그의 책 『열린 사회와 그 적들』에서 플라톤과 함께 헤겔과 칼 막스를 전체주의 사상가로 비판했다. 칼 포퍼의 이 책은 하이에크에게 헌정되었다.

1938년, 히틀러가 칼 포퍼의 고향 오스트리아를 침공했다는 소식을 듣고 분노한 포퍼는 이 책 『열린 사회와 그 적들』을 집필하기 시작했다고 한다. 하이에크는 독일 프로이센은 사회주의 국가라고 분석한 바 있는데, 칼 포퍼는 프로이센의 국가철학자이자 공식 철학자인 헤겔철학 속의 전체

9　Roland Baader, *Totgedacht: Warum Intellektuelle unsere Welt zerstören* (Resch Verlag, Gräfelfing 2002), 75-76.
10　Baader, *Totgedacht: Warum Intellektuelle unsere Welt zerstören*, 60.

주의적 위험을 지적했다. 칼 포퍼는 헤겔의 사상이 독일 민족사회주의의 선구자 역할을 했다고 비판한다.[11]

여기서는 독일 사회주의와 헤겔철학과의 관련성에 대해서 잠시 논하고자 한다. 결론적으로 말하자면 헤겔철학 자체가 전체주의를 의미하는 것은 아니지만, 프로이센 국가찬양주의(Staatsverherrlichung)를 내포하는 그의 국가주의 철학에는 전체주의의 위험이 있는 것이 사실이며, 헤겔철학의 이러한 유산은 이후 독일 사회주의 운동에까지 영향을 주었다. 그리고 이 독일 사회주의 운동의 연장선상에서 보다 급진적 형태의 독일 사회주의 형태인 나치즘이 탄생했다고 볼 수 있다. 헤겔은 국가를 하나의 유기체로 바라보았으며, 국가에다 집단적 '일반의지', '이성', 혹은 '정신'을 부여한다.

칼 포퍼는 국가를 하나의 유기체로 바라보고 국가가 민족의 집단정신을 구현한다는 생각은 파시즘의 국가관과 일맥상통하고, 국가 간의 전쟁을 당연시하고, 이기는 국가가 선이라는 생각은 제국주의 사상에 다름 아닌 것이라고 보았다. 물론 이러한 칼 포퍼의 헤겔 비판에 대해서, 헤겔이 그의 사회·정치 철학에서 자유와 평등이라는 프랑스 혁명의 이념을 철학적 기초로 받아들이고 있을 뿐 아니라, 당대의 독일 현실을 개혁할 자유주의적인 근대국가 이론을 제공하고자 노력하는 사상가였다는 반론도 어느 정도 옳다.

하지만 그렇다고 해서 헤겔철학에 사회주의적이고 국가주의적 위험이 존재하지 않는다고 부인할 수는 없다. 혹자는 독일 나치가 자신들의 이데올로기를 뒷받침할 사상가로서 니체와 함께 헤겔의 사상을 검토했지만, 헤겔의 사상이 자신들과 맞지 않다는 것을 알고 포기했다고 반론한다. 하지만 나치의 법학자로 불리는 칼 슈미트가 계속 자유에 대한 내용을 뺀 채 헤겔 사상을 얘기하는 바람에 헤겔은 나치의 사상가라는 편견이 확산되었다고 헤겔을 변론하기도 한다.

---

11 Karl R. Popper, *Die offene Gesellschaft und ihre Feinde II. Falsche Propheten. Hegel, Marx und die Folgen*, 7. Aufl., Tübingen: Mohr 1992.

헤겔철학에 자유개념이 전혀 없다고 말하는 것은 독일 사회주의 전통에 자유와 민주가 전혀 없다고 주장하는 것만큼이나 과장된 것이다. 하지만 우리는 전체적으로 영미권의 자유주의 전통과 비교한다면 독일의 경우는 전통적으로 국가주의와 사회주의 쪽으로 기울어진 사유가 지배적이었다는 것은 사실이다.

칼 포퍼에 의하면, 열린 사회(Open Society)의 최대의 적은 역사주의라 불리는 전체론, 역사적 법칙론, 유토피아주의다. 그가 말하는 열린 사회는 개인의 자유와 권리가 확보된 사회이며 개인이 그의 이성에 입각해서 스스로 판단을 내리고 책임을 지는 사회이다. 칼 포퍼는 유토피아주의에 맞서서 점진적 사회공학을 주장한다. 영국의 상업주의적이고 자본주의적인 '소상인' 대신에 영웅주의적 전사와 전쟁을 찬양한 독일 사회주의자들과 국가주의자들 전통에서 나온 보다 극단적인 타락현상이 히틀러의 나치즘일 것이다.

하지만 호모 이코노미쿠스(homo economicus)는 호모 폴리티쿠스(homo politicus)보다 더 평화를 사랑한다. 전사적 영웅보다는 소상인들이 평화를 더 사랑한다. 시장경제의 평화능력에 대해서 의심할 필요가 없다. 유럽연합(EU)은 바로 경제적 통합을 통해서 유럽의 평화를 보장하고자 했다.[12]

지금까지 독일 사회주의에 대한 오스트리아 학파의 하이에크와 칼 포퍼의 비판을 중심으로 논의해 보았다. 프랑스 공산당원과 마오이즘을 추종했던 미셸 푸코도 생애 말년에는 하이에크 사상에 관심을 가졌다고 한다. 굶주림에 시달리는 국민을 구하기 위해 개혁·개방을 결단한 덩샤오핑이 1978년 하이에크에게 조언을 구했다. 하이에크의 간단하고 분명한 처방은 바로 개인 재산권 보호와 거래의 자유였다. 중국은 3년 만에 식량 자급을 달성했다.

---

[12] '시장평화'에 대해서는 다음을 참고하라: 정일권, 『질투사회: 르네 지라르와 정치경제학』 (서울: CLC, 2019).

하이에크는 '사회주의는 필연적으로 몰락한다'는 자신의 '예언'을 직접 확인했다. 1989년, 소련과 동유럽 사회주의 국가들의 몰락했다. 문화막시즘을 추구했던 유럽 68운동권 세대들이 점차 저물고 21세기 새로운 89세대가 유럽 정치를 주도하기 시작했다. 독일 프랑크푸르트 학파와 사회민주주의 정당과 그 시대가 점차 황혼기에 접어들었고, 이제 오스트리아 학파와 자유주의 노선의 르네상스가 유럽에서 일어나고 있다.

3. 독일 사회주의와 낭만주의: 니체와 공동체의 신 디오니소스

독일 사회주의(Deutscher Sozialismus)는 칼 막스가 주장한 국제적 사회주의(공산주의)와는 달리 독일 게르만 민족 내에서의 민족적 사회주의 운동이다. 독일 사회주의 사상은 독일 낭만주의로부터 시작해서 프로이센과 그 프로이센의 공식 철학자 헤겔 그리고 보다 극단적인 형태인 독일 민족 사회주의(나치즘)에까지 지속적으로 흐르고 있다. 프로이센의 공식 철학자로서 헤겔이 독일 사회주의와 프로이센 국가찬양주의(Staatsverherrlichung)를 주장했다면, 히틀러의 독일 사회주의(민족사회주의, 나치즘) 운동에는 니체와 하이데거가 공식 철학자로서 나치에 의해서 장려되었다.

국가주의, 집단주의, 사회주의, 전체주의는 모두 개인의 자유와 권리보다 앞서 거대한 전체성을 앞세운다. 르네 지라르의 사유에 근거해서 말한다면, 세계 신화는 '사회주의의 텍스트' 혹은 사회주의적 마녀사냥과 박해의 텍스트다. 세계 신화에는 만장일치적인 집단, 사회, 도시의 전체성만 존재하고 개인은 존재하지 않는다. 개인을 발견한 것은 유대-기독교다. 하이에크가 주장하는 것처럼, 개인주의는 유대-기독교의 문명사적 업적이다. 자유주의적 개인주의가 이기주의로 비판받아서는 안 된다.

하지만 영미권의 자유주의와 자유민주주의의 업적이라 할 수 있는 이러한 개인의 발견, 개인의 자유와 권리, 개인주의 등이 독일에서는 제대로 발전되지 못했는데, 이는 독일 낭만주의 이후로 등장한 독일 이교(Deutsch-Heidentum) 운동과 니체 이후의 디오니소스적 새로운 신화학(Neue Mythologie) 운동과 연관되어 있다. 독일 사회주의자들인 니체와 하이데거의 철학은 이후 문화막시즘을 표방한 유럽 68운동과 프랑스 포스트모더니즘의 사상적 기둥이 되었기에, 여기서는 독일 사회주의, 독일 이교 현상, 독일 낭만주의, 독일의 새로운 신화학 운동 등에 대해서 짧게 살펴보고자 한다.

문화막시즘을 표방한 독일 프랑크푸르트 학파의 비판 이론으로부터 점차 비판적 거리를 두기 시작한 하버마스에 의하면, 포스트모더니즘의 시작점은 특히 니체의 디오니소스적 철학이다. 하버마스는 니체의 『비극의 탄생』을 칸트 이후의 계몽된 철학의 관점에서 비판했다. 하버마스는 이 『비극의 탄생』에서 "근대로부터의 도피로"를 보았다.[13] 하버마스에 따르면, 니체는 『비극의 탄생』에서 "디오니소스적 메시아주의"를 대변하면서 근대 주체성 철학의 업적들에 대항하기 위해 고대의 신인 디오니소스로 회귀하고 있다고 분석한다.

헤겔에서부터 푸코까지 다루는 하버마스는 『현대성의 철학적 담론』제4장 "포스트모던으로의 진입: 출발점으로서의 니체"에서 니체의 디오니소스적 새로운 신화학을 비판적으로 논의하고 있다. 니체가 말하는 새로운 신화학은 "미학적으로 갱신된 신화학"이다.[14] 그리고 제6장 "형이상학 비판을 통한 서구 합리주의의 침식: 마틴 하이데거"에서 니체의 후계자이자 "파시스트" 하이데거를 다루고 있다.

독일 낭만주의 운동과 새로운 신화학 운동에서 디오니소스는 도래하는 신(der kommende Gott)과 새로운 신으로서 중심적인 역할을 하고 있다.

---

[13] Jürgen Habermas, *Eintritt in die Postmoderne: Nietzsche als Drehscheibe*, in *Der philosophische Diskurs der Moderne: Zwölf Vorlesungen* (Frankfurt am Main: Suhrkamp Verlag, 1985), 104-129, 117.

[14] Habermas, *Der philosophische Diskurs der Moderne: Zwölf Vorlesungen*, 109.

『도래하는 신: 새로운 신화학에 대한 강의들』에서 독일 튀빙겐대학교의 철학 교수였던 프랑크(Manfred Frank)는 예술과 사회에서의 신화르네상스에 대해서 논의한다. "낭만적 디오니소스"를 미래의 신 혹은 "반-계몽의 신"(Gott der Gegenaufklärung)으로 파악했다. 또한, 디오니소스는 공동체의 신(Gemeinschafts-Gott)이다. 그는 새로운 신화학에 대한 독일 낭만주의의 복권시도를 설명한다.

프랑크는 10번째 강의에서 횔덜린, 독일 낭만주의 그리고 고대에서 발견할 수 있는 디오니소스와 그리스도 사이의 이명(異名)적인 교환에 대해서 다룬다. 즉 니체는 디오니소스와 십자가에 달리신 자 사이의 유사성뿐 아니라 반립(Gegensatz)도 보았지만, 유사성만 본 전통들도 존재했었다. 11번째 강의에서 그는 그리스도를 디오니소스와 동일시한 고대 전통과 낭만주의적 흐름을 소개한다.[15]

디오니소스는 니체에게 일종의 구원자였다. 이미 니체보다 약 반세기 이전에 '새로운 신화학'(Neue Mythologie)에서는 디오니소스가 '도래하는 신'으로 선포되었다.[16] 프랑크는 독일관념론 철학과 낭만주의 운동 그리고 해석학과 후기구조주의 철학에 대해서도 연구했는데, 『유배 중의 하나님. 새로운 신화학에 대한 강의들』에서 니체와 바그너에서 볼 수 있는 "디오니소스와 제의적 드라마의 르네상스"에 대해서 논의하고 있다. 그에 따르면, 근대적 합리성에 대해서 권태를 느끼고 의미의 위기(Sinnkrise)를 경험한 일부 학자들은 새로운 신화학의 이름으로 신화라는 원시성으로 회귀하고자 했다.

---

15 Manfred Frank, *Der kommende Gott. Vorlesungen über die Neue Mythologie* (Frankfurt:-Suhrkamp, 1982).

16 Manfred Frank, "Dionysos und die Renaissance des kultischen Dramas" (Nietzsche, Wagner, Johst), in: *Gott im Exil. Vorlesungen über die Neue Mythologie* (Frankfurt am Main 1988), 9-104.

독일 낭만주의 이후의 새로운 신화학 운동을 연구해 온 프랑크는 최근 저서 『신화의 황혼: 초기낭만주의적 상황에서 본 리하드 바그너』[17]에서 계몽적이고 반신화적 이성의 절대주의에 반대해서 발생한 낭만주의가 파시즘으로 흐르는 과정을 분석한다. 바그너의 음악 드라마에서 '새로운 신화학'은 좌초되고 "자기 파괴의 작품"이 되었다.[18] 니체와 바그너의 새로운 신화학의 영향사에 대한 연구에서도 이 두 사람에 의해 시작된 그리스 비극의 숭상은 종교와 도덕을 대신하면서 문화정치적인 차원에서 독일 나치로 연결되는지를 분석한다.

니체와 바그너의 새로운 신화학은 자유주의와 자본주의를 비판하면서 새로운 제의의 필요성을 강조했는데, 이는 초기낭만주의적 유산을 왜곡하는 것이었다. 보편주의적으로 지향된 낭만주의적 기획은 결국 특정주의적이고 인종주의적으로 변모하게 되어버렸다.

4. 독일 사회주의자 하이데거의 『블랙 노트』(2014)와 '독일 이교'

여기서는 히틀러의 민족사회주의(나치즘)의 공식 철학자였던 하이데거 철학의 영지주의와 에소테리즘 그리고 디오니소스적인 새로운 이교주의(Neuheidentum, 특히 독일 이교)와 독일 사회주의의 관계를 논하고자 하는데, 2014년 독일에서 출간되기 시작한 하이데거의 철학적 일기장인 『블랙 노트』(Schwarze Hefte)를 중심으로 다룰 것이다. 하이데거는 독일 나치 시대에 니체 아카이브를 관리했던 니체철학의 후계자였다. 하이데거가 니체를 철학자의 반열로 올려 놓았다.

---

[17] Manfred Frank, *Mythendämmerung. Richard Wagner im frühromantischen Kontext* (München: Wilhelm Fink 2008).
[18] Frank, *Mythendämmerung. Richard Wagner im frühromantischen Kontext*, 17.

하이데거는 제2차 세계대전 이후에 가다머(Hans Georg Gadamer)와 푀겔러 (Otto Pöggeler) 같은 지인들에게 자주 반복해서 "니체가 나를 망쳤다"(Nietzsche hat mich kaputt gemacht)라고 말했다고 한다. 니체 때문에 자신의 인생이 망가졌다는 하이데거의 말은 그의 책에서는 표현된 적이 없지만, 니체 연구가들 사이에서는 잘 알려진 사실이다. 하이데거는 독일 나치 시대에 집중적으로 니체를 연구하고 수용했는데, 니체가 독일 민족사회주의의 공식 철학자로 채택되었기 때문이다.

1962년 독일 「슈피겔」(Der Spiegel)과의 인터뷰에서 하이데거가 남긴 "수수께끼 같은" 말, "어떤 신만이 우리를 구원할 수 있다"(Nur noch ein Gott kann uns retten)라는 일어날 것 같지 않은 그리스 종교의 귀환을 추정하게 했다고 지라르는 적고 있다. 지라르에 의하면 하이데거의 이 말에는 "디오니소스의 어떤 것," 다른 말로 하면 기독교를 대신하는 헬레니즘에 대한 노스텔직(nostalgic)한 선택이 담겨 있다.[19]

하이데거는 전통적 기독교의 하나님(Gott)이 아니라 어떤 신(ein Gott)이 우리를 구원할 수 있다고 말했다. 하이데거는 독일 고전주의와 낭만주의 이후로 제기된 그리스적인 신들의 귀환을 고대하는 새로운 신화(Neue Mythologie)의 맥락에서 미래의 새로운 신을 기대한 것이다. 미래의 신을 말할 때에도 쉘링과 횔덜린이 기독교적 신 개념에 머물고 있는 데 비해서, 미래의 새롭게 도래하는 신에 대해서 말할 때 하이데거는 기독교적 신 개념을 떠나기 시작한다. 니체는 2,000년 동안 전혀 새로운 신이 나타나지 않았다고 비판하면서 새로운 미래의 도래하는 신으로서 디오니소스를 갈망했다.

우상들의 황혼과 신들의 황혼을 가져온 십자가에 달리신 자 이후의 2,000년 유럽 역사에서 다시금 그리스 신들의 귀환을 갈망했던 독일 낭만주의의 새로운 신화학은 영국, 프랑스, 미국 등 다른 국가들에서는 찾아보기 힘든 매

---

19 René Girard and Benoît Chantre, *Battling to the End: Conversations with Benoît Chantre* (East Lansing: Michigan State University Press, 2010), 121-4. 이 부분에 대해서는 필자의 『우상의 황혼과 그리스도: 르네 지라르와 현대사상』에서 부분적으로 논의했다.

우 특정한 "독일 특유의 발전의 길"(Deutsch-Sonderweg)이라는 사실이 하이데거의 최근 『블랙 노트』에 대한 뜨거운 국제적 논의 속에서 지적되고 있다. 또한, 독일 정신과 그리스 정신 사이의 특별한 관계를 강조하는 이러한 사유는 일종의 "독일 이교"(Deutsch-Heidentum) 현상이라고 하이데거의 『블랙 노트』의 편집자이자 독일 부퍼탈대학교의 하이데거 연구소 소장인 페터 트라브니 (Peter Trawny) 교수 등에 의해서 분석되고 있다.

니체는 공동체의 신이자 집단의 신인 디오니소스를 택한 독일적인 (민족) 사회주의자였다. 그래서 독일 나치들은 니체 철학을 자신들의 민족사회주의 철학으로 공식적으로 채택하고 적극적으로 장려했다. 니체를 계승하는 하이데거에게도 언제나 민족, 집단, 인종이 앞선다. 그래서 하이데거의 제자였던 한나 아렌트는 하이데거의 사유에는 개인과 개체가 증발되어 있다고 비판했다. 하이데거 사유에도 독일 사회주의 사상이 흐르고 있다.

하버마스의 제자인 토마스 아스호이어(Thomas Assheuer)는 "독이 든 유산"(Das vergiftete Erbe)이란 제목으로 2014년 독일 주요 주간신문 「디차이트」(Die Zeit)에 하이데거의 『블랙 노트』에 대해서 글을 기고했다. 그에 따르면, 하이데거의 "『블랙 노트』 속에 나타난 유대인들을 향한 적의는 결코 부수적인 것이 아니다. 그것은 (하이데거의) 철학적 분석을 근본을 구성하고 있다." 또한 그는 "하이데거가 부재하는 '존재'(Sein)에 대해서 슬퍼할 뿐이지 사람들에 대해서는 슬퍼하지 않는다"(Heidegger trauert um das abwesende "Sein," aber nicht um die Menschen)라고 분석한다.

아스호이어는 독일 흑림을 산책했던 하이데거가 서정적인 슬픔으로 사라져가는 존재의 마지막 고통을 슬퍼했지만, 하이데거에게 있어서 인간의 고통에 대해서는 어떠한 말도 발견할 수 없다는 사실을 지적한다. 그에 따르면, "'도덕'은 하이데거에게 있어서 역겨운 것이었다"("Moral" ekelt ihn an). 왜냐하면, 하이데거에게 있어서 도덕은 "영미 세계의 상업가적 계산성"(händlerischen Rechenhaftigkeit der englisch-amerikanischen Welt)에 대한 장식용 칠(Glitzerlack)에 불과했기 때문이었다. 아스호이어는 신앙고백적으로 볼 때 "새로운 이교도인 하이데거"(konfessionelle Neuheiden Heidegger)가 도덕을 철학적으로 논의하지 않고 있다고 바르게 비판했다.[20]

앞에서 우리는 경제사회학자 좀바르트도 영국식의 자본주의와 상업주의에 대한 혐오와 거부를 강하게 표현한 것을 보았다. 하이데거도 영미 세계의 상업가적 계산성과 자본주의에 대한 혐오를 드러냈다.

영미권의 민주주의와 세계시민주의뿐 아니라, 상업과 금융을 비롯한 자본주의를 비판한 하이데거에게서 우리는 상대적으로 앞서지 못한 농업 중심의 독일 남부의 로마 가톨릭 영역에서 자란 그의 르상티망을 분석해 낼 수 있다. 하이데거뿐 아니라 독일 낭만주의 이후로부터 전개된 독일 사회주의 운동에서도 영국적인 자본주의, 상업주의 그리고 자유주의에 대한 르상티망적 비판정서를 엿볼 수 있다.

니체와 그의 후계자인 하이데거는 전후 독일에서 히틀러의 나치즘과의 깊은 연관성 때문에 전후 독일어권에서 터부였지만, 들뢰즈를 비롯한 일부 프랑스 포스트모던 철학자들에 의해서 미학화되어서 복권되었다. 지라르도 오래전부터 니체와 하이데거를 "신이교주의"(Neuheidentum)의 대변자로 파악해 왔지만,[21] 프랑스의 데리다, 이탈리아의 바티모, 미국의 리처드 로티 등이 하이데거를 전후에 복권시켜서 이후 니체와 하이데거는 프랑스 포스트모더니즘의 계보학에 자리잡게 되었다.

또한, 푸코의 철학에도 하이데거의 큰 영향을 발견할 수 있고, 라캉은 하이데거를 직접 만나기도 했다. 이처럼 독일 (민족)사회주의자였던 니체와 하이데거의 철학은 문화막시즘적인 지향을 가진 포스트모던 철학의 계

---

20 Http://www.zeit.de/2014/12/heidegger-schwarze-hefte-veroeffentlicht.
21 René Girard, *Hiob – ein Weg aus der Gewalt* (Zürich: Benziger, 1990), 191; René Girard, *Wenn all das beginnt. Ein Gespräch mit Michel Treguer*. Aus dem Französischen von Pascale Veldboer (Münster–Hamburg–London: Thaur, 1997), 18f ; René Girard, *Ich sah den Satan vom Himmel fallen wie einen Blitz. Eine kritische Apologie des Christentums*. Aus dem Französischen von Elisabeth Mainberger–Ruh (Munich and Vienna: Carl Hanser Verlag, 2002), 219.

보학에 자리잡게 되는데, 그 공통분모에는 사회주의적 사유가 존재한다.

하이데거의 『블랙 노트』에는 세계유대주의(Weltjudentum)에 대한 강한 음모론적 인식이 나타나 있다. 히틀러도 자신의 『나의 투쟁』(Mein Kampf)에서 이러한 음모 이론을 적고 있다. 하이데거 또한 히틀러의 이 책에서 몇몇 핵심적 비유를 동일하게 채택하고 있다. 『블랙 노트』는 하이데거의 반유대주의 사상뿐 아니라, 미국과 영국 문화에 대한 강한 적의를 보여주고 있다.

하이데거의 『블랙 노트』출간 이후에 독일어권에서는 이처럼 '20세기 헤라클레이토스'라고도 불리는 하이데거의 "에소테릭한" 차원, "존재와 존재자 사이의 마니교적인 구분" 그리고 코스모폴리터니즘(세계시민주의)의 전형으로서의 세계유대교에 대한 적의 등이 비판적으로 분석되고 있다.

또한, 2016년 10월 독일 주간지 「디차이트」(Die Zeit)는 "처음으로 하이데거가 얼마나 나치에 대한 신념이 깊었는지를 보여주는" 나치 시절의 하이데거의 편지들을 일부 발표했는데, 그 신문기사의 제목은 "도덕적 파탄"(Ein moralisches Desaster)이다. 하이데거의 『블랙 노트』에서는 그의 반유대주의가 존재론과 존재역사적인 측면에서 고상한 모습으로 나타났다면, 이 편지들에서는 아주 노골적이다.

또한, 독일의 정치 소식을 매우 잘 알고 있던 하이데거가 매우 이른 시기부터 나치의 열정적인 추종자였다는 것이 드러난다. 43세가 되던 1931년에 이미 하이데거는 동생에게 히틀러의 『나의 투쟁』을 선물로 주면서 히틀러의 "비상하고 확실한 정치적 감각"을 칭송했다.[22]

하이데거의 철학은 당시 보수주의 지식인들의 '보수 혁명'(Konservative Rovolution)의 맥락에서 이해되어야 한다. 마틴 하이데거, 나치의 '계관법학자'(Kronjurist) 칼 슈미트(Carl Schmitt) 그리고 에른스트 윰어(Ernst Jünger)는 이 보수혁명의 대표적인 세 인물이다.

---

22 Http://www.zeit.de/kultur/literatur/2016-10/martin-heidegger-briefe-antisemitismus.

이 보수혁명에 참여했던 일부 학자들은 파시즘으로 기울어졌다. 하이데거는 "영도자"(Führer) 히틀러의 철학적 "영도자"(Führer)가 되기를 원했다. 칼 슈미트는 히틀러의 헌법학적 혹은 법적인 영도자로 활동했다. 니체 철학을 수용해서 전쟁적이고 영웅적인 것을 찬양했던 에른스트 융어는 잔인성의 시인(Poet der Grausamkeit)으로도 불리운다. 하이데거의 철학에는 현대성의 업적들이라 할 수 있는 민주주의, 자유주의, 세계시민주의, 평등주의, 보편주의, 자본주의 그리고 과학기술에 대한 그의 르상티망적 비판이 담겨 있다.

칼 슈미트, 마틴 하이데거, 에언스트 융어(Ernst Jünger)는 당시 독일 나치즘과 깊이 관련된 대표적인 보수혁명가였다. 보수혁명을 일으킨 나치 시대의 독일 민족사회주의 지식인들은 하이에크의 주장처럼 우파 사회주의를 주장했다. 하이데거는 니체의 영향을 받고서 전쟁 체험과 융합시켜서 영웅주의적 사상을 대변한 에스튼 융어의 영향을 깊이 받았다.

그래서 이 세 학자들의 저작에는 땅, 피, 전쟁, 결단(Entscheidung) 그리고 용기 등에 대한 단어가 자주 등장한다. 이들은 대체적으로 니체가 영국의 민주주의를 강하게 비판한 것처럼, 모두 세계시민주의에 대한 증오 혹은 비판을 시도했으며, 소위 피와 땅의 이데올로기(Blut-und-Boden-Ideologie), 장소의 논리, 지역주의 혹은 지방주의를 대변했다.

5. 독일 "기독민주연합 국가" vs 68문화혁명

이렇게 독일 민족사회주의(나치즘)의 폭력과 야만 이후 독일은 1949년부터 1966년까지 헌법 전문에 기독교적 하나님에 대한 공식적인 언급이 포함된 헌법 위에 세워지게 되고 기독민주연합(CDU)이 주도하는 "기독민주연합 국가"(CDU-Staat)가 되었다.²³ 하지만 사회주의 혹은 문화막시즘의 노선을 가진 68문화혁명은 제2차 세계대전 이후의 "기독민주연합 국가"로서의 독일에 대한 "급진적인 반대"를 주도했다.²⁴

네오막시즘과 문화막시즘을 지향하는 68운동과 독일 프랑크푸르트 학파의 비판 이론 등의 영향으로 "기독민주연합 국가"로서의 독일은 점차 약해지고 사회주의(민주적 사회주의) 노선이 20세기 후반에 다시 강해졌다. 하지만 1989년 동유럽과 소련 공산주의의 몰락으로 이제는 68세대가 아니라 89세대가 새롭게 21세기 유럽 정치를 주도하기 시작한 결과, 유럽 사회주의(민주적 사회주의) 정당들뿐 아니라 그 시대 자체가 황혼기에 접어들었다.

21세기 유럽 사회민주주의 노선의 참패로 인해서 앞에서 소개한 샹탈 무페와 같은 좌파 정치철학자들은 보다 선명하고 투쟁적인 좌파 포퓰리즘(left populism)을 주장하게 되었다. 21세기 독일은 제2차 세계대전 이후의 "기독민주연합 국가"의 모습은 아니지만, 메르켈 총리도 기독민주연합(CDU) 출신이고, 최근 유럽연합(EU) 집행위원장이 된 폰데어라이엔(Ursula Gertrud von der Leyen)도 기독민주연합(CDU) 출신이다.

폰데어라이엔은 7명의 자녀를 둔 어머니이기도 한데, 이렇게 그녀는 20세기 후반 유럽 68학생문화혁명 세대들과 급진 페미니스트들이 타도대상으로 삼았던 3K, 곧 아이(Kinder), 부엌(Küche), 교회(Kirche)라는 기독교의 전통적 가치를 지킨 것으로 잘 알려져 있다. 21세기 독일 언론과 방송에서는 독일 사회의 보수주의적 전환(konservative Wende)에 대한 논의가 활발하게 이루어지고 있다.

---

23 Gerd Schäfer/Carl Nedelmann (hrsg.), *Der CDU-Staat I. Analysen zur Verfassungswirklichkeit der Bundesrepublik* (Frankfurt/M, Verlag: edition Suhrkamp, 1969).
24 Hubert Kleinert, "Voraussetzungen und Grenzen schwarz-grüner Optionen," in: Volker Kronenberg/Christoph Weckenbrock, *Schwarz-grün – Die Debatte*, Wiesbaden 2011, 177.

1949년부터 1966년까지 "기독민주연합 국가"로서의 독일의 헌법정신의 주요한 기둥은 바로 반공주의였다. 당시 제2차 세계대전 이후 독일 사회에서 모든 공무원에게는 반공주의에 대한 서약이 의무였다. 오늘날까지 독일에서는 사회적 시장경제(soziale Marktwirtschaft)로 표현되지만 당시 "기독민주연합 국가"로서의 독일에서는 "자유 시장경제"가 도입되어서 자본주의 경제체제가 확립되었다. 자유로운 자본주의 시장경제 체제에 대한 과감한 도입과 추진이 "기독민주연합 국가"로서의 독일의 성공에 크게 기여했다. 그 결과 독일은 '라인강의 기적'이라는 경제 기적(Wirftschaftswunder)을 경험하게 되었다.[25]

하지만 68문화혁명을 일으킨 운동권은 "기독민주연합 국가"로서의 독일을 해체하고자 했다. 문화막시즘을 추구한 68운동은 좌파 사회주의 운동이었다. 이 68 사회주의 운동의 새로운 영웅은 3M, 곧 막스(Marx), 마오쩌둥(Mao), 마르쿠제(Marcuse)였다. "68세대의 기만적인 주장"이라는 제목을 가진 독일 신문기사에서는 68운동권들인 "레닌, 스탈린, 마오쩌둥, 호치민, 폴 포트 같은 살인자"들을 영웅시 했다고 비판하고 있다.[26]

폴 포트는 바로 미군 철수 이후 캄보디아에서 '킬링필드'의 대학살을 일으킨 주범이다. 앞에서 본 것처럼, 그는 프랑스 유학 당시 공산주의를 학습한 이후 자신의 조국에서 공산주의 유토피아 건설을 위해서 대학살을 자행했는데, 그 폴 포트를 유럽 68운동권이 영웅시 했던 것이다.

2017년 독일 저명한 주간지 「디차이트」에서도 68운동 50주년을 앞두고서 다음과 같이 이 운동에 대해서 비판적으로 분석했다.

---

25 Roland Roth/Dieter Rucht (Hg.), *Die sozialen Bewegungen in Deutschland seit 1945, Ein Handbuch* (Campus Verlag: Frankfurt/Main 2008), 57.
26 Detlef Kleinert, *Der verlogene Anspruch der 68er*, 2008년 4월 14일 기사(https://www.diepresse.com/376379/der-verlogene-anspruch-der-68er).

68운동에는 또한 대학살자 폴 포트에 대한 찬양(Verherrlichung des Massen-mörders Pol Pot)…그리고 자유의 이름으로 자행된 어린이들에 대한 성적 학대가 존재했었다.[27]

우리는 앞에서 독일 녹색당에서뿐 아니라, 유럽 68문화혁명권의 코뮌에서 실제로 소아성애도 이루어졌다는 사실을 보았다. 독일 저명한 주간지 「디차이트」는 '킬링필드'의 야만적 대학살을 자행한 공산주의자 폴 포트가 이끄는 "'크메르루주'(Khmer Rouge, 붉은 크메르)가 캄보디아를 파괴하고 그때 유럽 좌파지식인들은 환호성을 외친" 것에 대해서도 비판적으로 분석했다.[28]

6. 유럽 68문화혁명과 1933년 독일 나치 학생 운동의 유사성

2019년 JTBC '차이나는 클라스'에서 강의한 중앙대학교 김누리 교수는 유럽 68운동과 한국의 86세대를 비교하면서 한국 민주주의가 취약한 이유는 68운동의 부재라고 주장한 바 있다. 즉 대한민국에도 유럽 68운동이 필요하다는 주장이다. 그러면서 김 교수는 당시 유럽 68세대가 성공동체를 추구했다는 사실도 인정한다. 유럽 68세대와 한국의 86세대 사이에는 공통점과 차이가 동시에 존재하지만, 기본적으로 좌파 사회주의 운동이었던 68운동과 사회주의 노선도 존재했었던 한국의 86운동권이라는 점에서 공통점도 발견할 수 있다.

---

[27] Stephan Lebert, "Ein Jahr hallt nach," 31. Mai 2017. https://www.zeit.de/2017/23/1968-deutschland-68er-bewegung-studentenproteste-revolution/komplettansicht.

[28] Hans-Peter Kunisch, "Morde mit einem Lächeln," 12. August 2013, https://www.zeit.de/kultur/literatur/2013-08/literatur-peter-froeberg-idling-pol-pots-laecheln.

군사독재 투쟁을 위해서 자유민주주의 노선과 사회주의 노선이 함께 연대하기도 했지만, 21세기 민주화 이후의 시대에서는 두 노선 사이에서 보다 명료하게 대한민국을 위한 최선의 체제가 무엇인지 선택해야 한다.

여기서는 문화막시즘을 추구한 68운동에 대한 비판적 평가를 하고자 한다. 2018년 독일 언론과 방송에서는 68운동 50주년 기념 특집 다큐방송이 많이 방송되었다. 50년이 지난 2018년 독일인들은 68운동을 보다 비판적으로 평가하고 있다. 21세기 유럽의 새로운 좌파 진영에서도 68운동을 부끄럽게 생각하는 사람들도 많고, 독일 헤센주 ARD 방송은 "미친 68세대(Die verrückten 68er)—그 1년이 우리 세계를 변화시키다"라는 제목으로 기념방송을 하기도 했다.

실제로 앞에서 본 것처럼, 탈권위주의 운동의 이름으로 전개되었던 68운동에는 각종 성유토피아를 꿈꾸는 디오니소스적 성공동체와 소아성애 등이 이루어졌고, 마약 등도 히피 운동 등에서 사용되었다. 68운동 50주년 기념방송들에서도 당시 68운동에 가장 큰 영향을 준 학자로서 성혁명과 성해방을 주장한 오스트리아 출신의 빌헬름 라이히가 자주 언급된다.

하지만 68운동 50주년 기념 토론에서 가장 큰 관심과 논의를 폭발시킨 것은 바로 68운동과 1933년 독일 나치 학생 운동 사이의 유사성을 주장한 68운동권 출신 역사학자 괴츠 알리(Götz Aly)의 책 『우리의 투쟁 1968—과거를 향한 하나의 불편한 시선』이다. 괴츠 알리 스스로가 68운동권의 주동자 출신으로서 급진좌파 신문의 편집을 맡기도 했고, 대학 교수 추방과 테러 운동에 가담하기도 했던 인물이다. 이 책은 히틀러의 『나의 투쟁』(Mein Kampf)을 연상케 하는 『우리의 투쟁 1968』(Unser Kampf 1968)이라는 책 제목을 통해서 68문화혁명이 1933년의 히틀러의 나치 학생 운동과 유사하다는 충격적인 주장을 하고 있다.[29]

---

[29] Götz Aly, *Unser Kampf. 1968 - ein irritierter Blick zurück*, 2. Aufl. (Frankfurt a.M.: S. Fischer 2008).

2008년 독일 3sat 방송에서는 "68 신화―반항들과 그 고고학들"이라는 제목으로 괴츠 알리(Götz Aly)와 독일 프랑크푸르트 학파의 3세대 학자인 악셀 호네트 등이 토론에 참여해서 68운동에 여러 평가를 했다. 이 방송에서는 논쟁의 중심은 괴츠 알리의 이 책에 대한 것이었다.

독일 나치즘이 일종의 사회주의 운동이었다는 사실이 잘 알려지지 않았던 이유에는 20세기 후반 "제도권으로 긴 행진"을 통해서 문화 헤게모니와 정치 권력을 확보하게 된 유럽 68문화혁명 세대의 영향 때문이기도 하다. 그들은 문화막시즘을 추구하면서 그들이 주적처럼 비판한 독일 나치가 사회주의 운동이었다는 사실을 미묘한 방식으로 감추려고 했다.

하지만 최근 독일 역사가에 의해 1933년 독일 민족사회주의(나치즘) 학생 운동과 문화막시즘을 지향한 유럽 68운동권의 유사성에 대한 연구가 출간되어서 최근 독일에서 뜨거운 논쟁을 일으켰다. 그의 주장은 히틀러의 "나의 투쟁"(Mein Kampf)으로부터 68운동권의 "우리의 투쟁"(Unser Kampf)이 나왔고, 1933년 나치 학생 운동으로부터 1968문화혁명이 나왔으며, "하일 히틀러"(Heil Hitler, 구원이 히틀러에게 있도다)를 외치던 세대로부터 "호 호 호치민"(Ho-Ho-Ho-Chi-Minh)을 외치면서 영웅시 했던 세대가 나왔다는 것이다.

당시 68운동권은 마오쩌둥뿐 아니라, 베트남 사회주의 혁명가 호치민을 영웅시 했다. 그에 따르면, 68세대들은 1933년 부모 세대들(독일 나치 학생 운동)을 "닮았는데," 왜냐하면 그들은 "칼 슈미트와 에른스트 융어"의 정신으로 생각하고 행동했다. 즉 칼 슈미트의 정치적인 것의 핵심으로 파악한 '친구와 적의 구분'에 입각해서 명백한 적 개념을 가지고 있었다는 것이다.[30] 그에 따르면, 68운동의 지도자 루디 두츠케(Rudi Dutschke)의 문장들은 독일 민족사회주의적(나치적) 투쟁기술을 연상시킨다.[31]

---

30 Götz Aly, *Unser Kampf. 1968 - ein irritierter Blick zurück*, 2. Aufl. (Frankfurt a.M.: S. Fischer 2008), 7, 182.
31 Aly, *Unser Kampf. 1968 - ein irritierter Blick zurück*, 99.

괴츠 알리는 33년 나치 학생 운동과 68문화혁명 사이의 동일시까지는 아니지만 "형식적 유사성"을 분석한 것이다. 두 운동 모두 히틀러, 마오쩌둥, 호치민 등과 같은 인물들을 중심으로 한 영웅 숭배(Personenkult)가 존재했고, 두 학생 운동 모두 "낭만주의적 사회모델과 공동체 이데올로기에 대한 선호"가 존재했으며, "사회적 실재문제에 대한 단순화"가 존재했으며, "정치적 유토피아주의와 반시민적 동기"가 존재했다고 괴츠 알리는 분석한다.[32]

괴츠 알리는 68문화혁명 좌파의 시민 개인에 대한 혐오, 권위주의, 반미주의, 반시온주의, 반셈족주의 등을 비판한다. 괴츠 알리는 바로 68운동의 전체주의적 성격을 비판한 것이다. 민주화를 외치지만, 학생 운동 내부는 매우 권위주의적이었다는 비판이다. 괴츠 알리의 이 책은 68문화혁명은 1933년 나치 학생 운동에도 적용될 수 있는 독일 반자유주의(Deutscher Antiliberalismus)로부터 나온 것이라고 주장한다. 앞에서 본 것은 이 독특한 독일 반자유주의 전통은 독일 사회주의(Deutscher Sozialismus) 전통이다.

그리고 괴츠 알리는 독일 나치 과거사 청산이 68운동으로부터 최초로 시작되었다는 신화적 주장을 비판하면서, 나치 과거사 청산은 68운동 이전부터 이미 시작되었다는 사실을 역사가로서 주장한다. 그리고 독일 사회의 자유주의 혹은 자유화를 위해서 공헌한 것은 68운동보다는 오히려 앞에서 유럽 사회민주주의 시대의 종말을 선언한 랄프 다렌도르프(Ralf Dahrendorf) 경과 니콜라스 루만(Niklas Luhmann) 같은 학자라고 주장한다.

영국과 독일을 모두 잘 아는 다렌도르프 경은 독일 사회주의와 독일 반자유주의에서 말하는 거대한 국가주의나 유토피아주의보다는 영국식의 점진적인 개혁이 민주주의를 위한 더 위대한 전진이었다고 평가한다. 그리고 괴츠 알리는 68문화혁명과 밀접히 연관된 '사회주의독일학생연맹'(SDS)이나 후대의 마오이즘을 추종하는 공산주의 그룹(K-Sekten)은 살인적인 독일 나치 과거에 대한 어떤 구체적인 논쟁은 하지 않고, 파시즘

---

[32] Aly, *Unser Kampf. 1968 - ein irritierter Blick zurück*, 170, 177, 178.

개념에 대한 과잉된 사용을 함으로써 오히려 나치 과거사 청산을 저해했다고 보았다.

68운동 당시의 학생들의 구호는 다음과 같았다. "에스 레베 마오!"(Es lebe Mao! 마오쩌둥 만세!)라는 구호는 대학가 건물 구석구석을 장식하는 표어였다. 데모 행진 시 학생들이 즐겨 사용한 구호로는 "USA SA SS!"(미국-나치 돌격대-나치 친위대)와 "호 호 호치민!"(Ho-Ho-Ho-Chi-Min!)이었다. "USA SA SS!"는 미국과 히틀러 정권의 특수부대는 동일하다는 것이다.

이러한 반미주의 구호를 외쳤던 그들은 베트남 공산주의 혁명가 호치민을 영웅으로 숭배했다. 68운동은 탈권위주의 운동으로 스스로 주장하지만 일종의 사회주의 운동이었다. 68운동의 일부 극좌세력은 지하로 잠입하여 적군파(Rote Armee Fraktion)를 조직, 테러리스트의 길을 택했다. 괴츠 알리는 이들이 권위주의를 거부한다면서 이들 자신은 권위의식에 젖은 행동을 일삼았다고 고발한다.

괴츠 알리가 분석하는 '33 나치 학생 운동'과 68문화혁명 사이의 또 다른 공통점은 양자가 모두 "운동"(Bewegung)으로 스스로를 규정했다는 것이다. 또한, 그는 68운동이 자주 무비판적으로 마오이즘을 추종한 것을 비판하고 더 나아가서 캄보디아의 '킬링필드'라는 대학살을 자행한 공산주의자 폴 포트를 지원하고 영웅화했다는 것도 비판한다.

괴츠 알리는 68운동이 탈권위주의 운동이라고 스스로 주장하지만 자신들의 부모 세대인 1933년 독일 나치 학생 운동에도 그 이전 부모 세대들을 대항하는 반권위적인 반항이 존재했었고, 나치 학생 운동도 68운동처럼 포괄적인 고등교육 개혁을 요구했었고, 정치적 유토피아주의를 주장했었다고 말한다. 괴츠 알리는 다음과 같이 분석한다.

68세대의 공동체 이데올로기(Gemeinschaftsideologie)에는 자유의 예측할 수 없음에 대한 독일인들의 오래된 두려움(die alte deutsche Angst vor den Unwägbarkeiten der Freiheit)이 표현되어 있다…투쟁과 명백한 전선들에 대한 열중에는 참호가 제공하는 기본적으로 단순화시키는 상황으로의 도피가 드러나고 있다.[33]

괴츠 알리가 분석하는 자유에 대한 독일인의 오래된 두려움은 바로 프로이센 이후로 전통적으로 오랫동안 내려오는 독일 사회주의와 독일 반자유주의 전통으로 인한 것이다.

결론적으로 괴츠 알리가 자신의 68문화혁명의 과거를 반추하면서 비판적으로 분석하는 68운동과 33년의 나치 학생 운동의 형식적 유사성은 바로 두 운동 모두에게서 발견되는 독일 사회주의(Deutscher Sozialismus)와 독일 반자유주의(Deutscher Antiliberalismus) 전통일 것이다. 하이에크의 표현을 따르자면 1933년 나치 학생 운동은 우파 (민족)사회주의 운동이었고, 문화막시즘을 추구한 68문화혁명은 좌파 사회주의(네오막시즘과 공산주의) 운동이었다.

그가 비판적으로 분석한 이 68운동권과 1933년 독일 나치 학생 운동 사이의 유사성의 바로 사회주의의 유사성이다. 좌우 사회주의 사이의 유사성이고, 적색 사회주의와 갈색 사회주의 사이의 유사성이다.

7. 『독일은 사라지고 있다』(독일 사민당의 자라친 박사)

지금까지 좌파 사회주의 운동이었던 68문화혁명에 대해서 분석했다. 이제는 제2차 세계대전 이후 독일 민족사회주의(나치즘)의 야만과 폭력으로부터 독일을 기독교적 헌법정신 속에서 재건하고자 시도했던 '기독민

---

[33] Aly, *Unser Kampf. 1968 - ein irritierter Blick zurück*, 187.

주연합 국가'(CDU-Staat)로서의 독일(1948-1966)을 주된 적으로 규정하면서 마오쩌둥, 호치민 그리고 심지어는 캄보디아 '킬링필드'라는 대학살의 주동자 폴 포트(Pol Pot)를 영웅시 하면서 새로운 좌파 사회주의 운동(문화막시즘과 네오막시즘)을 성혁명과 성정치 중심으로 전개했던 68세대가 남긴 부정적인 유산들을 비판적으로 점검하고자 한다.

많은 학자는 68문화혁명이 남긴 어두운 그림자에는 그 향락주의적-디오니소스적 성혁명과 성해방 운동으로 인한 급격한 도덕성의 감소도 포함된다. 이 도덕성의 감소는 결국 독일 인구의 감소로 이어졌다. 독일을 비롯한 유럽 자국민들이 이제는 인구통계학적으로 소수가 될 위험에 놓여 있다. 68운동이 남긴 부정적 유산을 한마디로 말한다면 그것이 이제부터 소개할 독일 사회민주주의 정당(SPD) 출신의 학자 틸로 자라친 박사의 책 『독일은 사라지고 있다』처럼 독일의 자기해체와 자살의 문제다.

독일뿐 아니라 유럽인들은 이제 더 이상 미래 세대를 위한 자녀 생산을 하지 않으려고 하며, 끊임없는 자기 종교 재판에만 몰두하고 있는 것이 사실이다. 21세기 유럽 전역에서 사회주의 노선 혹은 사회민주주의 노선이 드라마틱하게 패배하고 있는 것은 이러한 사회주의 좌파 진영의 자기해체적인 정책들에 대한 현실적이고 냉철한 반성으로 인한 것이다.

독일 사회의 미래를 위해서 좌파적 관점에서 보수적인 관점으로 돌아선 페터 슬로터다이크와 앞에서 소개한 프랑크푸르트 학파 출신의 노베르트 볼츠와 마찬가지로, 제2차 세계대전 이후로 독일에서 가장 많이 팔린 책 『독일은 사라지고 있다: 어떻게 우리는 우리 조국을 위험에 빠뜨렸는가?』(*Deutschland schafft sich ab: Wie wir unser Land aufs Spiel setzen?*)[34]를 출간함으로 독일을 양분시킬 정도로 엄청난 뜨거운 관심과 논쟁을 불러일으킨 자라친(Thilo Sarrazin) 박사도 오랫동안 유럽 68문화혁명 노선과 사회민주주의 노

---

34 Thilo Sarrazin, *Deutschland schafft sich ab: Wie wir unser Land aufs Spiel setzen* (Deutsche Verlags-Anstalt, 2010).

선의 독일 사민당(SPD)에서 활동하다가 독일이 처한 새로운 팩트들을 직시하고 독일의 미래를 위해서 자신의 과거로부터 전향해서 보다 보수적 관점을 대변하고 있다. 그의 책은 130만 부가 판매되었다고 한다.

위 책은 부제 "어떻게 우리는 우리의 조국을 위험에 빠뜨렸는가?"라는 제목처럼 틸로 자라친 박사는 독일 사민당(SPD)에 속한 학자로서 자신과 같은 독일 사회주의자들이(보다 정확히는 '민주적 사회주의자들이') 비현실적이고 급진적인 유토피아주의적인 다문화 정책과 친이슬람 정책을 추진함으로 독일 자국민의 급격한 인구통계학적인 감소와 이슬람 인구의 폭발적인 증가와 같은 위험에 독일을 빠뜨렸다고 반성하는 것이다.

자라친(Sarrazin) 박사는 사회민주주의 노선의 독일 사민당 출신이지만, 자신의 저서 출판과 강연 등으로 독일 사민당으로부터 끊임없는 배제와 추방의 비판에 직면해 있다. 자라친 박사는 독일 사민당 베를린 주의회 재정의원을 2009년까지 역임하고 2010년까지 독일연방은행의 이사를 역임했다.

자라친 박사는 유럽 68학생문화혁명 세대들이 역사서술을 독점하고 있다고 비판한다. 그는 21세기에 접어들면서 독일연방은행의 이사로 활동하면서 독일이 처한 새로운 팩트들을 심각하게 생각하면서 자신이 속했던 사회민주주의 노선과 유럽 68세대들의 노선으로부터 점차 떠나게 되었다고 한다. 그의 저서들은 독일을 양분시킬 정도로 엄청난 논쟁과 논의를 불러왔다. 여론 조사 결과 독일 국민의 61% 정도가 자라친 박사의 표현에 어느 정도 동감한다고 밝혔다.

자라친 박사의 이 책은 독일 ZDF 방송에 따르면, "제2차 세계대전 이후로 가장 많이 팔린 책으로 130만 부가 판매되었다"고 한다. 또한, 이 책은 2010년 9월부터 2011년 2월까지 독일 「슈피겔」(*Spiegel*)지가 선정한 베스트셀러 1위였다. 이 책에서 자라친 박사는 이슬람권 이주민의 엄청난 출산율이 노령화된 유럽에 위협이 되고 있다고 비판적으로 분석하고 있다.

자라친 박사는 보다 현실적인 이해를 저해하는 이슬람의 무해화(Verharmlosung) 현상을 비판한다. 이슬람 이민자들과 난민들과는 달리 아시아계를 비롯한 다른 민족과 종교는 상대적으로 소수이고 또 유럽 사회 속으로의 통합이 비교적 잘 이루어서 유럽에서 큰 문제를 일으키지 않았다. 하지만 이슬람 난민과 이민자들의 경우 독일 사회로의 통합에 대한 의지가 현격하게 부족할 뿐만 아니라, 교육열을 저조하고 출산율은 폭발적이어서 인구통계학적으로 볼 때 심각한 문제를 보이고 있다는 것이 자라친 박사의 현실적 분석이다.

이러한 엄중한 인구통계학적 팩트들을 무시하는 것은 무책임한 자세라고 자라친 박사는 보고 있다. 독일의 자살 가능성에 대해서 현실적이고 비판적 관점에서 분석한 틸로 자라친 박사의 책과 비슷한 맥락에서 영국 젊은 정치평론가에 의해서 2017년 출간된 『유럽의 이상한 죽음: 이민, 정체성, 이슬람』이라는 책도 유럽의 자살 가능성에 대해서 비판적으로 논의한다.[35]

유럽 68문화혁명 세대, 독일의 이슬람화 그리고 동성애에 대해서 자라친(Thilo Sarrazin) 박사는 비판적 입장을 견지한다. 슬로터다이크, 볼츠 그리고 자라친 박사는 독일 학계와 언론에서 가장 잘 알려진 학자들로서, 독일 사회의 여론에 큰 영향을 주고 있다. 이들은 모두 독일 프랑크푸르트 학파와 사회민주주의 노선에 속하였던 학자들이지만, 21세기에 접어들면서 그 사회주의 노선을 극복하고 보다 자유주의적이고 보수주의적 노선으로 전향을 하고 있는 학자들이다.

이 학자들의 전향은 이 책의 제목처럼 유럽과 독일에서의 문화막시즘의 황혼을 잘 보여주고 있다. 볼츠와 자라친은 모두 장 자크 루소의 낭만주의적 관점을 비판하고 있는데, 이들은 보다 좌파적인 노선으로부터 사상적으로 전향해서 독일의 미래를 위해서 보다 보수적 관점을 대변하고 있다

---

[35] Douglas Murray, *The Strange Death of Europe: Immigration, Identity, Islam* (London: Bloomsbury Continuum, 2017).

는 사실이 주목할 만하다.

유럽에서의 이슬람 난민과 이민 등에 대해서 보수적 관점을 견지하는 독일 철학자 슬로터다이크, 볼츠 그리고 자라친은 톨레랑스만 이야기하는 급진 좌파적으로만 나아갈 경우 결국 독일과 유럽의 '자기 파괴'로 이어질 수 있다고 경고한다.

이미 니체는 기독교가 문명의 약화와 부패를 가져오는 데카당스로 진단한 바 있는데, 기독교가 말하는 약자, 희생자, 소수자에 대한 염려와 톨레랑스만 유일한 절대적인 가치인 것처럼 주장하면서 문화정치를 전개해 나갈 경우 다가오는 것은 자기 파괴와 자기붕괴의 위험이라는 사실을 이 학자들은 보고 있는 것이다. 이런 유럽-기독교 문화의 '자살'의 위험성 혹은 스스로를 파괴하고 붕괴시키는 좌파적 관점의 위험 등은 영국과 미국의 보수적 지식인들에 의해서도 최근 많이 지적되고 있다.

독일의 가장 유명한 철학자 피터 슬로터다이크(Peter Sloterdijk)는 독일 메르켈 총리의 이슬람 난민정책이 "자기 파괴의 행위"라고 비판한 바 있다. 독일에서 그 동안 유럽 68세대들과 사회민주주의 노선과 녹색당이 지배적인 담론을 형성해 왔지만, 독일 철학자 노베르트 볼츠는 슬로터다이크와 자라친 박사와 함께 "불편한 진실들"을 외면하는 "좌파들의 금기들"과 그 "정치적 올바름"을 비판하고 있다.

노베르트 볼츠는 지난 몇십 년간 서구 정치학을 지배했던 가장 중요한 이데올로기인 이 "정치적 올바름"을 지적한다. 이 정치적 올바름은 서구 정치계뿐 아니라, 서구 대학 캠퍼스에도 지배적인 이데올로기와 언어정치로 자리잡게 되었다는 것이 볼츠의 분석이다.

Twilight of Cultural Marxism

제6장

문화막시즘의 희생자 이데올로기

1. 새로운 희생자 문화의 등장

문화막시즘의 초기 이론가들인 그람시와 루카치 그리고 최근의 좌파 포퓰리즘을 주장하는 샹탈 무페에 이르기까지 문화막시즘에 와서는 고전적인 막시즘에서처럼 노동자가 아니라 약자, 희생자, 성소수자, 주변인 그룹, 외국인, 이민자 등이 새로운 혁명 주체로서, 특히 문화혁명 주체로서 등장하게 된다. 이제 이러한 희생자 계급(victim class)이 문화막시즘적인 계급투쟁과 계급투쟁적 인정투쟁의 새로운 혁명 주체가 된다.

문화막시즘에는 기본적으로 자신들이 피억압자이고 피해자라는 희생자 멘털리티(victim mentality)가 강하게 전제되어 있다. 최근 이러한 새로운 문화 전쟁 속에서 전개되는 희생자 문화(victimhood culture) 등에 대한 사회학적 논의가 증가하고 있다. 2018년에 출간된 『희생자 문화의 등장』이라는 제목의 책은 전통적인 존엄성의 문화(culture of diginity)와 충돌하고 있는 현대의 새로운 "희생자 문화"(victimhood culture)를 분석하는데, 희생자 문화는 쉽게 말해서 희생당한 자와 피해자 중심의 문화를 말한다.[1] 그런데 이

---

1 Bradley Campbell; Jason Manning, *The rise of victimhood culture : microaggressions, safe*

러한 현대의 새로운 문화유형의 출현에는 기독교의 영향과 함께 막시즘의 영향이 있다.

이후에 좀 더 상술하겠지만, 반신화적인 유대-기독교의 텍스트가 일종의 '사회주의 텍스트'와 '집단주의적 박해의 텍스트'인 세계 신화를 탈신성화함으로 점차 세계 신화 속에서 은폐되어 있는 약자, 희생자, 소수자, 피해자 등이 목소리를 내게 되었다. 그래서 지라르가 분석하듯이 희생양 혹은 희생자에 대한 관심이야말로 현대 세계의 가장 큰 특징인데, 이는 약자, 희생자, 소수자, 피해자, 피억압자에 대한 성경적 관심과 변호로부터 파생되었다.

하지만 이 유대-기독교적 정신을 초기독교적이고 반기독교적인 방식으로 극단화하는 막시즘은 이 희생자들과 피해자들과 성소수자들을 정치적으로 이용하고 활용하고 무기화해서 이제 문화혁명적이고 성혁명적인 문화막시즘의 새로운 혁명 주체로 삼고자 한다. 바로 이 점에서 기독교적 시각에서 동의할 수 없고 비판할 수밖에 없는 차원이 존재한다.

기독교에서 말하는 것은 막스적인 계급투쟁이 아니라, 홉스적인 만인에 대한 만인의 인정투쟁이다. 하나님 앞에 만인의 평등을 주장하는 기독교는 또한 만인의 죄성에 대해서 주장한다. 최초로 약자, 희생자, 소수자의 관점에서 '사회주의 텍스트' 속에 은폐되어 있는 만장일치적 희생양 메커니즘과 박해 현상을 고발한 기독교는 질투적이고 르상티망적인 증오심으로부터 나온 특정 자본가 계급에 대한 악마화를 지지하거나 그 반대로 약자, 희생자, 소수자, 피해자를 카타르시스적인 방식으로 신성화하거나 우상화하는 것을 거부한다.

"백인의 유죄와 희생자 문화"(White Guilt & Victimhood Culture)라는 강의 제목으로 여전히 막시즘을 변호하는 슬라보예 지젝은 2019년 영국 옥스퍼드대학교 토론 클럽인 옥스퍼드 유니언(Oxford Union)에서 좌파 자유주

spaces, and th e new culture wars (Cham, Switzerland : Palgrave Macmillan, 2018).

의자들 사이에서 발견되는 "백인들의 유죄와 희생자 문화" 현상에 대해서 논의하며 그리고 이 현상의 모순을 지적한 바 있다. 지젝은 좌파 진영에서 흔히 볼 수 있는 자신들을 피해자와 피억압자로만 파악하는 "영구적인 희생자 문화"를 비판적으로 분석하고 있다. 지젝은 좌파 진영에서 쉽게 발견할 수 있는 정치적 올바름(Political Correctness, PC)에는 새로운 전체주의의 위험이 있다고 비판하기도 했다.

희생자, 피해자, 피억압자를 문화막시즘적인 의미에서 희생자 계급(victim class)으로 만드는 것을 비판적으로 분석할 수 있다. 이는 문화막시즘의 새로운 희생자 이데올로기(victim ideology, victimology)다. 이러한 희생자 이데올로기는 성소수자를 새로운 성혁명 주체로서 만드는 문화막시즘의 주요한 '성정치 아젠더,' 곧 동성애 운동, 퀴어 이론과 퀴어 문화축제 그리고 젠더 이데올로기에서도 발견된다. 문화막시즘의 담론과 내러티브는 주로 희생자 내러티브(narrative of victimhood)라 할 수 있다.

문화막시즘의 새로운 문화혁명 주체로 이해된 이러한 주변그룹, 성소수자 그룹, 이민자들, 약자들 그리고 피해자들은 자신들을 억압자에 의해서 억압받고 차별받고 희생당하는 희생자 정체성(victim identity)을 가지게 된다. 그래서 현대의 많은 정체성정치(identity politics)는 사실상 많은 경우 희생자 정체성정치(victim identity politics)로 이해될 수 있다.

문화막시즘 내에서는 경쟁적 희생자 문화(culture of competative victimhood)도 존재한다. 즉 누가 더 피해자이고 희생자인지에 대한 경쟁적 정치문화를 의미한다. 그래서 혹자들은 이러한 좌파와 문화막시즘에서 발견할 수 있는 희생자됨에 대한 경쟁을 희생자 올림픽(victimhood olympics)이라고까지 비판한다.

또한, 좌파, 사회주의, 문화막시즘에서 쉽게 발견되는 현상 중 하나는 희생자와 피해자들의 정치적 성스러움(sacredness of victimhood) 현상이다. 즉 피해자들과 희생자들이 정치적으로 점차 신성화되는 현상도 분명 발견할 수 있다. 왜냐하면, 약자, 희생자, 소수자들의 희생, 폭력, 죽음, 무덤 가까이에는 언제나 카타르시스적인 정화, 평화, 일치가 있다. 그래서 사회주의는 언제나 이 피해자들, 희생자들, 약자들의 희생이 주는 카타르시스적인 정치학의 유혹을 받는다.

하지만 지라르가 분석했듯이 유대-기독교 전통은 약자, 희생자, 소수자, 피억압자들을 희생자로 만들지도 않지만, 그렇다고 희생당한 그들을 신성화시키지도 않는다. 유대-기독교 전통은 약자, 희생자, 피억압자, 소수자들에 대한 희생시킴(victimization)도 거부하지만 그 피해자들과 희생자들에 대한 신성화(sacralization)의 유혹에도 저항한다.

문화막시즘, 좌파, 사회주의의 희생자 이데올로기에는 희생자에 대한 종교적 신성화는 일어나지 않는다 하더라도, 어느 정도 정치적 신성화와 무기화가 발생하는 것을 종종 보게 된다. 문화막시즘 이론가들은 왜 인류 문명과 최초의 정치학이 이집트의 거대한 피라미드 무덤의 경우처럼 희생자의 비극적 죽음의 장소인 무덤 위에 세워졌는지 보다 깊게 성찰해야 한다. 무덤은 정치적 카타르시스를 발생시키기에, 무덤이 곧 정치학의 최초의 기원과 장소가 된 것이다.

인류의 정치학은 오랫동안 카타르시스의 정치학이었다. 유대-기독교는 이 최초의 정치적 장소와 초점으로서의 무덤을 점차적으로 탈신성화시켜버렸다. 21세기 정치학은 희생자의 카타르시스에 의존하지 않는, 힘들지만 새로운 길을 모색해야 한다.

대한민국에도 정당한 범위를 벗어나고 과잉된 방식으로 진행되는 정치적으로 신성화된 희생자 문화(victimhood cultue)가 있는지 분석해 볼 수 있다. 희생자에 대한 성경적 근심과 문화막시즘의 희생자 문화(culture of victimhood)는 구분되어야 한다. 약자, 희생자, 소수자에 대한 정당한 기독교적 변호와 문화막시즘의 희생자 정체성정치는 혼동되어서는 안 되며, 보다 세밀하게 분별되고 구분되어야 한다.

2. 절대화되고 신성화된 희생자 옹호 문화

지라르에 의하면, 역설적이게도 희생양에 대한 근심 자체가 모방적 경쟁관계의 목표가 되었다. 희생양에 대한 오늘날의 근심은 우리로 하여금 영원히 우리 자신을 자책하게 만들고 있다고 지라르는 말한다.[2] "계속되는 가속화 현상으로 인해 희생양에 대한 근심은 전체주의적인 명령이나 엄격한 심문처럼 변하고 있다"라고 지라르는 지적한다.

이런 사정을 알고 있는 언론 매체는 '희생자학'(victimology)이라고 조롱하고 있지만, 이 매체들이라고 해서 이를 이용하지 않는 것은 아니다. 현대인은 희생양에 대한 근심을 반기독교적인 방식으로 극단적으로 밀고 나감으로써 유대-기독교의 회로에서 벗어나려고 애쓰는 "희화화된 초기독교 사회"에 살고 있다고 지라르는 말한다.

그래서 지라르는 "희생양들의 전체주의"의 새로운 현상에 대해서도 지적한다. 희생양 근심의 승리로 인해 오늘날 이득을 보는 것은 기독교가 아니라 '다른 전체주의,' 곧 희생양들의 전체주의라고 그는 분석한다. 이 전체주의는 더 약삭빠르며 지금뿐만 아니라 미래에도 더 많이 설쳐댈 것이라고 그는 분석한다. 지라르에 의하면, 가장 강력한 기독교 반대 운동은 희생양 근심을 자신의 것으로 떠안고 이를 '극단적으로 밀고 나감'으로써 이를 타종교의 것으로 만들어 버리는 운동이다. 그들은 기독교가 충분한 성의를 갖고 희생양을 보호하지 못했다고 비난한다. 이들은 과거의 기독교에서 오로지 박해와 억압과 심문만을 본다.[3] 우리는 이러한 새로운 희생양들의 전체주의의 모습을 문화막시즘에서 발견할 수 있다.

지라르는 반희생제의적이고 반신화적 정신을 가진 유대-기독교 텍스트가 점차적으로 인류의 오래된 '가인의 정치학'을 극복하고 성경에서 말하

---

2 르네 지라르, 『나는 사탄이 번개처럼 떨어지는 것을 본다』 (서울: 문학과 지성사, 2004), 206-8.
3 지라르, 『나는 사탄이 번개처럼 떨어지는 것을 본다』, 223-6.

는 희생양에 대한 근심과 변호를 정치적 우선 가치로 삼는 현대 민주주의를 탄생시켰다고 분석한다. 하지만 현대 민주주의 체제에서 등장한 새로운 왜곡 현상인 초기독교적 현상에 대해서도 비판적으로 분석한다. 지라르에 의하면, "현대 사회에서 이제는 피해자 보호 원칙이나 희생양 옹호가 성스러운 것과 절대적인 것이 되었다"라고 분석한다. 현대인들은 지라르에 따르면, 모두 희생양의 무고함을 믿는 사람들이다.

그런데 알다시피 희생양의 무고함을 믿는 것은 기독교 사상의 핵심이다. 지라르에 의하면, 니체는 기독교의 해체를 꾀했는데, 그는 기독교가 희생양을 옹호한다고 제대로 이해하기 있었기 때문이다. 지라르는 "희생양 옹호가 새로운 박해를 수반할 정도"의 새로운 현상을 희화화된 초기독교 사회에서 본다.

지라르는 오늘날에는 오로지 "박해에 반대한다는 이름으로만 박해를 행할 수 있는" 새로운 현상이 등장했다고 분석한다. "자신의 박해 욕망을 정당화하기 위해서는 그의 상대방이 박해자라는 것을 입증해야 한다"라는 말이라는 것이다. 오늘날의 비기독교인들은 자신들이 투석을 싫어하게 된 것이 바로 기독교 덕분이라는 것을 깨닫지 못하고 있다고 지라르는 말한다.[4]

현대 사회에서의 피해자 보호원칙이나 희생자 옹호가 성스럽고 절대적인 것이 되버렸다는 지라르의 분석은 문화막시즘에 대한 이해와 비판에 있어서 매우 중요하다. 앞에서 말한 것처럼, 희생자를 전체주의의 텍스트인 세계 신화 속에서 그 은폐성 가운데서 일으켜 세운 것은 유대-기독교 전통인데, 이 희생자 옹호과 변호 자체가 막시즘과 문화막시즘에 의해서 정치적으로 오용되어서 희생자들을 새로운 혁명 주체로 삼는 문화막시즘에 의해서 희생자 옹호 자체가 과잉되게 절대화되고 신성화되었다는 것이다.

4　지라르, 『문화의 기원』, 282-86.

노베르트 볼츠, 자라친, 슬라보예 지젝 그리고 스티븐 핑커와 같은 학자들이 희생자 옹호와 변호의 정신에 기초한 정치적 올바름(PC)의 정치학이 새로운 전체주의의 위험을 안고 있다는 주장과 현대 정치학에서 피해자 보호원칙이나 희생자 옹호가 과잉되고, 성스럽고, 절대적인 것이 되어서 희생자 옹호가 새로운 박해를 가져올 수 있다는 지라르의 주장은 맥을 같이한다. 정치적 올바름에 대한 비판적 성찰을 시도하는 학자들은 이것이 극단적으로 적용될 경우 표현의 자유와 학문의 자유가 박해를 당하고 위축당하는 새로운 전체주의를 가져올 수 있다고 주장한다.

지라르는 우리가 살고 있는 완전히 전지구적인 문화를 지배하는 것은 희생자들을 위한 관심이며, 바로 이 관심의 열매가 현대 세계라고 말한다.[5] 지라르는 성경적 계시에 대한 현대의 도전을 일종의 "희생자에 대한 왜곡된 관심," 곧 희생자들에 대한 성경적 관심을 정치적으로 오용해서 그 희생양 만들기라는 비난을 그리스도인들과 성경적 계시 자체에 겨냥하는 것이라고 분석한다. 지라르는 다음과 같이 말한다.

> 또 다른 전체주의(The other totalitarianism)는 유대-기독교적 열망들을 반대하지 않지만 그것들이 자신의 것인 것처럼 주장하면서 그리스도인들에게서의 희생자들을 향한 관심에 의구심을 제기한다…그 또 다른 전체주의는 공개적으로 기독교를 반대하지는 않지만 좌측면에서 공격한다.[6]

그 결과 "희생자의 위치"는 열정적으로 추구되는 것이 되었으며, 그것은 "권력의 위치"가 되었고 "정치적 자본의 원천"이 되었다.[7]

---

5   René Girard, *Je vois Satan tomber comme l'éclair* (Paris: Grasset, 1999), 178.
6   Girard, *Je vois Satan tomber comme l'éclair*, 180.
7   Pattillo, "Violence, Anarchy, and Scripture: Jacques Ellul and René Girard," 30-32.

3. 정치적 올바름을 넘어서

지라르가 잘 분석했듯이 약자, 희생자, 피해자, 피억압자, 성소수자의 위치는 이제 권력의 위치가 되고 새로운 정치적 자본의 원천이 되어버렸다. 이러한 희생자 중심의 정치학을 우리는 좌파, 사회주의 그리고 문화막시즘에서 발견할 수 있다. 지라르의 분석처럼 현대 정치학을 지배하는 이념은 바로 희생자들에 대한 관심이다. 독일 철학자 노베르트 볼츠가 잘 분석한 것처럼, 이 희생자들에 대한 성경적 관심과 감수성으로부터 나온 것이 정치적 올바름의 언어정치학인데, 이 정치적 올바름은 서구 정치학의 지배적인 이데올로기가 되었다. 정치적 올바름은 문화막시즘의 주요한 언어정치다.

그러므로 기독교적 감수성과 계시로부터 탄생한 희생자에 대한 정당한 관심과 지라르의 표현처럼 "희생자에 대한 왜곡된 관심"과 그 과잉이데올로기를 분별하는 지혜가 필요하겠다. 피해자 중심주의와 유사종교적인 의미에서의 피해자들과 희생자들에 대한 정치적 '숭배'는 구별되어야 한다.

'피해자 코스프레'라는 말에서 볼 수 있는 것처럼, 현대 사회에서는 피해자 혹은 희생자의 위치가 모방적이고 경쟁적으로 탐할 수 있는 정치적 위치와 지라르의 표현대로 하나의 "권력의 위치"와 "정치적 자본의 원천"이 된 면도 반드시 고려되어야 한다. 현대 정치학에서는 누구든지 자신이 희생자와 피해자라는 정치 논리로서 정치적 주장을 펼치게 되었다.

미국의 대표적인 기독교 지성인이요, 권위 있는 기독교 잡지 「크리스채너티투데이」(*Christianity Today*)지의 총 편집자였던 필립 얀시는 현대 사회에서는 주변화된 인물이 도덕적 권위를 가지는 사실을 지적하는 지라르를 언급하고 있다. 지라르는 현대의 각종 해방 운동, 곧 노예, 여성, 시민, 성소수자, 동물 등의 권리 운동과 해방 운동이 20세기에 가속화되고 있음을 본다.

이러한 희생자들, 약자들, 소수자들이 도덕적 권위를 가지는 현상은 새로운 현상으로 고대 문헌에서는 그 유례를 찾아볼 수 없다고 주장하는 지라르를 필립 얀시는 언급한다. 주변화된 인물이 아니라 승리자가 역사를 기록하기에 바벨론, 그리스 그리고 세계의 모든 신화는 불쌍한 희생자들이 아니라 강한 영웅들을 예찬하고 있다. 지라르는 약자들, 희생자들 그리고 소수자들에 대한 현대 세계의 유례없는 관심과 염려의 기원을 예수라는 역사적 인물에서 발견한다고 얀시는 적고 있다.[8]

필립 얀시는 다른 저술에서도 지라르의 영향을 받아 현대 사회에서 여성들, 소수자들, 장애인들, 환경 운동가들이나 인권 운동가들은 모두 하나님께서 희생자의 편을 든 사건인 십자가에서 나온 복음의 능력으로부터 그들의 도덕적 힘을 끌어오고 있다는 사실을 말한다. 즉 현대의 소수자들, 약자들, 희생자들의 권리를 위해 투쟁하는 많은 권리 운동과 해방 운동은 결국은 희생양에 대한 우선적 선택과 염려를 하는 기독교적 가치 전복으로부터 유래했다는 것이다.

이들 "정치적으로 올바른"(politically correct) 운동들은 자주 스스로를 기독교의 적으로 제시하지만 역설적이게도 기독교의 복음이 그러한 해방 운동이 가능할 수 있는 기반을 제공했다고 얀시는 주장한다. 얀시는 지라르 학파 학자인 베일리(Gil Bailie)의 『폭로된 폭력: 기로에 서 있는 인류』[9]를 언급하면서 복음이 인류 역사 속에서 가장 놀라운 가치 전복을 가져왔다는 사실을 말한다. 즉 기독교 복음의 영향으로 희생자가 서구 세계의 거의 모든 곳에서 도덕적으로 높은 위치를 점하게 되었다는 것이다.[10]

지라르에 따르면, 성경은 가인의 정치학과 같이 승리자와 살해자의 관점에서 기록된 전체주의적 마녀사냥의 텍스트인 신화와 그 가치에 대한

8　Philip Yancey, *What Good is God? In Search of a Faith that Matters* (New York: FaithWords, 2010).
9　Gil Bailie, *Violence Unveiled: Humanity at the Crossroads* (New York: Crossroad, 1995).
10　Http://www.christianitytoday.com/ct/1999/february8/9t2136.html.

가치 전복(Umwertung)을 의미한다. 니체는 신화적 가치를 가치 전복하는 유대-기독교적 가치를 다시금 가치 전복하고자 했지만, 그의 디오니소스적 가치 전복 시도는 결국은 독일 나치즘과 파시즘으로 귀결되었다.

지라르는 베일리의 『폭로된 폭력: 기로에 서 있는 인류』의 서문에서 "복음서는 어떤 사회과학이 제공하는 것보다 우월한 종교의 인류학을 내포하고 있다"라고 주장한다. 지라르는 "종교적 상대주의의 피상성"을 말한다.[11] 베일리는 "사회적 조소의 희생자들에 대한 성경적 연민이 다문화주의의 황금시대"를 가져왔다고 바르게 지적했다.

오늘날의 다문화주의에 대한 공적인 논쟁이 가능해진 것은 "희생자들에 대한 성경적 연민"이 그 토론과 논쟁의 "도덕적인 세력"으로 자리잡고 있기 때문이다.[12] 현대 사회는 희생자가 가지는 반박의 여지가 없는 특권이 진리를 결정하는 사회다. 거의 모든 현대 사회에서의 사회적, 정치적, 도덕적 논쟁에서 양 진영은 모두 자신들이 희생자들이거나 희생자들을 위한다고 주장한다. 하지만 이러한 현대 사회를 가능케 했던 것은 성경적 계시가 "폭력을 신성화시키는 능력"을 점차적으로 파괴했기 때문이다.[13]

그렇기에 헌법학자 칼 슈미트나 사회철학자 위르겐 하버마스의 주장처럼 현대 국가학, 법학, 민주주의, 인권, 평등, 보편주의와 평등주의 등은 모두 세속화된 신학적 개념들에서 파생된 것이고 유대교의 정의의 윤리와 기독교의 사랑의 윤리로부터 탄생했지만, 또한 그 기독교적 논리를 초기 독교적인 방식으로 극단화, 급진화시킴으로 기독교를 배신하고 있다는 측면도 지적되어야 한다. 우리는 이러한 새로운 현상들을 문화막시즘, 포스트모더니즘 철학과 연관된 급진 좌파정치학이나 동성애 담론인 퀴어 이론 등에서 발견하게 된다.

---

11 René Girard, "Foreword," in Gil Bailie, *Violence Unveiled: Humanity at the Crossroads* (New York: Crossroad, 1995), xii.
12 Gil Bailie, *Violence Unveiled: Humanity at the Crossroads*, 9.
13 Gil Bailie, *Violence Unveiled: Humanity at the Crossroads*, 22-24.

4. 기독교로부터 탄생했지만, 기독교를 배신하는 진보주의

지라르는 현대 정치경제학의 진보주의가 기독교로부터 나왔지만, 기독교를 배신하고 있다고 주장한다. "우리의 진보주의(progressism)는 기독교로부터 나왔지만, 기독교를 배신하고 있다."[14]

현대 정치경제학의 진보주의 혹은 진보적 입장의 기원이 기독교 윤리와 가치에 있음에도 진정한 기독교를 배신하고 기독교의 진정한 메시지를 왜곡하는 현상에 대해서 분석할 필요가 있다. 문화막시즘이라는 진보주의도 어느 정도 유대-기독교적 전통으로부터 파생되었지만 기독교를 배신하는 측면도 존재한다. 국내에서 동성애, 난민, 이슬람, 차별금지법 논쟁 등과 관련되는 개념이고, 또한 1990년대부터 미국에서 논의되기 시작해서 미국과 유럽에서 가장 뜨겁게 논의되는 개념이 정치적 올바름(PC: Political Correctness)이다.

정치적 올바름은 이른바 '소수자,' '약자,' '피억압자,' '피해자'에 대한 무조건적 인정과 보호, 관용을 강요하는 병리적 문화현상을 뜻한다. 슬라보예 지젝, 국내에도 잘 알려진 하버드대학교의 스티븐 핑커(Steven Pinker) 그리고 전 하버드대학교 심리학과 교수이자 현재는 토론토대학교 교수로 재직 중인 조던 피터슨(Jordan B. Peterson) 등은 이 정치적 올바름에 대해서 비판적이다.

슬라보예 지젝은 정치적 올바름의(PC 논리)에 근거해서 침략당한 희생자 위치에 있는 미국 인디언들을 이상화하는 것에 대해서 반대하면서 인디언들도 살육을 많이 했다는 사실에 대해서도 침묵하지 않는다. 자본주의와 사회주의(공산주의)의 이데올로기적 대결의 결과를 쉽게 보려면 남한과 북한을 보라고 말하는 스티븐 핑커도 이 정치적으로 올바른 PC 논리를

---

14 René Girard and Benoît Chantre, *Battling to the End: Conversations with Benoît Chantre* (East Lansing: Michigan State University Press, 2010), 63.

비판하면서, 그것이 반계몽주의적이며 언론의 자유를 억압하고 있다고 지적한다.

슬라보예 지젝은 이 정치적 올바름을 "전체주의보다 더 위험한 형태"(Political Correctness is a More Dangerous Form of Totalitarianism)로 파악한다. 지젝은 정복자 미국인은 자연을 착취했지만, 원주민이었던 인디언들은 자연에 대한 보다 대화적이고 평화스러운 자세를 가졌다는 식의 낭만적 주장들을 비판하면서 인디언들도 미국인보다 더 많은 버팔로를 죽였고 더 많은 숲을 불태웠다는 사실을 지적한다. 지젝은 정치적 올바름을 "전체주의의 암묵적인 하나의 형식"(a tacit form of totalitarianism)으로 파악하고 그 정치적 올바름의 강제 행위를 비판한다.

하버드대학교의 교수이자 뇌인지과학자인 스티븐 핑커(Steven Pinker)에 따르면, 정치적 올바름은 "한때 정당했던 운동의 '데카당스적인 단계'"("decadent phase" of once legitimate movement)라고 분석한 바 있다. 즉 정치적 올바름은 본래는 기독교적 감수성에서 나온 희생자들에 대한 정당한 적정 변호와 적정관심이었지만, 이것이 과잉되게 정치화되면서 데카당스적이고, 병리학적이고 또한 이데올로기화된 정치 논리로 변해버렸다고 지적하는 것이다.

한국에서 최근 강조하는 인권 감수성도 그 개념사적 뿌리를 추적해 보면 폭력, 약자, 소수자 그리고 희생자에 대한 기독교적 감수성으로부터 파생되었다. 전체주의적이고 마녀사냥의 텍스트인 신화에는 그러한 감수성이 존재하지 못한다. 반신화적이고 반우상숭배주의적인 유대-기독교적 텍스트의 영향사로부터 점차적으로 인권 개념과 인권 감수성이 돋트고 싹트기 시작했다.

하지만 20세기와 21세기 현대 정치학에서 자신의 희생자됨(victimhood)을 정치 논리로 앞세우는 일종의 정치 이데올로기화 된 희생자학(victimology)이 지배하게 되었다고 지라르와 지라르 학파는 대체적으로 분석한다. 희생자에 대한 기독교적 도덕의 섬세한 감수성이 정치적으로 오용되는 차원에 대해서도 비판적으로 분석되어야 한다.

슬라보예 지젝도 영속적인 희생자 의식(perpetual victimhood)에 근거한 정치학의 한계를 지적한다. "모든 곳에 희생자들, 희생자들: 권총 위협, 안전한 공간 그리고 학문의 자유"(Victims, Victims Everywhere: Trigger Warnings, Safe Spaces, and Academic Freedoms)라는 주제로 모인 2018년 미국 포틀랜드주립대학교 학술모임에서는 대학 캠퍼스에서의 표현의 자유와 전문적인 희생자 의식(professional victimhood)에 대해서 비판적으로 논하기도 했다. 즉 이 학술모임에서는 지젝이 말하는 영속적인 희생자 의식과 같이 보다 전문적으로 자신의 희생자됨과 희생자 위치를 정치 논리로 앞세우는 희생자 의식에 대해서 비판적으로 분석한 것이다.

정치적 올바름의 논리를 일관되게 비판하는 슬라보예 지젝이 미국에서 특강할 때 급진 좌파 운동가들과 학생들의 반대와 위협으로 특강이 취소되는 경우가 발생했는데, 이렇게 미국 대학들에서는 극우뿐 아니라, 극좌적인 저항들로 인해서 학문연구의 자유가 위축되는 경우도 있다.

독일 철학자 볼츠는 언론의 자유와 자유라는 프랑스 계몽주의의 가치를 외쳤던 좌파가 자유를 억압하는 새로운 금기어를 만들어 냈다고 분석한다. 그는 좌파의 금기에 대한 비판(Kritik an der linken Tabus)을 시도한다. 볼츠는 "자유에 대한 아카데믹한 변절과 배신"을 분석한다. 방대한 저술 활동을 하고 있는 볼츠는 또한 그리스 전통이 잘 통합된 유대-기독교적 가치 위에 세워진 유럽 정신의 회복을 말하며, 이슬람은 신정정치(Theokratie)를 포기하지 않는 종교이기에 보다 신중해야 한다고 주장한다.

5. 트랜스젠더 광기는 문화 붕괴의 징조

반기독교적인 현대 진보주의 중에 가장 대표적인 것은 동성애 혁명, 퀴어 이론 그리고 젠더 이데올로기와 같은 억압된 오이디푸스적 성 욕망을 디오니소스적으로 분출시키고자 하는 문화막시즘의 성혁명 운동과 성정치 이데올로기일 것이다.

"게이 마피아," "호모파시즘," "스탈린주의적인 모습"을 지닌 동성애 운동 등에서 우리는 앞에서 살펴본 독일 민족사회주의(나치즘) 학생 운동을 닮은 유럽 68운동권의 좌파파시즘(Linksfaschismus)의 모습을 연상케 된다. 마이클 브라운은 동성애 혁명 운동과 현대 도덕성의 하락 사이의 관련성을 잘 분석했다.

> 동성애를 우리가 더 수용하는 것은 오늘날 우리가 더 계몽된 사회이기 때문이 아니다. 오늘날 동성애를 더 받아들이는 이유는 우리의 성도덕 수준이 낮아졌기 때문이다. 동성애 혁명은 1960년대의 시민권 운동의 계승이 아니다. 그것은 1960년대의 성혁명의 계승이다. 동성애에 대한 포용이 성적인 무정부 상태로 빠져들게 만든 더 큰 몰락의 일부이다. 오늘날 동성애가 고양되고 있다는 사실은 우리의 도덕적 쇠퇴를 보여주는 중대한 지표다. 오늘날 동성애가 축하받는 것은 문화에서 도덕적 관용 수준이 높아졌기 때문이 아니라, 성도덕의 타락 때문이다.[15]

유럽 68운동도 이후 독일 사회에서 심각한 도덕성의 하락을 가져왔다는 비판적 평가를 받고 있다. "동성애 혁명 운동"은 "성적인 무정부주의 세계"로 인도하고자 한다. 빌헬름 라이히와 마르쿠제도 디오니소스적인 통

---

[15] 마이클 브라운, 『성공할 수 없는 동성애 혁명』, 자유와인권연구소 역 (서울: 쿰란출판사, 2017), 155-175.

음난무, 소아성애, 자유로운 폴리아모리(다자성애) 등을 통한 성유토피아를 꿈꾸었다.

그 성유토피아는 성적인 무정부주의적 세계다. 그래서 성혁명 이론가들은 모든 성범죄의 탈범죄화를 끊임없이 시도해 왔다. 동성애 혁명 운동이 단순한 시민권 운동이 아니라 디오니소스적인 성혁명 운동이라는 사실은, 동성애 운동이 전통적인 일부일처제를 전복적으로 혁명하고자하는 다자성애와 소아성애 운동과도 밀접히 연관되어있다는 사실을 보더라도 알 수 있다. "동성애를 허용하는 사회는 범성애(pomosexuality, pansexuality)까지도 허용하기 시작한다. 범성애란 양쪽 성 모두에게 성적으로 이끌리며, 상대의 정체성이 남성이든 여성이든 개의치 않는다는 것이다."

그래서 "범성애야말로 성혁명의 진면목"이라고 주장하는 자도 있다. 동성애 운동과 얽혀 있는 다자성애(폴리아모리) 운동도 새로운 성혁명 운동이라고 스스로 주장한다. "다자성애자들이 '동성애자 자존심 퍼레이드'에서 행진하고 그들 스스로를 LGBT 선구자들의 후예로 자처하는 것은 전혀 놀라운 일이 아니다." 다자성애자들은 LGBT 그룹들이 결혼평등의 길을 먼저 개척해준 것에 감사한 마음을 가지고 있다고 한다.[16]

마이클 브라운은 필립 얀시가 언급하는 영국 사회인류학자이자 인종학자인 언윈(J. D. Unwin)의 저서 『성과 문화』(Sex and Culture)[17]를 문명 데카당스의 전조로서의 성도덕의 쇠퇴를 논하기 위해 인용한다. 언윈의 책은 앞에서 소개한 바 있는 독일어권에서 가장 활발하게 글로벌 성혁명 운동에 저항하면서 비판적 계몽 운동과 저항 운동을 전개하는 가브리엘 쿠비도 적극적으로 소개하고 있다.

"문명은 억압된 성의 부산물"이라는 프로이트의 개념을 검증하려고 애쓰면서 언윈은 84가지의 서로 다른 사회들을 연구했다. 그의 발견은 많은

---

16 마이클 브라운, 『성공할 수 없는 동성애 혁명』, 자유와인권연구소 역, 165-172.
17 Joseph Daniel Unwin, *Sex and Culture* (London: Oxford University Press, 1934).

학자를 놀라게 했는데, 무엇보다도 언윈 자신을 놀라게 만들었다. 왜냐하면, 86개의 사회 모두 문명의 "팽창하는 에너지"가 일부일처제와 직접적인 관련성이 있다는 것을 그 연구가 보여주었기 때문이다.

언윈에 의하면, 인류의 기록에는 한 사회의 완전히 새로운 세대가 혼전, 혼후의 성적 절제를 무시하는 전통을 수용한 후에도 그 에너지를 유지했던 사례는 없다는 것을 밝혔다. "사회적 에너지의 전제로서의 일부일처제"(Monogamy as a Condition of Social Energy)라는 논문을 통해서 언윈은 "인류 전체의 역사에는 일부일처제가 아니면서 문명화된 사례는 단 한 건도 없었다. 또 한 집단이 덜 엄격한 풍속을 채택한 뒤에도 그 문화를 유지했다는 본보기도 전혀 없다"라고 결론 내렸다.[18]

필립 얀시는 언윈을 언급하면서 다음과 같이 주장한다.

> 로마, 그리스, 수메르, 무어, 바벨론, 앵글로색슨 문명에 관하여 언윈은 수백 년간의 역사를 살펴보았다. 그는 어떤 예외도 없이 이러한 사회들이 번성했던 때는 성적 정절을 가치 있게 여기던 시기였다는 사실을 발견했다. 성적 규율이 느슨해지면 그 사회들도 연이어 쇠퇴하기 마련이었고, 더 엄격한 성적 기준들로 되돌아갈 때에만 그 사회들은 다시 일어날 수 있었다.[19]

이렇게 인류 문명사를 살펴보면 성적인 문란, 무질서 그리고 무정부주의가 발생할 때에는 그 문명은 데카당스 단계로 접어들었다. 하지만 현대 서구에는 소아성애, 다자성애 그리고 "근친상간 권리"도 주장되고 있다. 근친상간 권리를 주장하는 자들과 여기에 찬성하는 자들은 부모 자녀 및 형제자매 간의 결혼을 금지하는 법률들은 "인류의 보편적인 혐오"에 근거

---

18 J. D. Unwin, "Monogamy as a Condition of Social Energy," *Hibbert Journal* 25(1927), 662; 마이클 브라운, 『성공할 수 없는 동성애 혁명』, 자유와인권연구소 역, 189.
19 Philip Yancey, "The Lost Sex Study," *Christianity Today*, December 12, 1994.

를 두고 있다는 것을 인정하면서도 근친상간을 탈범죄화하고 법제화하려고 노력한다.[20]

"근친상간에 대한 대중매체의 선동"도 문제다. 앞에서 주디스 버틀러가 동성애자이자 근친상간자인 안티고네를 새로운 글로벌 성혁명 운동과 젠더 이데올로기의 상징이나 전사로 만들고 있는 것도 소포클레스의 그리스 비극 작품『오이디푸스 왕』에 대한 학문적 이해에 기초한 것이 아니라 21세기에 글로벌하게 번지는 디오니소스적 성혁명 운동의 영향 때문이다.

페미니즘 학자 카밀 파글리아(Camille Paglia)도 자신의 연구를 토대로 "트랜스젠더 광기는 문화 붕괴의 징조다"라고 주장했다. 그녀는 많은 다양한 문화를 분석해 본 결과 트랜스젠더 광기와 같은 현상은 문명의 데카당스 단계에서 등장하는 현상이라는 것이다. 그녀에 의하면, "젠더 정체성의 폭발은 인류 문명 역사 전체를 통해서 살펴볼 때 되풀이하여 발생하는 문명 붕괴의 징조"다.[21]

이 페미니즘 학자는 원조 페미니즘 학자로서 포스트모던적인 주디스 버틀러의 퀴어 이론이 내포하는 급진적 사회구성주의, 진보 페미니즘을 비판하면서 21세기는 섹스, 역사, 남성을 위한 페미니즘이 되어야 한다고 주장한다. 또한, 그녀는 유대-기독교적 전통이 동성애와 낙태를 반대하는 것은 단순한 호모포비아 등을 넘어서는 보다 다양하고 깊은 이유에서라고 변호한다. 이 여성학자는 최근 조던 피터슨도 지적 대담을 하기도 했다.

니체는 기독교를 문명의 쇠퇴와 붕괴를 야기하는 데카당이라고 주장했는데, 이 문명 분석에는 진리의 조각이 있다. 기독교로부터 나왔지만 기독교를 배신하는 현대 성혁명적 진보주의가 문명의 데카당스를 야기할 수 있다. 오이디푸스적-디오니소스적 성혁명 운동의 한계를 직시하면서 전통적인 일부일처제와 건강한 결혼과 가정제도에 헌신하는 기독교의 성도

---

20 마이클 브라운,『성공할 수 없는 동성애 혁명』, 자유와인권연구소 역, 218-225.
21 Https://www.youtube.com/watch?v=I8BRdwgPChQ.

덕이 이러한 문명의 데카당스에 저항할 수 있는 도덕적 세력이다.

실제로 앞에서 본 것처럼, 소아성애와 다자성애가 포함된 무정부주의적 성 유토피아를 꿈꾸었던 유럽 68운동의 영향으로 도덕성 감소뿐 아니라 실제로 급격한 인구감소를 가져와서 21세기에 접어들어서는 '독일은 사라지고 있다'와 '유럽의 자살'을 비판적으로 논의하는 시점에까지 이르게 되었다.

앞에서 우리는 『독일은 사라지고 있다: 어떻게 우리는 우리 조국을 위험에 빠뜨렸는가?』(Deutschland schafft sich ab: Wie wir unser Land aufs Spiel setzen)와[22] 유럽의 자살가능성을 진지하게 논의한 2017년 출간된 『유럽의 이상한 죽음: 이민, 정체성, 이슬람』이라는 책도 소개했다.[23]

6. 영국 브렉시트: 유럽인권법원의 차별금지법에 대한 저항[24]

문재인 정부의 국가인권위원회는 차별금지법의 명칭을 '평등기본법'으로 변경해서 2020년 9월 정기 국회에 상정해서 연내에 제정할 예정이라고 했다.

21세기의 에드먼드 버크(보수주의 정치철학의 창시자)로 평가되는 영국의 대표적인 정치철학자 로저 스크러턴(Roger Scruton) 경은 유럽인권법원(The European Court of Human Rights)이 탑다운 방식으로 강제하는 차별금지법과 젠더 이데올로기 등은 "새로운 사회주의적 질서수립을 위해서 이루어진 개인의 주권에 대한 중대한 침해"라고 2017년 중앙유럽대학교(Central

---

[22] Thilo Sarrazin, *Deutschland schafft sich ab: Wie wir unser Land aufs Spiel setzen* (Deutsche Verlags-Anstalt, 2010).

[23] Douglas Murray. *The Strange Death of Europe: Immigration, Identity, Islam* (London: Bloomsbury Continuum, 2017).

[24] 이 부분은 법률 전문가 단체 사단법인 크레도의 학술교양지 뉴매거진 『크레도』, 2020년 7월호, Issue No. 9, "차별금지법(평등기본법)의 탑다운 사회주의적 법률 혁명," 42-49에 출간되었다.

European University)에서 개최된 학술대회에서 주장했다.

스크러턴 경은 유럽인권법원에서 말하는 차별금지개념은 다분히 사회주의적 개념으로서 1948년 유엔총회가 제정한 세계인권선언이나 1689년 제정된 영국의 권리장전(Bill of Rights)이나 영국의 보통법(common law) 그리고 미국의 독립선언문에는 등장하지 않는 새로운 법이라고 비판한다. 그는 영국의 법전통은 갈등해결을 위해서 '바텀업'(Bottom Up, 아래에서 위로) 방식으로 탄생한 법이지만, 프랑스 혁명에서 말하는 것은 탑다운 방식으로 법이 먼저 존재하고 그것을 강제하는 방식이라고 비판한다.

1968년 프랑스 파리에서 발생한 68문화혁명의 반항과 폭력을 목격하면서 20세기에 다시금 자유주의와 보수주의 전통의 르네상스를 일으키겠다고 결심했다고 로저 스크러턴은 고백한다. 그는 2016년 헝가리과학원(Hungarian Academy of Sciences)이 함께 주최한 학술대회에서 유럽인권법원의 인권에 대한 결정들은 "갈등의 원인이 되어서 영국인들은 유럽인권법원의 결정들에 저항하면서 브렉시트를 결단했다"라고 주장했다.

민족주의의 폐해를 극복하기 위해 탄생한 유럽연합은 민족국가(nation state)와 민족주의의 극복을 위해서 초민족국가적이고 사회주의적 지향을 가진다고 그는 비판한다. 그는 유럽연합은 민족국가나 민족주의 자체를 극복하기 위해서가 아니라 특정한 민족국가와 민족주의, 곧 제2차 세계대전을 발생시킨 특정한 독일 민족주의, 곧 사회주의와 결합된 특정한 독일 민족주의(민족사회주의로서의 나치즘)의 폭력, 야만 그리고 폐해의 재발 방지를 위해 수립되었다는 사실을 상기시킨다.

제2차 세계대전을 일으킨 독일 특유의 민족주의(민족사회주의, 나치)의 극복을 위해서 탄생한 유럽연합이 민족국가 자체를 무시하면서 민족국가 위에서 탑다운 방식으로 강제하는 것을 오래된 자유민주주의 전통을 가진 영국인들은 인정할 수 없기에 최근 브렉시트를 했다고 주장한다. 2015년 독일 메르켈 총리의 수백만 명의 시리아 난민 수용, 유엔(UN)과 유럽연합이라는 민족국가 상위기관에서 탑다운 방식으로 강제되는 젠더 이데올로기와 차별금지법 등이 영국의 브렉시트에 주요 요인으로 작용했다고 그는 분석한다.

서구 자유민주주의(liberal democracy)의 모태로서 영국은 수백 년간 정치적 안정에 기반해서 눈부신 발전을 이루었지만, 장 자크 루소의 낭만주의적이고 사회주의적 사상과 프랑스 혁명을 모델로 삼는 프랑스와 독일의 경우는 프랑스 혁명의 폭력과 야만 그리고 독일 나치(민족사회주의)의 야만 등 상대적으로 정치적으로 불안정한 근대성을 보여왔다.

현대의 두 사회주의 운동, 곧 히틀러와 독일 나치의 민족사회주의(Nationalsozialismus) 그리고 칼 맑스와 엥겔스의 국제사회주의(공산주의) 운동 모두 독일에서 탄생했는데, 이는 독일 역사학자들이 비판적으로 분석하는 독일만의 특유한 길(Deutscher Sonderweg)로서의 독일 반자유주의(Deutscher Antiliberalismus) 전통과 1920년대 독일의 대표적 경제학자였던 좀바르트(Werner Sombart)의 책 제목처럼 "오래된 독일 사회주의"(Deutscher Sozialismus) 전통으로부터 탄생했다.

이 독특한 '독일 사회주의' 전통은 독일 '프로이센 사회주의'(Oswald Spengler)로부터 시작된다. 독일 프로이센 이후로 헤겔, 니체, 하이데거, 칼 슈미트 등 독일을 대표하는 지식인들은 지속적으로 영미권의 자유민주주의와 자본주의 전통을 비판하면서 독일 특유의 게르만 민족주의와 사회주의로 기울어지게 된다.

7. 차별금지법(평등기본법)의 사회주의적 법률 혁명

스크러턴 경은 유구한 전통을 자랑하는 영국 자유주의(보수주의) 전통에 서서 사회주의적 요소가 강한 독일과 프랑스가 주도하는 유럽연합(EU)과 유럽인권법원의 탑다운 방식의 법률 혁명 시도에 대해서 비판한다. 그는 법률 혁명 시도의 대표적인 예로서 탑다운 국가페미니즘인 젠더 이데올로기와 사회주의적 차별금지법을 지적한다. 로저 스크러턴은 사회주의적 차별금지법에 저항하면서 존 로크가 강조하는 개인의 주권과 자유의 재발견을 강조한다.

2012년 전 교황 베네딕토 16세도 젠더 이론이 "인류학적 혁명"으로 결코 수용할 수 없다고 비판했다. 2019년 6월 11일 바티칸은 공식 문서를 통해서 "문화적이고 이데올로기적 혁명으로서의 젠더 이데올로기를 비판했다." 이 문서는 "'차별금지'(Nichtdiskriminierung)'라는 유행하는 개념은 자주 하나의 이데올로기를 은폐하고 있는데, 그 이데올로기는 남자와 여자 사이에 존재하는 차이와 자연적 상호성을 부정하고 있다"라고 선포했다. 바티칸은 이 문서를 통해서 젠더 이데올로기가 학교와 교육기관에 도입되는 것에 대한 명백한 반대를 표명했다.

이 문서는 젠더 이데올로기가 "상대주의에 의해서 추진되는 문화적이고 이데올로기적 혁명"뿐 아니라, "법률적 혁명"(juristischen Revolution)을 통해서 강제되고 있다고 강력하게 경고하고 있다. 생물학적 성을 부정하고 남자와 여자 사이의 수많은 젠더를 만들려고 하는 젠더 이데올로기는 창조 질서를 부정할 뿐 아니라, "하나의 추상물로서의 인간"(Menschen als eine Art Abstraktion)을 주장하고 있다. 그래서 바티칸 교육국은 남자와 여자 사이에서 성 정체성이 오고가는 사람들에게 "심리치료적 조치"를 추천하고 있다.[25]

로저 스크러턴은 2016년 영국 런던에서 "서구에서의 자유의 위기"라는 주제로 개최된 학술대회에서도 유럽연합(EU)에서 수용하는 민족국가 위에서 탑다운 방식으로 강제되는 젠더 이데올로기, 차별금지법, 정체성 정치(identity politics), 정치적 올바름(PC), 그리고 새롭게 사회병리학적으로 고안된 호모포비아와 이슬람포비아 개념에 대한 "미신적인 공포" 등을 비판적으로 분석했다. 스크러턴은 이러한 민족국가의 주권과 개인의 자유와

---

25 Https://de.catholicnewsagency.com/story/vatikan-verurteilt-gender-ideologie-als-kulturelle-und-ideologische-revolution-4731.

표현의 자유를 침해하는 차별금지법과 젠더 이데올로기와 같은 새로운 이데올로기에 대해서 비판하면서 영국 브렉시트의 정당성을 정치철학적으로 변호한다.

영국 정치철학자 로저 스크러턴 경뿐 아니라, 20년 동안 영국의 대표언론인 「가디언」지 편집부 요직과 BBC의 정기적인 패널로 활동하면서 국제적으로도 저명한 여성 언론인 멜라니 필립스(Melanie Phillips)도 미국 '로페어'(Lawfare) 재단에서 "인권법을 납치하기"(Hijacking Human Rights Law)라는 제목의 강연에서 "인권법의 조작" 문제를 비판적으로 분석하면서 유럽연합의 유럽인권법원에서 주장하는 인권법과 인권문화는 일종의 "문화 전쟁을 위한 무기"로 전락했다고 주장했다.

필립스는 가장 오래된 민주주의와 인권 전통을 가진 영국에서 인권 개념은 이제 보통 사람들에게 있어서 영국이라는 민족국가의 안전, 민족국가의 주권과 영토까지도 침해하는 것으로 이해되고 있다고 분석한다. 유럽연합과 유럽인권법원에서 주장하는 새로운 인권 개념은 "잠재적 복수"(potential nemesis)로 변해버렸다고 그녀는 주장한다. 이러한 새로운 인권 개념이 서구 문명을 보호하기보다는 서구 자체를 비판하는 무기로 변해버렸다는 그녀는 지적한다. 즉 유럽인권법원에서 말하는 인권 개념, 인권법, 인권문화, 차별금지법은 사회주의적 "문화 전쟁의 무기"로 '무기화'(weaponization)되어 버렸다고 그녀는 바르게 비판한 것이다.

약자, 희생자, 소수자, 주변인 그룹에 대한 정당하고 적정하고 적절한 기독교적-민주주의적 변호를 넘어서 새로운 사회주의적-전체주의적 방식으로 그 희생자됨(victimhood)을 과잉되게 '무기화'해서 정치적으로 오용하는 희생자 이데올로기(victim ideology)와 그 희생자 문화(victimhood culture)는 21세기 사회과학에서 새롭게 비판적으로 분석되고 성찰되고 있는 화두다. 사회주의적 지향이 강한 유럽인권법원의 차별금지법에서 주장하는 새로운 인권 개념이 한 집단이 다른 집단을 인권법을 "문화 전쟁적 무기"로 '무기화'해서 정치적이고 사법적으로 탄압하고 박해하는 수단으로 쉽게 전락될 수 있는 위험을 가지고 있다고 그녀는 바르게 비판했다.

필립스는 이 새로운 인권 개념이 서구 가치들을 결정하는 데 있어서 이제는 성경처럼 되어버렸다고 비판한다. 그녀는 차별금지법과 인권법에 대한 유럽인권법원의 "적극적인 판사들의 결정"과 그 "사법부 행동주의"(judicial activism)의 위험을 지적하면서 이 새로운 인권 개념을 통해서 문화 전쟁이 수행되고 있다고 비판한다.

젠더 이데올로기와 퀴어 이론의 여제사장으로 평가되는 주디스 버틀러는 2018년 '기포드 강좌'(Gifford Lectures)에서 서구 근대 정치학의 아버지로 평가받는 토마스 홉스의 입장이 현대 정치경제학의 주류에 속하는 것을 인정하면서도, 홉스적인 견해를 비판하면서 장 자크 루소의 낭만주의에 기초해서 전투적 평화주의(militant pacificism)의 관점에서 차별금지법(anti-descrimination law)를 지지했다.

버틀러가 말하는 '전투적 평화주의'는 비폭력을 전투적으로 주장하는 모순적 측면이 존재한다. 이러한 모순적 입장은 장 자크 루소의 평화 상태로서의 자연 상태와 '고상한 원시인'을 주장하는 낭만주의 인류학에도 존재한다. 루소의 일견 낭만주의적이고 평화주의적인 담론들이 무정부주의로도 기울어졌지만 실제로 프랑스 혁명을 공포정치를 비롯해서 이후 공산주의, 사회주의, 마르크스주의의 전체주의와 파시즘으로도 기울어졌다.

버틀러는 토마스 홉스적인 전쟁 상태로서의 자연 상태를 비판하면서도 '전투적'이고 문화 전쟁적인 평화주의의 이름으로 권력쟁취를 위한 권력의지를 보이고 있다. 전쟁 상태를 싫어하고 루소의 낭만주의적 신원시주의에서 말하는 평화 상태를 주장하는 것 같지만, 포스트모던 철학이나 버틀러의 퀴어 이론도 20세기 버전의 문화 '전쟁 상태'에 있는 이론들이다. 포스트모더니즘과 퀴어 이론 등은 평화주의적인 수사학을 사용하지만, 여전히 사회주의적 전복과 혁명을 주장하면서 권력투쟁과 문화 전쟁을 벌이고 있다.

영국 여성 언론인 멜라니 필립스가 주장하는 것처럼, 차별금지법과 새로운 인권 개념 등은 사회주의와 문화맑시즘을 위한 새로운 "문화 전쟁의 무기"로 무기화되고 있다는 사실을 차별금지법을 전투적이고 투쟁적인(agonistic) 평화주의의 이름으로 전투적으로 주장하는 주디스 버틀러의 입장에서도 발견할 수 있다.

주디스 버틀러의 전투적이고 투쟁적인 평화주의와 포스트모던적 신루소주의는 최근 국내 좌파 진영에서 논의되고 있는 새로운 '좌파 포퓰리즘'(Left populism)의 정치철학자 샹탈 무페가 강조하는 전투적이고, 투쟁적이고, 문화 전쟁적인 좌파 이론과도 맥을 같이 한다. 샹탈 무페는 독일 헌법학자 칼 슈미트가 정치적인 것의 본질로서 파악하는 "친구와 적의 구분"에 등장하는 투쟁적(agonistic) 차원을 재활성화하고 있다.[26]

결론적으로 포괄적 차별금지법은 탑다운 방식으로 강제되는 사회주의적-평등주의적 법률 혁명 시도이기에, 여기에 내재된 문화 전쟁(Kulturkampf)적인 차원에 대한 보다 비판적인 논의와 성찰이 필요하다. 자유민주주의를 근본 질서로 하는 대한민국 헌법에는 자유와 평등의 가치가 확립되어 있다.

만약 평등기본법(차별금지법)을 추가적으로 강제한다고 하면, 자유기본법도 추가로 제정해야 하는 것인가?

성적 지향과 관련된 차별금지법 제정은 사회주의적 성정치와 21세기 글로벌 성혁명 운동과 깊게 얽혀 있다. 평등가치는 자유민주주의 헌법에 이미 담겨 있다. 그럼에도 불구하고 평등주의적 차별금지법을 강제하려는 저의에는 사회주의적 언어검열(PC)이 존재한다.

만약 차별금지법이 자유민주주의 근본가치인 자유의 가치(표현의 자유와 종교의 자유) 등을 침해한다면 자유를 지키기 위해서 포괄적 자유기본법을 추가로 제정해서 강제해야 하는 것인가라고 반문할 수 있을 것이다.

---

[26] 보다 상세한 논의를 위해서는 다음을 참고하라: 정일권, 『질투사회: 르네 지라르와 정치경제학』(서울: CLC, 2019).

8. 소아성애 운동과 동성애 운동은 동일한 그룹에 의해 추진되었다

우리는 지금까지 문화막시즘의 기본적인 특징인 프로이트막시즘이 프로이트의 정신분석학과 마찬가지로 그리스 비극 작품 『오이디푸스 왕』에 대한 범성욕주의적 오독에 기초한 사상누각이라는 사실을 보았다. 프로이트의 정신분석학은 독일어권에서도 아직도 "확실히 자리를 잡은 학문"(etablierte Wissenschaft)으로 인정받지 못하고 있다.

이러한 사실은 독일어권에서 유명한 철학 방송으로 잘 알려진 2008년 바이에른방송(Bayerischer Rundfunk)이 제작한 철학프로그램 '서양 사상가'(Denker des Abendlandes) '다윈, 프로이트, 막스 베버'(Darwin, Freud, Max Weber, 37/43)에서도 잘 소개되었다. 21세기 심리학의 주류도 뇌과학에 기초한 인지심리학이다.

하지만 학문적으로 확립되지 못한 프로이트의 정신분석학은 빌헬름 라이히, 마르쿠제의 『에로스와 문명』 그리고 독일 프랑크푸르트 학파의 비판 이론 등을 통해서 (성)정치적으로 수용되어 과잉되게 대학 사회에 유행하게 되었다. 오스트리아 비엔나 출신의 칼 포퍼도 비엔나 출신의 프로이트의 정신분석학의 이러한 (성)정치적 수용에 대해서 비판적이었다. 프로이트의 정신분석학의 성정치적 수용은 이후 독일에서의 동성애 운동과 소아성애 운동의 이론적 기초가 되었고, 이는 21세기 글로벌 성혁명과 사회주의 성혁명 운동의 주요한 진원지가 되었다.

독일 녹색당과 좌파의 "소아성애적 안티파(안티파시즘)" 운동에서는 "동성애의 탈범죄화 운동과 소아성애 운동이 동일한 그룹에 의해서 추진되었다"라고 2020년 독일 뷔르츠부르크대학교 현대사 교수인 페터 호에레스(Peter Hoeres)는 주장했다. 그에 의하면, "소아성애는 1980년대의 독일 녹색당의 미래기획이었고 이는 동성애의 탈범죄화와 연결되어 있는데, 동성애 운동과 소아성애 운동은 동일한 그룹에 의해 추진되었다."

페터 호에레스 교수는 2020년 3월 11일 독일 보수주의 도서관(Bibliothek des Konservatismus)에서 "포스트모더니즘 이후-미래 보수주의의 개막극"(Nach der Postmoderne – Vorspiel eines Konservatismus der Zukunft)이라는 제목의 강의에서 현대사 전공의 역사가로서 20세기 후반 유행했던 포스트모더니즘의 황혼 이후 21세기에 접어들면서 독일어권을 비롯한 유럽에 새로운 보수주의의 시대가 도래했다고 주장했는데, 이 강의에서 그는 또한 독일 녹색당과 좌파정당이 추진했던 동성애 운동과 소아성애 운동이 동일한 그룹에 의해서 추진되었다고 주장한다.

이러한 독일 특유의 사회주의 성혁명, 성정치 그리고 성유토피아 사상은 프로이트막시즘(문화막시즘)의 근본적인 특성인데, 이는 독일 프랑크푸르트 학파의 비판 이론(Kritische Theorie)의 가장 대표적인 철학자인 아도르노의 주장에도 드러난다.

아도르노는 1967년 10월 16일 오스트리아 비엔나 대학교에서 오스트리아 사회주의 학생연합(Verband Sozialistischer Studenten Österreichs)의 초대로 이루어진 "성적인 금기와 오늘날의 법률"(Sexualtabus und Recht heute)이라는 제목의 강연에서 성적인 금기(Sexualtabus)를 철폐해야 하는 주장했다. 프랑스 초기 사회주의들에서부터 보편적 매춘을 허용해야 한다는 주장이 존재했는데, 아도르노도 매춘 금기에 대해서 많은 시간을 할애하면서 "매춘에 대한 박해"(Verfolgung der Prostitution)에 대해서 비판하고, 동성애 금기도 비판하며, 동성애를 변호했다.

마지막으로 아도르노는 이 강연에서 소아성애도 지지하는 인상을 주면서 소아들의 성욕망에 대해서도 언급하는데, 전반적으로 프로이트 사상과 빌헬름 라이히의 사상이 수용된 내용이다. 아도르노는 이 강연에서 성적인 금기들을 파괴하고 이것을 형법제정 절차에 반영해야 한다고 주장한다. 소아성애에 대한 아도르노의 입장은 그다지 명확하지 않지만, 성적인 금기들의 폐지를 주장하면서 "소아들의" 성욕망에 대해서도 긍정해야 한다고 주장한다. 아도르노의 이 강연은 이후 『섹슈얼리티와 범죄』라는 제

목으로 출판되었다.²⁷

아도르노의 성적인 금기들의 폐지 주장은 앞에서 본 것처럼 주디스 버틀러의 동성애 금기와 근친상간 금기의 폐지 주장으로까지 이어지게 된다. 동성애 혁명 운동은 성적인 무정부주의 세계로 인도하고자 한다. 빌헬름 라이히와 마르쿠제도 디오니소스적인 통음난무, 소아성애, 자유로운 폴리아모리(다자성애) 등을 통한 성유토피아를 꿈꾸었다. 그 성유토피아는 성적인 무정부주의적 세계다.

주디스 버틀러도 퀴어 무정부주의를 주장한다. 그래서 성혁명 이론가들은 모든 성범죄의 탈범죄화를 끊임없이 시도해 왔다. 동성애 혁명 운동이 단순한 시민권 운동이 아니라, 디오니소스적인 성혁명 운동이라는 사실은, 동성애 운동이 전통적인 일부일처제를 전복적으로 혁명하고자 하는 다자성애와 소아성애 운동과도 밀접히 연관되어있다는 사실을 보더라도 알 수 있다.

21세기 글로벌 성혁명 운동과 사회주의 성정치 운동의 최종적인 목적은 일종의 성유토피아로서, 모든 성적인 금기를 폐지하고 모든 성범죄를 탈범죄화하고 나아가 그것을 법제화해서 보호하는 것이다. 사회주의 문화혁명은 무엇보다도 성혁명을 통해서 이루어지며, 그 성혁명과 성정치의 최종 목표는 사회주의 성유토피아다. 이러한 성혁명이 완성된 유토피아를 건설하기 위해 문화막시즘은 권력과 헤게모니를 장악해서 차별금지법과 같은 '사회주의적 법률혁명'을 시도한다.

독일 68학생문화혁명의 멘토였던 아도르노의 이러한 성적인 금기들(Sexualtabus)에 대한 법률적 탈범죄화 주장의 영향을 받아서 정치권에 진출한 독일 녹색당과 좌파 정당들은 앞에서 본 것처럼 실제로 소아성애의 탈범죄화와 법제화를 추진하려고 했다. 독일 녹색당과 좌파(Linke) 정당들의

---

27 Fischer Bücherei, Bd. 518/519, unter dem Titel "Sexualität und Verbrechen," Frankfurt und Hamburg 1963; außerdem abgedruckt in: Band 10.2 der Gesammelten Schriften, Suhrkamp Verlag, Frankfurt am Main, S. 533-554.

소위 소아성애적 안티파(안티파시즘) 운동이 존재했다. 그들은 반권위주의적-사회주의적 재교육(Umerziehung)의 이름으로 모든 성적인 금기들(동성애 금기, 근친상간 금기, 소아성애 금기 등)의 해체 그리고 법률적인 탈범죄화를 통한 성유토피아를 건설하고자 했다.

21세기 사회주의 성정치 운동은 인류를 무질서로부터 보호해 온 모든 성적인 금기를 파괴하고 해체하면서도, 역설적이게도 새로운 언어금기인 정치적 올바름(PC)과 차별금지법을 생산해서 자신들의 디오니소스적 통음난무(성유토피아)를 법률적으로 정당화하고 보호하려고 시도한다.

9. 주디스 버틀러가 말하는 21세기 글로벌 반-젠더주의 운동

21세기 대한민국에서도 동성애자들, 트랜스젠더, 퀴어들(LGBTQ)을 법적으로 보호하기 위해 발의된 차별금지법, 동성애 운동, 퀴어 이론, 퀴어 신학, 퀴어 문화축제, 젠더 교육 등이 글로벌 성혁명 운동과 사회주의 성정치 운동의 맥락에서 점차 영향력을 확대하기 시작했지만, 이미 이러한 운동은 서구에서는 거대한 저항 운동을 직면하면서 이제 저물고 있다.

동성애 운동, 퀴어 이론, 젠더주의 그리고 차별금지법에 있어서 가장 중요한 이론가로 평가되는 주디스 버틀러는 2020년 4월 "누가 젠더를 두려워하는가?"(Who is Afraid of Gender?)라는 제목의 강연을 통해서 『젠더 트러블』의 저자로서 남녀의 생물학적 성차이를 교란시키고 해체시키는 트러블메이커로 그 동안 활동한 자신이 젠더 이론에 대한 강력한 글로벌 저항 운동에 직면해서 "트러블"(곤경)에 처하게 되었다고 말하면서 도움을 요청했다.

그녀는 21세기 글로벌 반-젠더 이데올로기(anti gender ideology movement)가 프랑스, 독일, 스위스, 헝가리 등 유럽 전역과 브라질을 비롯한 남미 전역 등에서 강력하게 등장하고 있다고 증언하고 있다. 프랑스뿐 아니라, 독일에서도 국가페미니즘(Staatsfeminismus) 형식으로 탑다운 방식으로(사회주의적 방식으로) 강제되는 젠더 교육과 젠더 연구가 "자주 전체주의적인 것으로" 이해되고 있다고 주디스 버틀러는 불평한다. 주디스 버틀러는 21세기 유럽 전역에 걸쳐서 젠더 교육에 반대하는 운동이 커져서 점차 젠더 교육이 폐지되고 있다고 증언한다.

2013년 이후로 프랑스에서도 젠더 교육 폐지 운동이 거세지고, 최근 헝가리에서도 젠더 교육이 폐지되었고 젠더 연구 중심지로 유명했던 중부유럽대학(Central European University)이 이 강력한 젠더 이데올로기 비판 운동과 저항 운동에 직면해서 다른 곳으로 이전할 수 밖에 없었다고 주디스 버틀러는 말한다. 2019년 브라질 대통령도 취임사에서 젠더 교육을 학교 공교육에서 폐지하기로 선언했고, 이러한 흐름은 콜롬비아 등 남미 전역으로 확산하고 있다고 주디스 버틀러는 소개했다.

차별금지법을 주장하는 주디스 버틀러는 이 강연을 통해서 그 동안 레즈비언페미니즘, 퀴어 이론, 젠더 이데올로기의 주요 이론가로서 지난 20년간 법률적 승리가 이루어졌지만, 1999년 바티칸의 가정에 관한 공식 기구와 공식 문서 등을 통해서 로마 가톨릭 교회와 두 교황으로부터 젠더 이데올로기가 남녀의 생물학적 차이라는 창조 질서라는 기독교 가르침에 대한 공격으로 이해되어 "악마적인 이데올로기"로 평가되었다고 말했다.

주디스 버틀러가 증언하고 있는 것처럼, 젠더 이데올로기에 대해서 로마 가톨릭 교회는 두 교황을 중심으로 글로벌한 저항 운동을 벌이고 있으며, 그것은 글로벌한 정치 지형에도 큰 영향을 주어서 곳곳에서 젠더 교육이 폐지되기 시작했다. 젠더 교육에 선봉에 섰던 북유럽 노르웨이에서도 최근 젠더 교육 예산이 대폭 삭감되었다. 주디스 버틀러의 증언처럼 로마 가톨릭뿐 아니라, 복음주의 교회와 오순절 교회들도 이 젠더주의에 대한 강력한 저항 운동에 연대하고 있다.[28]

---

[28] Judith Butler, "Who is Afraid of Gender?" (https://www.youtube.com/watch?v=cqc3u-Cold08&fbclid=IwAR3N5_mCGe_r51M7MCmGYAy4G46u9ctuERBK9HjlzYNjN-Rz13zmkXpmoCJA).

글로벌하게 거세지는 젠더 이데올로기에 대한 저항 운동과 폐지 운동은 21세기 유럽 전체에 걸친 사회주의(민주적 사회주의) 노선의 퇴조와 포스트모더니즘의 황혼과 연동되어 있다. 성적 지향과 젠더 정체성에 대한 차별금지법은 범기독교적(혹은 범그리스도교적인) 차원에서 21세기 글로벌하게 거세지는 반젠더 이데올로기 운동과 연대하면서 저항해야 한다.

서구에서도 젠더 이데올로기 20년 역사 동안 처음 10년 정도는 그 심각성을 제대로 파악하지 못하다가 이후 10년부터는 글로벌한 차원에서 젠더 교육을 폐지하는 방향이 대세로 자리잡아 가고 있다. 젠더 주류화(Gender-mainstreaming)가 대세가 아니라, 젠더 교육 폐지 운동이 21세기에 접어들어서 주류화되어 가고 있다.

주디스 버틀러는 "퀴어 무정부주의"(Queer anarchism)를 주장하는데, 무정부주의가 결코 인류 문명의 주류가 될 수 없는 것처럼 그녀가 주장하는 무정부주의적-사회주의적 동성애 운동, 퀴어이론 그리고 젠더 교육은 결코 주류화될 수 없으며 극소수 운동으로 '톨레랑스'의 영역에 제한될 수밖에 없다. 젠더 주류화(Gender-Mainstreaming)는 결코 주류가 될 수 없으며 21세기 인류문명의 지속 가능한 대안이 될 수 없다.

주디스 버틀러는 2020년 4월 이 강연에서 독일에서도 젠더 이데올로기에 대한 반대 운동이 거세지면서 학계에서도 이 젠더 이론 자체가 "전체주의적인" 것으로 이해되고 있다고 불평했는데, 독일 학계에서의 젠더 교육 비판 운동에 대해서 잠시 알아보자.

동성애, 퀴어, 젠더, 차별금지법은 모두 기본적으로 사회주의 성혁명 운동과 성정치 운동에 속하는데, 사회주의는 초기 프랑스 사회주의 운동에서 시작되었지만, 독일에 와서 완성된다. 동성애 운동, 퀴어, 젠더 등은 모두 기본적으로 독일 68학생문화혁명, 독일 프랑크푸르트 학파의 비판 이론(Kritische Theorie)의 기초에 존재하는 프로이트막시즘(Freudomarxismus)으로부터 파생한 것이다. 주디스 버틀러도 독일 프랑크푸르트 학파의 비판 이론을 가르치는 교수직에 있으며, 최근 아도르노 상을 수여받기도 했다.

이러한 사회주의 성정치의 중심지라 할 수 있는 독일에서도 21세기에 접어들면서 젠더 연구와 퀴어연구 폐지 운동이 등장하게 되었다. 1990년대 주디스 버틀러의 퀴어이론과 젠더 연구 등을 가장 선구자적으로 독일 대학에 정착시켰던 독일 함부르크 대학 페미니즘 교수였던 마리안네 피퍼(Marianne Pieper)는 2018년 "퀴어 연구는 어디로 가는가? 퀴어 이론과 실천의 현상황과 미래에 대하여"(quo vadis queer studies? – Zur Situation und Zukunft queerer Theorie und Praxis)라는 강의에서 최근의 독일 대학에서의 퀴어 연구와 젠더 연구의 "극복"과 폐지 등에 대해서 증언하고 있다.

그녀는 자신이 가르쳤던 독일 함부르크대학에서의 젠더 연구 분야도 최근 폐지되었다고 말한다. 그리고 이러한 퀴어 연구와 젠더페미니즘 분야를 폐지하는데 독일 중도우파 정당인 기독교민주연합(CDU) 정치인들이 적극적인 역할을 했다고 이 여교수는 소개한다. 그리고 피퍼 교수는 "뇌과학적으로 이미 반박되고 폐기된 존 머니(John Money)의 젠더개념"을 급진페미니즘 학자들이 수용해서 젠더 연구 분야를 만들었다고 비판적으로 분석한다.[29]

---

[29] Marianne Pieper, "quo vadis queer studies? – Zur Situation und Zukunft queerer Theorie und Praxishttps"(ww.freie-radios.net/101400?fbclid=IwAR0iNCrzo7KuDZ2IG0P4F-GQKZJ9_9SwabS60yW7r4ByK-EGIaOd140G4GQU).

Twilight of Cultural Marxism

나오는 말

지금까지 '프로이트막시즘'으로 명명되는 21세기 유럽 문화막시즘의 황혼, 유럽 사회민주주의(민주적 사회주의) 정당의 퇴조 그리고 사회민주주의 시대의 종언(랄프 다렌도르프 경) 등을 소개했다. 21세기 대한민국에서 일부 학자들은 사회주의에 대한 낭만적 인식에서 출발해서 유럽식 사회민주주의를 대안으로 제시하고 있지만, 20세기 후반 사회민주주의를 추진했던 독일과 프랑스, 영국 등이 그 부작용을 현실적으로 체험하면서 21세기에 접어들어서는 유럽인들이 사회주의 노선을 미래를 위해서 포기하고 있다.

이 책에서는 문화막시즘의 황혼을 우선적으로 독일 프랑크푸르트 학파나 유럽 68운동권 출신이지만 이후 점차적으로 이 흐름과 거리를 두면서 사상적 전향과 전환을 해서 점차 자유주의적 전통이나 보수주의 노선으로 돌아선 독일의 대표적인 사상가들 중심으로 소개했다.

독일의 국가적인 철학자라고 하는 위르겐 하버마스도 독일 프랑크푸르트 학파 출신이지만 이후 점차적으로 비판 이론의 부정주의를 비판하면서 거리를 두고 21세기에 접어들어서는 서구 민주주의의 뿌리가 유대-기독교 전통이라는 주장을 하기도 했다.

하버마스 이후로 독일에서 가장 대중적으로 알려진 페터 슬로터다이크도 가장 대표적인 68운동권 출신이지만, 1999년 프랑크푸르트 학파의 죽음을 선언하고, 최근에는 자신의 정치적 입장으로 좌파보수주의(linkskonservativ)로 규정하면서 독일 메르켈 총리의 유토피아주의적 난민정책에 대해서 공식적으로 비판했다.

앞에서 소개한 독일 언론에 잘 알려진 노베르트 볼츠 교수도 아도르노 전공자로서 좌파 프랑크푸르트 학파에 속했지만, 이후 점차 사상적 전환을 해서 독일에서 신보수주의를 대변하는 학자가 되었다.

또한, 1990년대부터 유럽 사회주의(민주적 사회주의) 정당들의 황혼뿐 아니라 한 시대를 풍미했던 유럽 사회민주주의 "시대의 종말"을 주장한 영국과 독일 국적의 랄프 다렌도르프 경도 68문화혁명의 지도가 루디 두츠케와 함께 당시에 토론에 나서기도 한 68운동권 핵심인물이지만, 이후 점차 자유주의로 전환한 학자다. 그는 독일 사회주의(Deutscher Sozialismus)와 독일 반자유주의(Deutscher Antiliberalismus)의 그림자를 잘 알게 되면서 영미권의 자유주의 전통이 독일에도 더 필요하다고 주장하는 학자다.

그리고 68운동권이 1933년 독일 나치 학생 운동과 형식적으로 매우 유사하다고 주장해서 독일에서 큰 반향과 논란을 일으켰던 괴츠 알리 역사학 교수도 앞에서 본 것처럼, 바로 68운동권의 핵심인물이었지만, 이후 점차 독일 민족사회주의(나치즘)와 유사한 68 사회주의 운동을 비판적으로 반성하게 된 인물이다.

이렇게 독일에서 가장 잘 알려진 학자들부터 독일 사회주의(민주적 사회주의) 노선의 그림자를 잘 알기에 사상적으로 전환하거나 전향한 것이다. 이러한 지식인들의 보수주의적 전환(konservative Wende)은 21세기 유럽, 특히 독일 현실정치에서도 그대로 나타나게 되었다. 21세기 대한민국에서 일부 학자들이 한국에서도 민주주의의 완성을 위해서 유럽 68운동이 필요하다고 주장하지만, 소아성애도 탈범죄화되어야 한다고 주장하는 이러한 성혁명 사상이 과연 대한민국의 미래를 위해서 필요할지 의문이다.

독일 프랑크푸르트 학파의 비판 이론, 프랑스 포스트모더니즘 그리고 유럽 68문화혁명이 주도했던 문화막시즘은 21세기에 접어들어서 황혼기에 접어들었다. 왜냐하면, 그들의 문화혁명적이고 성혁명적인 문화막시즘 이론들이 일종의 혁명적이고 전복적인 반문화(Gegenkultur) 운동으로부터 나온 것이기에 그 축제적 반문화의 운동의 한계에 직면한 것이다.

문화막시즘의 반문화 운동과 이론에는 인류 문화에 대한 보다 깊은 보편적 이해가 증발되어 있다. 너무 쉽게 그리스 신화와 비극 속에서 자신들의 사회주의적 전복과 혁명을 지지할 수 있는 구호와 상징들을(예를 들어 근친상간 금기 파계, 부친살해 금기 파계, 오이디푸스와 안티고네 등등) 별 학문적 근거 없이 가볍게 가져와서 이론적으로 무기화했기 때문이다. 또한, 그들의 사회주의적 반문화 이론과 운동에는 신화와 제의, 금기, 그리스 비극 등 인류 문명에 대한 깊은 문화인류학적 이해가 결여되었기 때문이다. 너무 쉽게 문화막시즘적인 반문화 운동의 선동에 전염되기보다는, 보다 차분하고 냉철하게 인류 문화에 대한 보편적이고 과학적 이해를 추구할 필요가 있다.

앞에서 본 것처럼, 프로이트막시즘에서 말하는 성혁명, 성정치, 동성애, 퀴어 이론, 젠더 이데올로기의 기초에 있는 프로이트의 '오이디푸스 콤플렉스'도 소포클레스의 그리스 비극 작품 『오이디푸스 왕』에 대한 오독 위에 세워진 사상누각이다. 칼 막스와 엥겔스가 주장한 원시공산주의 이론이나 모계사회론을 학문적으로 지지하는 학자는 많지 않다.

글로벌 사회주의 운동 혹은 21세기 문화막시즘 운동의 가장 중요한 기둥으로 자리잡고 있는 동성애, 퀴어 운동과 젠더 이데올로기로 요약할 수 있는 글로벌 성혁명과 문화막시즘적인 성정치 운동도 그리스 비극 작품에 대한 현대적 오독에서 나온 것이다. 앞에서 본 것처럼, 그리스 비극은 빌헬름 라이히나 주디스 버틀러는 오이디푸스나 안티고네 등을 성혁명 운동의 상징처럼 각색하고 있지만, 사실 그리스 비극 작품 자체가 전복적 혁명 문학이 아니라, 카타르시스적 호국 문학이었다.

이론물리학자 앨런 소칼은 프랑스 포스트모더니즘이 일종의 "지적 사기"(fashionable nonsense)라고 주장했는데, 그 후기구조주의와 해체주의 철학의 계보학 위에서 전개되는 젠더 이데올로기도 보편적이고 과학적인 기초가 취약한 일종의 사상누각이자 지적 사기라 볼 수 있다.

포스트모더니즘인 68운동권과 네오막시스트들 등에 의해서 '유행'되었지만, 보다 엄밀히 비판적으로 성찰해 보면 그것은 '헛소리'(nonsense)다.

선문답이 역설적이고 모순적이어서 더 고차원적인 지혜인 것처럼 20세기 후반 유럽 지성인들도 잠시 착각했지만, 불교학자들도 인정하듯이 선문답은 한마디로 '헛소리'다. 그와 같이 포스트모던적 젠더 이론이나 퀴어 이론도 유행했지만, 알고 보면 넌센스의 성격이 강하다.

유럽 68운동, 문화막시즘, 포스트모더니즘, 독일 프랑크푸르트 학파 등은 서로 얽혀 있는데, 이러한 사조는 큰 틀에서 보자면, 시민적 '일상의 사유'가 아니라 반시민적, 혁명적, 보헤미안적, 히피적, 반문화적 '일탈의 사유'였다. 이러한 일탈에서는 소아성애와 일부일처제에 대한 반대 운동으로서의 폴리아모리(다자성애) 등의 디오니소스적-성적인 일탈도 포함되어 있었다.

21세기 유럽 정신은 20세기 후반 잠시 유행했던 문화막시즘적이고 포스트모던적인 일탈적 사유로부터 점차 계몽되어 나가면서 다시금 건강하고 시민적인 일상의 철학과 사유를 재발견하고 있다. 프랑스의 레이몽 아롱과 여성 철학자 시몬 베유가 지적한 것처럼, "사회주의는 지식인의 아편"이었다. 20세기 후반 사회주의라는 아편에 전염되어서 히피적이고 일탈적인 혁명 담론에 빠졌던 유럽 지식인들은 21세기에 접어들면서 보다 계몽적으로 각성하고 있다.

사회주의, 막시즘, 문화막시즘도 장 자크 루소식의 낭만주의 인류학에 기초하고 있어서, 그들의 사유 자체도 초현실적, 영지주의적, 부정주의적 한계를 드러낸다. 21세기 문화막시즘의 황혼을 소개한 이 책은 기독교 사회윤리학자 라인홀드 니버 등이 말한 기독교 현실주의(Christian Realism) 정신에 기초해서 문화막시즘에서 주장하는 대안들이 지속 가능한 대안이 되기 힘들다고 논증했다.

부족한 이 책을 통해서 21세기 문화막시즘에 대한 이해가 깊어지고, 상처받기 쉽고 연약한 지정학적 위치에 존재하는 대한민국의 미래를 위해서 어떤 체제가 최선의 체제인지 많은 논쟁과 토론이 있기를 기대한다.

CLC 도서 안내

미셸 푸코와 주디스 버틀러의 황혼

정일권 지음 | 신국판 | 316면 | 15,000원

미국 원조 여성학자 카밀 팔리아 교수는 버틀러의 '퀴어 무정부주의'와 디오니소스적 좌파페미니즘(젠더 퀴어 페미니즘)을 비판한다. 유대·기독교 전통이 디오니소스적 이교 전통을 완전히 물리치지 못했다는 점과 포스트모더니즘 성향의 젠더 퀴어 운동이 디오니소스적 새 이교 현상이라고 바르게 분석했다. 이 책은 푸코와 버틀러, 독일 68과 녹색당 등이 추진한 성 소수자 운동(동성애 운동과 소아성애 운동)에서 나타난 아동 인권 유린과 아동 성폭력의 문제를 디오니소스적 폭력의 관점에서 비판적으로 논했다.